国家出版基金项目
NATIONAL PUBLICATION FOUNDATION

"十三五"国家重点图书出版规划项目

东北振兴研究丛书
DONG BEI ZHEN XING YAN JIU CONG SHU

东北振兴与混合所有制改革

张占斌 等 著

辽宁人民出版社

© 张占斌 等 2020

图书在版编目（CIP）数据

东北振兴与混合所有制改革 / 张占斌等著. —沈阳：辽宁人民出版社，2020.12
（东北振兴研究丛书）
ISBN 978-7-205-10019-3

Ⅰ.①东… Ⅱ.①张… Ⅲ.①区域经济发展—研究—东北地区②地方经济—混合所有制—经济体制改革—研究—东北地区 Ⅳ.①F127.3

中国版本图书馆 CIP 数据核字（2020）第 233853 号

出版发行：辽宁人民出版社
地址：沈阳市和平区十一纬路 25 号　邮编：110003
电话：024-23284321（邮　购）　024-23284324（发行部）
传真：024-23284191（发行部）　024-23284304（办公室）
http://www.lnpph.com.cn

印　　刷：辽宁新华印务有限公司
幅面尺寸：170mm×240mm
印　　张：17
字　　数：256 千字
出版时间：2020 年 12 月第 1 版
印刷时间：2020 年 12 月第 1 次印刷
责任编辑：石　玥　郭　健
封面设计：丁末末
版式设计：留白文化
责任校对：刘再升
书　　号：ISBN 978-7-205-10019-3
定　　价：90.00 元

《东北振兴研究丛书》 中国（海南）改革发展研究院 ｜ 策划指导
中国东北振兴研究院

编委会

顾问

夏德仁　宋晓梧

主任

赵　继　迟福林

委员

赵　继　迟福林　刘世锦　范恒山

周建平　赵晋平　张占斌　常修泽

曹远征　李　凯　孙德兰　许　欣

杨　睿　刘海军

总　序

东北是我国最早建立的以能源原材料和重工业为特色的老工业基地，拥有一批关系国民经济命脉和国家安全的战略性产业和骨干企业，在70多年发展历程中，为新中国工业体系的建立打下了基础，为我国改革开放和现代化建设做出了历史性贡献。

新中国成立初期，鉴于当时的国际环境，中国经济发展投资集中在内地，沿海地区不多。当时苏联援助中国156个项目，其中三分之一落在东北，东北的工业体系初见雏形，也产生了很多大家熟悉的工业企业："一汽""一重""鞍钢""沈飞""大船"等。在中国实行"三线建设"时期，东北为中国工业化发展做出了很大贡献，很多东北企业支援全国，如湖北十堰二汽就是在长春一汽的援助下建立起来的，各地许多钢铁企业是鞍钢援建的。

改革开放初期，经济发展从侧重内地转向开放沿海地区，东南沿海地区通过政策倾斜，在吸引外资、引进人才等方面获益，并由此大大推动了市场化改革的步伐，从而获得飞速发展。东北地区则因地理区位的局限，资源开采枯竭，尤其是计划经济"遗产丰厚"，如国有企业负担重等体制机制制约，转型和改革步履维艰，发展相对迟缓，到20世纪90年代中后期，与东南沿海地区的差距已经拉大。在这样的背景下，国家先是提出西部大开发战略，后来又提出了振兴东北、中部崛起等战略，希望通过一系列的措施促进全国四大板块（东部、西部、中部、东北）协调均衡发展。

"九五"计划中就提出，积极支持和促进东北等地的老工业基地改造和结构调整。2003年，中共中央、国务院正式印发《关于实施东北地区等老工业基地振兴战略的若干意见》。从2003年到2012年，东北地区的国内生产总值保持较高增速，连续多年领先全国，被媒体称为东北经济的"黄金十年"。现在回顾这10年，东北取得的成绩在一定程度上得益于体制机制的改革。比如，这个时期国企改革确实取得了一些进展。从东北三省国有企业对国内生产总值贡献占比看，2003年左右这一数据高达百分之八九十，甚至在大庆等部分城市基本是国有企业一统天下。经过10年的改革发展，这一数据平均下降20%，辽宁的有些地区下降了30%—40%，民营企业获得了一定的发展。此外，在资源型城市可持续发展、对外对内开放和社会保障体系建设等方面也都取得了显著进展，有的改革探索还对全国的改革起了推动或先导作用。

但从深层次探究，东北"黄金十年"正好赶上了中国工业化高速增长时期，这一阶段重化工业快速发展，需要大量的能源、原材料、装备制造业，这与东北的产业结构正好相契合，东北经济从而获得了较快的增长。同时更应当认识到，因为这一阶段过度看重国内生产总值增速，在相当程度上掩盖了东北地区许多重大改革不到位、不深入的问题。如东北地区政府与市场的关系远未理顺，各级政府急于上项目争投资，资源配置的市场化程度在全国相对更低，从而导致重复建设严重，民营经济滞后，民生改善迟缓。

随着中国经济总体跨过重化工业发展阶段，从追求高速度转向注重高质量，东北地区发展遇到了新的困难和挑战，经济下行压力增大，经济增长新动力不足和旧动力减弱的结构性矛盾突出，体制性机制性痼疾凸显，解决问题的难度也有所增大，出现了一些媒体所渲染的"断崖式下跌"现象。深入实施新一轮东北地区等老工业基地振兴战略，对于东北经济社会持续健康发展和全国区域协调发展，既十分重要又十分紧迫。

中共十八大以来，以习近平同志为核心的党中央高瞻远瞩、审时度势，指导实施新一轮东北振兴战略。中共十九大提出，深化改革加快东北等老工业基地振兴。新一轮振兴，对东北地区的发展有了新的定位，不再强调地区生产总值或人均地区生产总值增长指标，而是突出东北地区作为重要的能源原材料基地、军事工业基地和商品粮生产基地，对于维护国家国防安全、粮食安全、生态安全、能源安全、产业安全的战略地位具有重要作用。

如何理解和贯彻中共中央、国务院对振兴东北的新定位？在中国（海南）改革发展研究院、中国东北振兴研究院的大力支持下，在专家学者的共同努力下，经过三年多的时间，《东北振兴研究丛书》即将出版。这是一套系统地研究东北老工业基地振兴发展的丛书，丛书汇集专家学者智慧，内容涉及东北振兴战略相关政策、东北振兴与混合所有制改革及产业结构调整以及对外开放、东北振兴新动力等各方面的问题，是一套有高度、有深度的东北振兴研究领域的指导性用书，对东北地区广大干部群众和从事东北振兴的相关行政工作人员、研究人员，学习领会和贯彻执行中共中央、国务院新一轮振兴东北的发展理念、发展战略、发展方式，具有重要参考价值。

中共十九届五中全会展望了2035年远景目标，明确提出"十四五"发展的指导方针、主要目标和重点任务，特别是提出推动东北振兴取得新突破，为东北地区科学谋划"十四五"时期发展指明了方向。新时代东北振兴，是全面振兴、全方位振兴。各领域按照中共中央、国务院振兴东北地区的决策部署，充分利用各种有利条件，深化改革，破解矛盾，扬长避短，发挥优势，从统筹推进"五位一体"总体布局、协调推进"四个全面"战略布局的角度去把握,要进一步理顺政府与市场的关系,发挥市场配置资源的决定性作用,更好地发挥政府在宏观调控、公共服务、市场监管方面的作用。同时,积极推进要素的市场化配置机制体制改革,让劳动力、资本、土地、技术、数据以及管理等要素更加活跃起来,让一切创造财富的源泉充分涌流。东北地区有条件、有机会重塑环境、重振雄风,实现新的突破,为中华民族的伟大复兴做出应有的贡献。

原国务院振兴东北地区等老工业基地领导小组办公室副主任
中国东北振兴研究院顾问 宋晓梧

2020 年 12 月

前　言

在我国辽阔的版图上，东北三省雄踞"鸡首"，昂视天下，地位举足轻重。自古以来，东北地区就拥有丰富的矿产、林业和海洋资源。

早在新中国成立之前，毛泽东在《论联合政府》一文中指出："在新民主主义的政治条件获得之后，中国人民及其政府必须采取切实的步骤，在若干年内逐步地建立重工业和轻工业，使中国由农业国变为工业国。"中共八大报告强调，我们国内的主要矛盾，已经是人民对于建立先进的工业国的要求同落后的农业国的现实之间的矛盾，已经是人民对于经济文化迅速发展的需要同当前经济文化不能满足人民需要的状况之间的矛盾。可以说，把我国从落后的农业国变为先进的工业国，是毛泽东对现代化建设理论的逻辑起点。落后就要挨打，是中国近现代史留给中国人民最惨痛、最深刻、最屈辱的教训，中华民族要想走向繁荣富强，就必须实现工业化。

新中国成立后，为尽快改变我国落后的经济基础和羸弱的工业体系，解决地区间生产力分布不均衡的现实情况，国家将第一个五年计划中全国基本建设投资的四分之一用于扩建和新建东北地区的重工业。当时苏联一共援建了中国156个项目，其中有57个落户到了东北地区，占总数的三分之一。国家的重点建设和苏联援建奠定了东北老工业基地在全国工业的重要地位，成为新中国计划经济制度下经济发展当之无愧的重要一极，特别是东北工业基地的形成，为中国的工业体系和国民经济体系的确立做出了重大贡献。

随着1978年以来改革开放的不断深化和推进，东部沿海地区以其区位优势和较好的市场经济基础，成为新一轮国家投资建设的重点。在国家优惠政策进一步倾斜的条件下，经济高速增长，尤其民营企业和轻工业得到了快速发展，东北地区则受制于计划经济长期以来形成的思维桎梏，国有企业也面临经营困难的境地。因此，东北地区的体制性、机制性和结构性矛盾日益严重，进一步发展遇到一系列困难和问题：市场化发展水平较低，经济发展动力不足；国有经济所占比例过高，民营经济发展滞后；经济结构调整缓慢，第三产业发展不充分；资源型城市产业转型困难，接续产业亟待发展。

中共中央、国务院一直以来高度重视东北振兴和经济发展，2018年9月25日至28日，习近平总书记在东北地区考察，并主持召开深入推进东北振兴座谈会。他强调，东北地区是我国重要的工业和农业基地，维护国家国防安全、粮食安全、生态安全、能源安全、产业安全的战略地位十分重要，关乎国家发展大局。新时代东北振兴，是全面振兴、全方位振兴，要从统筹推进"五位一体"总体布局、协调推进"四个全面"战略布局的角度去把握，瞄准方向、保持定力，扬长避短、发挥优势，一以贯之、久久为功，撸起袖子加油干、重塑环境、重振雄风，形成对国家重大战略的坚强支撑。

当前和今后一个时期是推进东北老工业基地全面振兴的关键时期，深化国有企业改革，发展混合所有制经济，培育具有全球竞争力的世界一流企业，是一项艰巨而光荣的历史重任。本书立足于东北振兴和经济发展的新时代大环境，以习近平新时代中国特色社会主义思想为指导，分析东北地区混合所有制改革的现实情况，查摆面临的问题，找到解决对策，重点讨论了九个方面的具体内容：

一、混合所有制改革的理论回顾与价值再发现。主要回顾我国混合所有制的理论基础和改革实践，突出东北混合所有制改革的战略意义。

二、东北地区国有经济发展的现状与问题。以具体数据说明东北地区国有经济发展存在的不足和缺陷，探讨长期计划经济制度给东北国有企业留下的思维约束。

三、东北地区民营经济发展现状与问题。对形成以国有企业为核心，以民营企业为依托的互补型企业发展模式的可能性和可行性进行研判。

四、东北地区混合所有制经济发展的现状与困境。针对建立相对完善的现代企业产权制度和国有资产管理监督体系究竟还有哪些困难，哪些方面还制约着发展非公有制经济进行学理分析。

五、发展混合所有制经济应坚持的基本原则。坚持五大基本原则，使各种资本相互之间取长补短，相互促进，这既是东北地区混合所有制改革的基本思路和前进方向，也对全国混合所有制改革有借鉴作用。

六、国际经济发达地区混合所有制改革实践与经验。通过借鉴美国、日本等发达国家国企改革的经验和教训，以求为我国正在推进的国有企业混合所有制改革提供制度借鉴与参考。

七、国内经济发达地区混合所有制改革实践与经验。寻找国内混合所有制改革的成功案例，为东北地区混合所有制改革找到更加本土化的思路和样板。

八、加速推进混合所有制改革的重点举措。对混合所有制改革的实施路径和具体措施进行探讨，以求对混合所有制改革实践提供指导。

九、加快完善与混合所有制改革相关配套的改革。政府在自身定位上要处理好与市场的边界，分类推进混合所有制改革，加快完善相关配套改革，确保混合所有制改革的质量和效果。

本书由中共中央党校（国家行政学院）马克思主义学院院长张占斌教授主笔，参加本书编写的还有孙飞博士、夏凡博士、樊亚宾博士、史毅博士、戚克维博士、金英兰博士、韩博博士、李许卡博士、张武博士、施蒙博士、刘振春博士、王玉博士、孙秀亭博士、胡庆平博士。樊亚宾博士、史毅博士协助进行统稿和组织工作，孙飞博士和夏凡博士提出了修改意见。

本书在写作过程中，参考了很多中央文件、书刊资料和部分专家学者的观点，这对我们完成本书起到了非常重要的作用，在此一并感谢。但由于作者水平有限，还有很多不足之处，恳请读者批评指正。

2020 年 5 月，北京

目 录

总 序 宋晓梧

前 言 1

第一章 混合所有制改革的理论回顾与价值再发现 1
    第一节 混合所有制概念的基本认知与深化 / 2
    第二节 我国混合所有制改革的演进历程 / 10
    第三节 发展混合所有制经济的价值再发现 / 19
    第四节 混合所有制改革是东北振兴的重要举措 / 21

第二章 东北地区国有经济发展的现状与问题 25
    第一节 国有企业改革整体进程严重滞后 / 26
    第二节 国有企业布局结构失衡、比例偏高 / 32
    第三节 国有企业创新驱动发展动力不足 / 36
    第四节 国有企业经营机制僵化、治理效率偏低 / 42
    第五节 国有企业整体盈利能力差、历史包袱重 / 47

第三章 东北地区民营经济发展现状与问题 55
    第一节 民营经济发展实力偏弱、市场主体偏少 / 56
    第二节 龙头民营企业不多，主导的产业集群较少 / 61

第三节 民营企业技术创新能力、市场竞争能力偏弱 / 69
第四节 民营经济整体盈利水平不高、抗风险能力较差 / 75

第四章 东北地区混合所有制经济发展的现状与困境　81

第一节 东北地区混合所有制经济发展现状 / 82
第二节 东北地区混合所有制改革取得成就及基本经验 / 87
第三节 东北地区国有企业混合所有制改革面临的主要问题与障碍 / 94
第四节 东北地区民营企业参与混合所有制改革面临的主要问题和障碍 / 102

第五章 发展混合所有制经济应坚持的基本原则　109

第一节 坚持党对改革的集中统一领导 / 110
第二节 坚持以人民为中心的发展思想 / 114
第三节 坚持发挥市场决定性作用和更好发挥政府作用 / 118
第四节 坚持以新发展理念为引领 / 122
第五节 坚持建设现代化经济体系推动经济高质量发展 / 124

第六章 西方经济发达国家混合所有制改革实践与经验　133

第一节 西方经济发达国家混合所有制改革实践和经验 / 134
第二节 美国克莱斯勒公司混合所有制改革案例分析 / 139
第三节 美国花旗集团混合所有制改革案例分析 / 142
第四节 日本电报电话公司（NTT）混合所有制改革案例分析 / 146
第五节 日本烟草公司（JT）混合所有制改革案例分析 / 149

第七章 国内经济发达地区混合所有制改革实践与经验　153

第一节 国内经济发达地区混合所有制改革实践与经验 / 154
第二节 中国建材集团混合所有制改革案例分析 / 162

第三节 中国医药集团混合所有制改革案例分析 / 166

第四节 国家开发投资公司混合所有制改革案例分析 / 170

第五节 云南白药集团混合所有制改革案例分析 / 174

第六节 中信集团混合所有制改革案例分析 / 178

第七节 中国联通混合所有制改革案例分析 / 182

第八章 积极推进混合所有制改革的重点举措 187

第一节 强化混合所有制相关理论研究与探索 / 188

第二节 牢牢把握两个重点：产业开放和产权开放 / 195

第三节 完善国有企业混合所有制改革实现的体制机制改革 / 200

第四节 完善民营企业混合所有制改革实现的体制机制改革 / 208

第五节 分类推进"员工持股"的政策设计与实施 / 211

第六节 推进混合所有制企业科学治理和高质量发展 / 213

第九章 加快推进与混合所有制改革配套的改革 217

第一节 深化财税体制改革，为企业减负赋能 / 218

第二节 深化金融体制改革，畅通投融资渠道 / 221

第三节 深化行政体制改革，破除体制机制障碍 / 225

第四节 深化国有企业改革，减轻历史负担和现实阻力 / 228

第五节 完善法律制度建设，创造良性运行机制和环境 / 239

附　件 《在东北地区设立混合所有制改革试验区的建议提案》与答复 / 244

参考文献 249

后　记 255

第一章

东北振兴与混合所有制改革

混合所有制改革的
理论回顾与价值再发现

第一节　混合所有制概念的基本认知与深化

一、混合所有制内涵的基本认知

在中国官方文件中,"混合所有制"的概念首次出现在1997年中共十五大报告中。混合所有制的概念是相对于单一所有制而言的,指在一个实体经济中同时并存着不同经济成分的一种所有制关系。混合所有制是一种社会化的所有制,它由不同资本性质的资本投资主体按照不同出资方式组建而成,融合在一起的资本被社会化地占有和使用,是与社会化大生产相适应的经济组合方式,是市场经济条件下的一种所有制联合体。中共十五大至十九大以来,国内学者就混合所有制这一概念,从广义和狭义、宏观和微观等不同视角、不同层次做出定义。归纳起来有微观层次论、宏观层次论、宏中微三层次论、四层次论、市场决定论及其他。

在微观层次论中,大致有三种不同的表述:所有制形式论,"混合所有制是指公有制成分与非公有制成分在企业内部相结合的所有制";所有制实现形式论,"混合所有制经济形式是现代企业的一种财产组织形式";企业模式论,"混合所有制是指多个不同身份的投资主体共同投资组成企业"。宏观层次论也称为基本经济制度论,该观点认为混合所有制就是公有制为主体,多种所有制经济共同发展的基本经济制度。这一观念显然是支持宏观层面的混合所有制经济这种制度安排的。两层次论认为混合所有制有两种含义:一是整个社会层面上不同所有制"板块式"并存、企业层面上不同产权主体的"渗透式"混合。除此以外,还有三层次论、四层次论、市场决定论等。魏杰、施戍杰(2014)认为,混合所有制经济既包含不同经济成分的混合，也包含不同投资主体的混合；既表现为社会形态的混合，也表现为企业形态的混合，应打破"姓公姓私"的思维定式。贾康、苏京春（2014）认为，各投资主体达到了产权在企业体内的混合，并不等于实现了混合所有制的改革意图。当下强调的混合所有制，其框架就是过去补充肯定的"现代制度"的标准化形式——股份制公司。这一制度可使公有的、非公有的产权整合到分散存在的市场主体，即分散到一个个企业的内部产权结构里，以寻求相关利益主体的共赢。

综合以上观点，混合所有制的内涵可以从宏观和微观两个层面进行认知：宏观面是指在公有制和非公有制并存于同一个社会经济体系中的一种多元化、板块式的混合所有制形式，但它是各种所有制相互联系、相互作用而产生的混合体；微观层面是指在同一经济组织（企业或公司）中，不同的经济成分的产权主体通过一定的资产（资本）组织形式，形成相互渗透的资本组织形式。

混合所有制，指各种不同所有制经济根据某准则实施联合生产经营所有制方式。混合所有制是社会经济成分之一，也是公司资本组织形式之一。不仅涵盖了公有制也有非公有制经济，是不同所有制经济根据某准则实施联合生产经营的一种经济行为，与我国现如今所有制结构、改革开放中构成的特殊股份制相符，这种公有制施行方式可以被充分证实。混合所有制经济中的国有成分、集体成分，都是公有制经济的重要组成部分，随着社会主义市场经济的发展，投资主体的多元化，混合体经济在我国得到进一步发展。

二、所有制与混合所有制的概念

1. 所有制

所有制是指人们对物质资料的占有形式，也指对生产资料的占有形式，即生产资料所有制，是生产关系的基础，也是所有人行使所有权活动的行为规范。其中，生产资料所有制是指人们在生产过程中对生产资料的关系体系，它包括对生产资料的所有、占有、支配和使用的关系，是一种客观的人与人的社会经济关系。所有制决定着人们在生产中的地位及分配、交换关系,也决定着社会存在性质和政治法律制度。所有制的对象是客观存在的,所有制关系的变迁支配和制约着整个社会经济关系的变动。但所有制是不断发展变化的,它是一个历史范畴,是生产发展到一定历史阶段的产物,它同阶级一样,仅同生产发展的一定历史阶段相联系。

混合所有制中的所有制就是指生产资料所有制这个层面的含义,它也是公有制与私有制的混合,其最基本的特征在于"公"与"私"的所有权在一个经济主体内的混合,是一种所有制结构形式,是所有制的载体之一。所有制结构是指各种不同所有制形式在一定社会形态中的地位、作用及其相互关系。它所反映的是各种所有制的外部关系。生产资料所有制是生产关系的基础,社会主义基本经济制度首先体现在生产资料的社会主义公有制上。

2. 混合所有制

混合所有制经济是财产权由性质不同的所有人所拥有的一种经济模式。站在宏观角度,混合所有制经济具有非单一性,其属于国家地区所有制结构,也就是国家、集体、外资、个体等共同组成的一种所有制经济;站在微观层面分析,混合所有制经济属于不同所有制经济主体一起出资构建。从广义上来说,混合所有制是指社会经济结构中的多种所有制并存,即公有制与各种非公有制的并存与共同发展,即所有制结构的一种混合状态。我国所有制的混合结构是以公有制为主体,多种所有制经济共同发展的混合格局,是一种社会的混合所有制。从狭义上来说,混合所有制是不同所有制性质的产权主体共同投资参股、相互融合而形成的企业产权组织形式,它是不同所有制成分联合形成的一种新的独立的所有制形式。

三、混合所有制的性质与特征

1. 混合所有制经济的性质

首先,混合所有制经济是一种新型的公有制经济。这种新型的公有制经济包括经过改制的国家所有制、由国家控股或者参股的股份制企业、公众持股的股份制企业、公益性基金所办的企业等四种形式。发展混合所有制经济，是为了探索公有制的实现形式，即一种新型公有制形式。

其次，混合所有制经济是一种控股经济，在股份制的企业产权组织形式的背景下，混合所有制经济作为多种不同性质的财产组织形式，它的性质是由构成部分中占主体地位的资产所有制性质所决定的。

再次，混合所有制经济随着不断地深入发展，虽然已经成为一种独立的、次生的、新的所有制形态，但是从本质上，它并不能脱离公有制和非公有制独立存在，而是以公有制与私有制的存在为前提。

总之，混合所有制经济是市场经济条件下的一种企业组织形式，对混合所有制经济的性质的理解，要结合我国实际国情，具体问题具体分析。从对混合所有制内涵的多重性界定来看，它是一个复杂的有机系统，如果要进一步对它的性质进行界定的话，就必须分析它复杂的内部结构。在所有者主体多元化的混合所有制经济中，公有资产是否在量上占有主体地位或者拥有绝对控制力已经不再重要了，而应该强调社会主义公有制经济的主导地位，在宏观上服从社会主义国家的宏观目的，顺应社会主义价值追求，能形成市场经济主体之间民主平等、竞争融合、互助合作的经济关系，从而实现广大人民群众的根本利益和长远目标。

2. 混合所有制的基本特征

区别于传统的混合所有制，当前的公有产权和私有产权由对立转向合作，出现了一些新的特征。

（1）开放性特征。在生产社会化、资本社会化条件下，促进了大规模财产组织的形成。多元化的不同质资本的投资主体可以吸纳旧的生产关系组成混合所有制经济。通过内引外联，可容纳各方面的经济，体现着各种经济力量的结合和聚集。这种具有开放性和产权利益多元性的特点正符合我国社会主义初级阶段经济发展多层次的客观实际，有利于调动各方面投资的积极性。

（2）社会性特征。产权组织重构使得利益共同体扩张，所有者主体的社会化；经营活动打破了区域、行业等界限，资金来源社会化；经营管理机制优化，资本支配和使用社会化。

（3）复合性特征。即公有制成分与非公有制成分的融合能消除公有权和私有权的对立，消除个人利益和共同利益的对立。在较广泛的范围内实现了私有权和公有权的融合，并把公私两方面的积极性结合起来，调动起来，形成更强的竞争力，实现了个人利益和共同利益的统一。混合所有制这种可兼容的、复合性制度安排，对于合理配置社会资源具有积极意义。

（4）流动性特征。混合所有制经济是以市场资源配置为核心的，产权经营是基础，生产要素能够自由流转是重要目标，具有明显的流动性。

（5）多样性特征。多元化的产权主体所形成的经济组织是多样的，虽然主要形态是企业，但业态是变化的。

四、混合所有制的表现形式

我国几十年的经济改革和发展过程中，创造了各种不同的混合所有制形式。尽管混合所有制的形式多种多样，从总体看，都表现为非单一所有制的发展，即公有制与非公有制的相互融合与共同发展。在具体形式上，则主要表现为三种：一是以合作、联营为基础的混合所有制，如合作制和联营经济；二是单纯的财产混合所有制，如股份制，随着股份制在我国的迅速发展，股份制已经成为我国混合所有制最主要的表现形式；三是在劳动联合和财产联合基础上的股份合作制，它也成为我国混合所有制的重要表现形式。除此之外，还有如三资企业中的中外合资企业、合作企业，国有企业与集体企业合办的经济联合体，不同所有制企业的联营企业，等等，而且随着社会主义市场经济体制的建立和发展，随着投资主体和投资来源的多样化，还可能出现一些新的混合所有制形式。这里主要介绍股份制，股份合作制，合作、联营这三种基本的混合所有制表现形式。

1. 股份制是混合所有制的主要表现形式

股份制是市场经济下重要的企业产权组织形式。随着我国股份制改革的广泛开展，特别是国有企业的股份制改革，股份制已经成为我国企业的重要产权组织形式，同时在实践中也发展成为我国混合所有制的主要表现形式。股份制是通过入股方式把分散的、属于不同所有者的生产要素集中起来，共同使用、自主经营、自负盈亏、按股分红的一种经济组织形式。该组织中利益主体在两个以上，并且各个利益主体在该组织中享受的权利和应尽的义务，与他们各自提供的生产要素份额相对应。股份制这种企业组织形式以法人产权制度为基础，具有产权明晰、自负盈亏、自主经营、风险共担等特点，它适合大中型企业，是现代企业制度的基础。股份制有多种具体形式，其中股份有限公司是现代企业组织的典型形式。作为一种适应商品经济和社会化大生产发展需要的企业产权组织形式，股份制能够把分散的私人资本转化为集中的社会资本，把不同地区、不同行业、不同所有制结构的经济活动融为一体，促进经济活动和企业经营管理的高度专业化。因此，它一经产生就得到迅速发展，在发达资本主义社会，一切适宜于社会化大生产的领域，股份制均成为企业首选的经济组织形式。

股份制虽然是资本主义适应社会化市场经济的要求，最先发展和完善的重要的企业产权组织形式，但这种形式并非资本主义才能用，我们在发展社会主义市场经济的过程中，可以有效借鉴和发展，把它作为我们混合所有制的主要实现形式。实际上，改革开放后，特别是1997年以来，我国股份制发展逐步走向规范和成熟。目前，股份制已经成为我国企业广泛采用的企业产权组织形式。作为一种企业产权制度和社会经济的组织手段，股份制已被实践证明是有效的、适应我国经济市场化要求的、企业可以广泛采用的产权组织形式。大力发展股份制经济，有利于促进生产力的提高和国民经济发展，完善所有制结构，引导其他经济成分进行制度创新。这表明股份制作为我国混合所有制的主要表现形式，具有强大的生命力。

今后，股份制作为我国混合所有制发展的主要形式，将得到更加广阔的发展。由于我国市场经济是不同于资本主义的社会主义市场经济，我国的股份制也具有不同于资本主义制度下的股份制的不同特点。资本主义社会的股份制主要表现为同一性质的产权即私有产权的流动与融合，虽然也有国有性质的产权与私有产权的融合，从而在一定程度上产生了混合所有制及混合所有制经济，但它服从和服务于私有经济，不会改变私有制经济的性质，也不会成为社会的主流。但在我国公有制为主体、多种所有制经济共同发展的基本经济制度下，各种经济成分都已具备了一定的基础和规模，这就使股份制的发展不仅可以表现为同一性质的产权形式的联合或融合，而且能够表现为不同所有制性质的产权形式之间的相互融合，使混合所有制经济成为经常发生和广泛存在的经济现象，成为可以巩固和完善社会主义经济基础的力量。因此，股份制作为我国混合所有制的主要形式，不会改变我国公有制的主体地位，不会改变我国的社会主义性质。

2. 股份合作制是混合所有制的崭新表现形式

股份合作制是20世纪90年代初以来在我国出现的一种新的混合所有制经济形式，是中国农民继家庭联产承包责任制以后的又一伟大创造，它一产生就以广泛的适应性和顽强的生命力显示出勃勃生机，并迅速发展成为我国农村和城镇经济发展中的一支重要力量。股份合作制是合作制与股份制的有机结合，具有股份制与合作制的特点，但又没有股份制规范和严格，非常适合中小企业。在中小企业发达的省份，股份合作制已经成为混合所有制的相当重要的一种形式。所谓股份合作制，是指在企业投资方式上采取股份制，即由若干不同的投资者以等额股份的方式共同投资；在股份构成上，以企业职工股为主，并兼而吸收有其他股份，如法人股、国家股等；企业分配方式实行按劳分配与按股分配相结合的企业经营方式。其基本特征，一是全员入股、合资合劳。由全体职工将企业生产经营性资产一次性全部买下来，每个职工都成为企业的股东，职工既是劳动者又是所有者，共同出资、共同劳动、共担风险，从而实现资本和劳动的直接结合。二是企业实行民主管理，职工拥有参与决策和管理的权利。最高权力机构是职工股东会，采取一人一票为主的决策制，保证职工股东享有平等的表决权。由职工股东大会选举产生董事会，董事会聘用经理、厂长等主要管理人员。三是企业内部实行按劳分配与按资分配相结合的分配制度，由全体职工共同分享劳动成果，共享税后利润。

我国的股份合作制企业基本上是在集体或全民所有制经济的基础上改造而成的，原有的公有制经济吸收了职工个人股份，是具有集体经济性质的新型企业组织形式。目前，股份合作制已成为国有中小企业和城乡集体企业改制的一种有效途径和方法，深受广大职工的欢迎。改制后的企业发生了重大的变化。在股份合作制企业，由职工出资参股并共担风险。这就使劳动者利益与企业利益统一起来，职工与企业共命运，从而能充分调动劳动者的积极性，增强职工的主人翁责任感。同时由于企业经营情况与经营者的利益密切关联，因而经营者的责任心也大大地增强了。职工参股使企业有了资金，可以用来进行技术改造，改善劳动条件，企业的竞争力提高，增强了企业的发展后劲。通过实行股份合作制，许多企业实现了扭亏增盈。目前，这一经济组织形式正以其广泛的适应性和旺盛的生机与活力，日益成为中国广大城乡企业的重要组织形式，成为城乡集体企业、乡镇企业、私营企业和国有中小型企业转换经营机制和进行制度创新的一种有效方式。实践证明，股份合作制是能够促进生产力发展的公有制实现形式，是我国混合所有制的越来越重要的崭新表现形式。

3. 合作、联营是混合所有制的重要表现形式

合作、联营是我国改革开放早期广泛采用的企业组织形式，是20世纪80年代我国企业较为普遍采用的组织形式，对我国改革开放和市场经济的发展起到了重要推动作用。正是在合作、联营的基础上，我国企业之间相互投资、相互融合，形成了我国混合所有制的雏形。可以说，合作、联营是我国混合所有制的最初表现形式，现在仍然是我国混合所有制的重要表现形式。

合作、联营是指生产要素的所有者在明确划分各自财产所有权的基础上，自愿按照一定的原则结合起来，使用共同占有的生产资料、共同劳动的一种经济形式。合作制是一种财产私有、共同占有、共同使用的特定的联合方式。合作、联营本身没有固定不变的所有制模式，在多种所有制基础上，都可以按照合作方式经营。它可以是社会（或国家）所有，合作联营；个人所有，合作联营；资产者所有，合作联营；也可以是集体所有，合作联营等。这种特点使得它特别适应我国参差不齐的所有制状况，具有很强的适应性，因而在我国很快地发展起来。合作、联营是将共有权、合有权和法人所有权统一起来的一种产权组织形式；合作、联营实现了分散的生产资料所有权与生产资料共同占有、共同使用的有机统一。合作联营制生产资料的所有权是分散的，分属于合作经济的各个成员，但合作联营制这种组织形式把分散的资产集中起来，以合作企业为代表形成了一个独立的资产，生产资料及生产资金作为一个资产整体来发挥作用，进行大规模的联合经营，适应了生产社会化发展对财产社会化使用的要求，从而保证了生产资料使用的效率。合作经济的分配实行了按劳分配与按股分配相结合，即合作经济的纯收入由其成员分享，一方面按投入生产资料的份额来分配，即按资分配；一方面按其所付劳动来分配，即按劳分配，同时合作经济成员共担风险、共担损失。正是由于合作、联营制具有适合我国国情特别是农村情况的许多特点，它在改革开放初期得到广泛发展，形成我国混合所有制的雏形，至今仍是我国混合所有制的一种重要表现形式。

第二节　我国混合所有制改革的演进历程

一、我国混合所有制经济发展的历史阶段

混合所有制经济的发展是伴随国有企业改革步伐的，是解放生产力的重要途径，有利于形成有为的政府与有效的市场。混合所有制经济是社会主义市场经济制度下国企改革发展的创新模式，国有企业改革深化的迫切局势也来自其他所有制企业的快速发展。市场竞争日趋激烈，国有企业面临严峻挑战，可以将中国混合所有制经济发展分为五个阶段。

1. 1949—1978 年单一公有制经济阶段

新中国成立至中共十一届三中全会期间，是单一公有制经济的生成和

发展阶段。在这段历史时期，混合所有制主要体现为"国家资本主义"经济形式，是国家和私人合作的过渡经济形式。但最终也随着"三大改造"的完成走向了消亡。

新中国成立伊始，国民经济百废待兴。通过施行"公私兼顾、劳资两利"的基本经济政策，国营经济成分比例不断攀升。该阶段出现的国家资本主义经济是为了改造资本主义工商业，并在国家计划安排下组织社会生产，以保障经济建设秩序。1952年"一化三改"过渡时期总路线的提出和"大跃进""人民公社化运动"将公有制经济的发展推向了极左路线。截至1978年，全民所有制经济和集体经济各占全国工业总产值的77.6%、22.4%，个体私营经济几近完全消失。该阶段是完全的计划经济安排，经济发展乏力，效率极度低下，并导致了经济资源的严重浪费。这将国民经济推向了崩溃的边缘。

2. 1978—1992年混合所有制初步发展阶段

中共十一届三中全会以来，在总结以往所有制问题的教训之后，我国开始转变国民经济发展思路。1978年，中共十一届三中全会开始认识到非公有制经济的重要作用。1981年，中共十一届六中全会正式认可个体经济。1982年，中共十二大充分肯定了非公有制经济的积极作用，认可外资和非公有制经济。承认非公有制经济是社会主义经济的"必要补充"、是一项巨大的进步，但依然被限制在小生产和小流通的范围内。1984年，在中共十二届三中全会通过的《中共中央关于经济体制改革的决定》中才开始承认了私营经济。在国有企业层面，主要侧重国有经济责权关系的修正和改进，如："放权让利"进一步扩大的国有企业自主经营权，并初步建立了经济责任制的管控机制；分步骤推进"利改税"，在重新界定分配关系的基础上，对国有企业展开"承包经营责任制"的试点工作；与此同时，国家为搞活企业经营机制，于1984年在中小国有企业中试点股份制改革，这是混合所有制经济出现萌芽的标志性事件。1987年，中共十三大对私营经济的地位作了积极的肯定。

据国家统计局数据显示，截至1992年，国有经济和集体经济占经济总比重已经分别下降到51.5%和35.1%，剩余13.4%为该时期出现的非公有制经济成分，主要表现形式为个体户、私营企业、外资以及合资合作等，也就是说，从宏观经济结构层面来看，已经形成了多种所有制并存共生的局面；尽管在微观层面没有触动国有企业的产权改革，但非公经济的发展逐步走向正轨，其日益崛起的趋势成为日后混合所有制经济发轫的不竭动力。

3. 1993—2002年混合所有制逐步形成阶段

1992年，邓小平南方谈话和中共十四大以后，我国继续积极探索公有制的有效实现形式，所有制改革开始进入制度创新的新阶段。这期间，对中小型企业，主要通过股份制、股份合作制、引进外资、合资合作、企业兼并、联合、出售等多种形式的改革，将计划经济体制下机制僵化的国有和城镇集体企业改组改造为"自主经营、自负盈亏、自我发展、自我约束"的多元投资主体构成的法人实体和市场竞争主体。1993年，中共十四届三中全会指出产权的流动和重组的新财产所有结构，更加深化"联合经营"。1997年，中共十五大真正承认了作为非公有制经济的重要形式的"私营经济"，指出股份制是现代企业的一种资本组织形式。1999年，中共十五届四中全会指出优质国有企业股份制改造，要通过规范上市、中外合资和企业相互参股等。随着对外开放的深度不断加大，我国利用外资的数量逐年增加，范围也逐渐扩大。外商投资数量的增加，增大了外资经济与我国现存各种经济形式的联合，必然使得混合所有制经济逐步壮大。

截至2002年7月底，我国累计批准设立外商投资企业已超过40.85万个，合同外资金额7996.45亿美元，实际使用外资金额4247.65亿美元。自1993年起，中国已连续九年成为吸收外资最多的发展中国家。目前，全世界最大的500家跨国公司中，已有近400家在中国设立了企业。外商投资企业进出口总额已占中国进出口总额的一半左右，在外商投资企业中的就业人数约占中国非农业劳动人口的1/10。这一阶段，企业改制推动混合经济发展的特征明显，外商投资经济继续成为我国混合所有制经济发展的重要力量。

这一阶段，国家从就业、国内生产总值贡献、税收等方面承认了非公有制经济的作用，使得非公有制经济进入到一个新的发展阶段。以我国混合所有制发展最为普遍的江浙地区为例，到2001年，江苏实行不同形式改制的乡镇工业企业共计8.47万家，涉及产权结构改革和所有制改革的企业共计7.96万家，大型乡镇企业进行产权改革的1476家，占统计的96.5%，乡镇企业的产权制度改革基本完成。1997年以后，浙江全面推开国有、城镇集体企业产权制度改革，混合所有制经济发展很快。截至2003年底，总改制面为98.25%，其中，国有企业改制面为97.81%，城镇集体企业改制面达98.62%，改制成混合所有制企业的占90%。截至2005年3月底，全省登记在册混合所有制企业共3136万家，占企业总数的61%，其中，公司制企业28.04万家，股份合作制企业3.2万家，联营企业1204家；注册资本（金）总额达8405亿元，户均注册资本（金）268万元。可以说，江浙地区轰轰烈烈的企业改制，是混合所有制基本成型的重要标志。

4. 2003—2013年混合所有制快速发展阶段

2002年，中共十六大指出积极推行股份制，发展混合所有制经济。中共十六大提出"两个坚定不移"，强调了非公有制经济与公有制经济在法律上、政治上、社会上拥有相同的地位。2003年，中共十六届三中全会指出要进一步增强公有制经济的活力，大力发展各种资本等参股的混合所有制经济，实现投资主体多元化。中共十六大之后，相继出台了保障非公有制经济发展的各种法规和政策，中共十七大再次强调非公有制经济与公有制经济具有相同的国民待遇，指出它们之间要真正实现法律上的平等和竞争上的平等。

这一阶段，关于混合所有制经济改革的理论与实践已经具备了相当的成果，创新出了一套全新的非公有制经济理论，实现了理论上的飞跃，对我国非公有制经济的发展有着前所未有的推动力。2002年，国有控股企业占全部国有企业实现利润总额的77.7%，较1997年增长了2.35倍，国有控股型混合所有制经济增加值约占国内生产总值的12%。截至2013年年底，90%以上的国有企业实现了公司制及股份制改革；国有企业中引入非公有42%，央企中此比例达52%。我国混合所有制经济在这一阶段得到充分发展，随着国有企业改革进入深水区，尽管国有企业改制之后慢慢脱离经营困境，但效率低下、政企不分、政府强势干预，以及非公有制经济成分话语权较弱等问题依然广泛存在。这导致非公经济融入公有制经济的发展意愿普遍不强烈。混合所有制改革深化的空间依然很大，即混合所有制企业需要从混合经营主体向市场化经营主体转变。因此需要探索更深层次的产权层面的改革，来巩固国有经济。

5. 2013年至今混合所有制深化改革阶段

我国的基本经济制度是以公有制为主体、多种所有制经济并存。2013年11月，中共十八届三中全会通过的《中共中央关于全面深化改革若干重大问题的决定》明确提出积极发展混合所有制的经济战略。中共十八届三中全会后，经济体制改革是全面深化改革的重头戏，国有企业改革又是经济体制改革的重要环节。中共十八届三中全会提出，要积极发展我国社会主义经济体制改革，使得经济趋向市场化，所有制结构多元化。重提混合所有制经济，将混合所有制经济提升到了新高度，是基本经济制度的重要实现形式。

按照中共十八届三中全会精神，政府工作积极推动国有企业深化改革，并成立了中央全面深化改革领导小组。2015年8月，中共中央、国务院印发了《关于深化国有企业改革的指导意见》，这是新时期指导和推进中国国企改革的纲领性文件，从改革的总体要求到分类推进国有企业改革、完善现代企业制度和国有资产管理体制、发展混合所有制经济、强化监督防止国有资产流失、加强和改进党对国有企业的领导、为国有企业改革创造良好环境条件等方面，全面提出了新时期国有企业改革的目标任务和重大举措。

在本阶段混合所有制改革的大框架中，更多的国有及其他所有制形式的经济成分被纳入进来，甚至允许被非公有资本控股；在增量项目上，非国有资本可以参与国有资本投资；为了实现劳动者和产权持有者形成利益共同体，员工持股的举措被广泛应用。中共十九大更是指出，要以产权制度的完善和要素市场化的配置为重点，通过国有企业混合所有制改革，培育世界一流企业。截至 2016 年底，央企及下属公司中通过混合所有制形式进行改革的企业达到数量占比 69%，引入资本额度超过 3386 亿元。省级国有企业及各级子公司中进行混合所有制改革的企业比例升至 47%；与此同时，混合所有制改革的企业已经发生由集团低层级向高层级扩展的结构性转变；混合所有制改革的行业领域也在不断加宽，电力、天然气、民航、石油、军工、铁路、电信等行业已有三批次共计 50 家企业作为混合所有制改革试点，其中包括员工持股试点 10 家。

当前，央企的混合所有制改革实践主要呈现三个特点：第一，从国有企业分类改革分布来看，混合所有制企业数量占比分别为 74%、63%、31%，混合程度依次下降；第二，从行业改革程度来看，矿业、通信、建材、建筑和房地产 5 个行业的混合所有制程度较高，企业数量占比分别为：76.8%、77.9%、78.3%、86.3% 和 88.3%；第三，混合比例与企业层级成反比。集团层面混合所有制公司主要有上海贝尔、中国联通、华路集团 3 家；从下属企业混合所有制改革数量来看，一级子企业占比为 22.5%，二级和三级企业占比达到 50% 以上，四级及以下企业的混合比例甚至超过 90%。

二、中国混合所有制经济的政策演进

在宏观层面上，依据中共全国代表大会相关决议和相应法律制度修正，我国混合所有制经济政策的演进过程大体上经历了四次重要的转变，分别为：1982 年，中共十二大决议中明确肯定个体经济的存在；1986 年，中共十二届六中全会决议明确在社会主义公有制为主体下发展多种经济成分；1992 年，中共十四大决议提出以公有制为主体，个体、私营、外资为补充，把混合所有制结构的形态概括为社会主义初级阶段的基本制度特征；2002 年，中共十六大强调"两个毫不动摇"，2004 年第十届全国人大第二次会议修宪，承认私有财产不受侵犯，2007 年十七届全国人大第五次会议通过《物权法》。经过上述四次大的演变，宏观上我国现阶段的混合所有制经济结构在理论与法律制度上被正式确立。从演进过程上来说，起初 1987

年中共十三大的决议虽然首次提出不同形式的公有制企业之间实现相互股权联合，但是却不包括与非公经济间的混合。1992年，中共十四大虽然进一步提出了不同经济成分之间的混合，但是仅强调不同经济性质单位之间的"联合经营"，实质上的产权融合较少。直到1993年中共十四届三中全会决议才真正确立产权结构混合为核心的改革思想，提出培育符合历史要求的现代企业制度的混合所有制企业。

此后在中共十五大、十六大、十七大、十八大、十九大等多次党代会及多次中共中央全会上，均对混合所有制予以强调，尤其是中共十八届三中全会关于全面深化改革的决定中，对积极推进混合所有制经济的意义和需求，以及实施路径和基本方式等做出了系统的阐释。在中共十九届四中全会通过的决定中，又一次强调发展混合所有制经济。从以上政策变迁可以看出，最高领导层关于混合所有制改革和推进有着长期的历史积淀和不断深入的认知与理论升华，由此推动了混合所有制经济的发展。

三、混合所有制的形成机理

混合所有制的出现，与单一所有制及公有产权的内在矛盾是分不开的，市场化改革的启动对原来的所有制结构造成了巨大的冲击，从而推动了多元所有制经济结构的生成，加快了非国有经济的发展，使所有制演变与市场化的总体进程相对应。混合所有制生成机理的逻辑正源于此。通过上述对中国所有制历史进程和政策演进的分析，我们可以看出，改革的进程就是混合所有制生成的过程，混合所有制在中国的出现是历史与逻辑的统一。

由于所有制结构的变化在宏观上和微观上表现出了不同的特征，因此混合所有制的生成机理就需要从两个不同的层次来阐述。从整个社会来看，说明混合所有制经济如何形成，必须解释非国有经济特别是非公有制经济成分如何生成和发展，在此基础上才有不同所有制性质和资本在企业中的混合。所以由中国特殊的经济条件所决定，不同所有制经济的并存和混合是一个从宏观到微观的演变过程。理论的分析必须遵循历史发展的逻辑。在全社会范围里，从单一的公有制经济演变成多元化的经济结构，这一过程贯穿着一条主线，那就是为了缓解十分短缺的资源，特别是资本资源与极度膨胀的人口规模之间的尖锐矛盾，而资本和劳动又恰好是经济形式得以确立的两个基本要素。所以，要阐述非国有经济的生成，就必须说明非国有经济的资本形成及资本积累的过程和劳动力的来源。

首先，国民收入分配格局的改变为非国有经济提供资本来源。改革开放以前，我国的人均收入低下，国民收入增长量极为有限，而收入分配又明显地向政府倾斜，人们很少有余钱储蓄，也就谈不上个人资本积累。如今，国民收入分配格局越来越向个人倾斜，居民个人手中掌握了数量不少的资源，除了基本的生活消费以外，他们这部分的剩余既可以进入国有银行体系，成为国有企业的资本来源，也可以不进入国有银行体系，从而成为非国有经济的资本来源。国民收入分配格局向个人倾斜，还只是为非国有经济积累资本提供可能性，要将这种可能性转化成现实还需要一系列的制度条件和政策空间。收入分配格局变化以后，经济发展的融资模式从过去的财政型变为银行信用型，如果国家能够通过国有银行体系把散布于居民个人手中的所有"金融剩余"全部集中起来，在政府的严格控制下再转贷给国有企业，那么非国有经济由于得不到金融支持，还是无法进行资本积累。但是，以国有银行为媒介的间接融资体制事实上存在缺口，它不可能毫无漏损地实现"金融剩余"的集中和转移。正是从这一缺口漏出去的金融资源，成为非国有经济资本积累的源泉。

其次，外资的引入打破了单一公有制的经济格局。在支持非国有经济的生成与发展的资金来源中还有一条渠道，那就是利用外资和引进国外资源。为了缓解资本资源短缺的压力，改革开放以来，政府鼓励引进外资，但引进外资必须向这些资源的提供者支付报酬，这就必然导致非劳动收入和非公有制成分的产生。外资的引入促成了三资企业的出现，从而进一步打破了原有单一公有制经济的基本格局。

再次，就业问题的出现为其他经济成分创造发展空间。如果说国民收入分配格局的变化和国家融资体制的缺口为非国有经济的产生和发展提供了资本积累的源泉，那么长期以来，我国所存在的大量劳动力则为非国有经济发展提供劳动力支持。随着就业问题的尖锐化，使政府认识到仅仅依靠国有经济部门是不够的，必须改变国家作为唯一的投资主体和垄断资本积累的经济发展模式。改革开放以后，政府有限度地放松对资源的绝对控制，有限制地允许其他主体进行投资和创业，于是其他经济成分获得了一定的发展空间。

最后，国有企业改制和资本市场的完善使多种经济成分实现混合化。我国的股份制是出于对原有公有制企业进行改制为主要目的而产生的，因此从一般意义上看，我国股份制的发生发展主要不是生产力社会化要求资本集中的结果，而是生产力发展要求调整生产方式、经营方式的结果。但股份制作为一种资本的组织形式，一经出现便打破了原来单一的企业靠银行资金供给的束缚，从而能够广泛吸取社会资金用于发展生产。它不仅有利于小资本迅速向大资本集中形成大的股份公司和控股公司，而且有利于突破条块限制以及所有制界限，实现资源的重组和优化配置。

混合所有制在横向上表现为公司股权结构由不同出资者入股所形成的多元化；在纵向上，则表现为同一出资者为实现特定目标的最大化，对不同企业和经营领域扩散式的持股结构。国有企业经过公司化改制以后，由于新股东的进入和直接融资机制的加强，必然形成这种纵横交错和多元重叠的混合所有制。因此，无论是所有制结构从单一到多元的发展，还是不同所有制性质归属的资本在企业中的"混合"都是经济规律作用的结果。多种经济成分并存和共同发展的格局，是由我国一系列基本经济条件所决定的，一种必然如此的所有制格局，生产力的发展会强制性地为自己开辟道路。混合所有制经济正是在转轨时期适应生产力发展的一种经济形态。

第三节　发展混合所有制经济的价值再发现

一、混合所有制是市场经济体制的产权基础

到目前为止，人类还没有找到比市场经济更有利于资源配置的机制，因此市场在资源配置中应具有决定性作用。从经济的制度设计角度来讲，应建立一个带有包容性的、公正的深度市场化经济体制。目前，中国的市场经济并不发达，经济改革尚未到位；而市场经济的发展却使一些负面影响凸显，如收入差距过大、社会分配不公等。因此，我们必须建立一种市场化与公正化内在融合的经济体制，使市场经济与公平正义必须协同发展，相互融合。就中国来说，既然资源配置由市场决定，而且公有制经济和非公有制经济都是我国经济社会发展的重要基础，这样一种包容性经济体制，在财产关系上就需要一种带有包容性的经济形式与之适应。这种带有包容性的经济形式既不是单一国有制，也不是单一私有制，而是在社会公平和市场经济兼容的基础上，将国有资本、集体资本、非公有资本等交叉持股、相互融合的混合所有制经济。混合所有制就是一种新的有效的财产组织形式，有利于公有资本和非公有资本的相互融合。

二、混合所有制经济是"社会共生"体制的微观经济支撑

中国正处在社会大变动、利益大调整的历史阶段，社会已开始分层，甚至有逐步固化的趋势。分层与固化，已成社会利益冲突和社会危机事件爆发的内在因素。为避免社会严重分裂，寻求社会各阶层，特别是中低收入阶层的共生共存共富之路，便成为当务之急。哪种财产组合形式更有利

于"社会共生",这就需要研究利益关系问题。随着改革的深化,中国社会和企业内部的利益关系已经多元化。在利益多元化的情况下,如何协调不同主体之间的利益关系便成为社会发展的新课题。混合所有制经济,既可以容纳公有资本,也可容纳非公有资本;既可容纳私人企业主和外资企业主的股本,也可容纳企业一般员工的股本,亦可容纳各类企业的高级管理人员和中层管理人员的股本。这些资本的相互融合、互利多赢,有利于协调不同利益主体的关系,以建立"社会共生"的新体制。

三、混合所有制经济是建立现代国家治理体系的重要组成部分

在新阶段全面深化改革的总目标中,中央已经明确提出在完善社会主义制度的前提下,推进国家治理体系和治理能力的现代化。国家治理体系的内在机制包括国家权力的运行、配置、约束和监督机制;独立的司法体系;反腐败机制;社会治理机制和混合所有制经济机制。混合所有制是现代国家治理体系的经济基础。提出国家治理体系现代化,是超越了国家基本制度,直接上升到基本制度之上的国家治理体系层面。因此,提出并强化国家治理体系和治理能力现代化这个概念,无疑抓住了现代政治文明的命脉。同样的,混合所有制也超越了我们国家的基本经济制度层面,上升到经济制度的实现形式。因此,混合所有制经济同国家治理体系是相通的,是国家治理体系的经济基础和重要组成部分。

四、发展混合所有制经济是寻求改革、取得实质性进展的突破点

当前中国的全面改革已进入"深水区",面临艰巨的"攻坚"任务,需要寻找切实可行的突破口。目前来看,行政体制改革是一个明显的突破口,国企改革特别是央企改革也是一个重要的突破口。资料表明,央企相当一部分仍然是国有独资,这是下一步全面改革的一个重要领域。如果能够把这些国有资本改造为产权多元的混合所有制企业,则有利于打破"一股独占"或"一股独大"的僵持格局,真正建立产权主体多元化、治理结构法人化的制度。这不仅可以使经济体制改革取得突破,也可以发挥经济

体制改革的牵引作用，带动其他领域的改革。从这个意义上说，发展混合所有制是整个改革棋局的关键一步。如能取得突破，则可取得"一着走准，满盘皆活"的显著效果。

第四节　混合所有制改革是东北振兴的重要举措

　　东北地区从新中国成立初期就是国民经济的支柱力量，在新中国建设中发挥了巨大作用。解决东北地区国有企业改革问题的核心在于发挥市场资源要素的配置作用，而不应将目光过多放在国有企业占比过高问题上。正是基于这样的出发点，才要在东北地区大力推进混合所有制改革，以达到更好发挥国有资本效益、提高国有资本效率的目的。

一、国有企业全面深化改革的意义

1. 推进国有企业全面深化改革是历史发展的必然要求

　　当前我国国有企业的竞争力和影响力有了显著提高，回顾改革开放40多年的历程我们深深体会到，改革是国有企业取得今天成就的源泉所在。历史的发展告诉我们，改革永无止境，不推进改革，就是故步自封，就是停滞不前，就会被历史发展所淘汰。改革开放是党带领中国人民取得的最具有时代特色的成就，在历史新起点上，改革虽然遇到各种困难，但改革不能停止，只有深化改革才能带领人民由现有成就走向更辉煌的成就。

2. 保持国有企业健康发展需要全面深化改革

　　发展必然会暴露出各式各样的问题，而改革的产生就是为了解决问题。当前，我国国有企业取得了长足的发展，但是发展中也暴露出一系列突出矛盾和问题，如法人治理结构方面不健全，监管不到位，党建存在弱化、虚化、边缘化的现象,科技创新能力不强、核心竞争力不足等。这些问题互相交织、互相影响,复杂性、艰巨性、敏感性前所未有。面对这些问题必须全面深化改革,直面矛盾问题,用全面深化改革的利剑,披荆斩棘,促进国有企业健康发展。

3. 国有企业全面深化改革是党中央的战略方针

2015年,《中共中央　国务院关于深化国有企业改革的指导意见》(中发〔2015〕22号)出台,共8章30条,22号文件对全面深化国有企业改革提出了明确的要求,可以说,22号文件是当前和今后一段时期国有企业改革的统领性文件。22号文件中也指明了"当前国有企业中存在的问题和亟待解决的突出矛盾,如一些企业市场地位尚未真正确立,现代企业制度还不健全,国有资产监管体制有待完善,国有资本运行效率还需进一步提高;一些企业管理混乱,内部人控制、利益输送、国有资产流失问题突出,企业与社会职能和历史遗留问题还未完全解决;一些企业党组织管党治党责任不落实、作用被弱化"。针对这些问题,中央和国家部委又相继出台了针对性文件,据统计,现在相应文件22个,这些文件和22号文件,俗称国有企业改革"1+N"文件,这些文件形成了国有企业改革的"四梁八柱",也是推进国有企业改革应遵循的基本方针。

二、推进东北混合所有制改革的动因

1. 发挥国有企业的龙头作用

东北地区经济发展制度环境相对较为滞后,需要以市场化的方式予以推动,另外结合振兴东北的战略布局,通过混合所有制改革试点推动东北地区国有企业的市场化改革,重点聚焦制造业升级,也是为了进一步发挥国有企业在东北振兴中的龙头作用。

2. 提高国有资本的效率

解决东北地区国有企业改革问题的核心在于发挥市场资源要素的配置作用,在东北地区大力推进混合所有制改革,也是为了更好地发挥国有资本效益,提高国有资本效率。

3. 助推供给侧结构性改革

振兴东北经济的出路在于深化供给侧结构性改革，而在这方面国有企业当仁不让。国有企业通过主动化解过剩产能、提高创新能力等方式不断解决结构失衡问题，通过引导体外循环资金重新流回东北实体经济，为振兴东北经济发挥了顶梁柱和主力军的作用。

三、混合所有制改革对东北振兴的重要作用

首先，混合所有制为东北地区盘活国有资产存量，促进国民经济快速增长找到了有效的途径。从管理学的角度看，资产要做到保值增值，必须同时抓好生产管理、经营管理和资本管理三个环节，其中，以资本运营为核心的资本管理，是最高级最有效率的环节。资本运营的过程事实上就是通过资本有目的运动和资本形态规则变化，实现资本增值的过程。必须使资产从停滞状态转化为运动状态，以便随时根据市场变化实现最优配置，而要如此，资产就必须顺利流通，必须市场化。

其次，混合所有制为实现政企分开创造了产权条件，为建设现代企业制度奠定了基础。我国经济体制改革从一开始就把政企分开作为企业改革的主要任务。然而时至今日，东北地区改革的收效并不显著。如要真正做到政企分开，必须构建能够实现政企分离的产权基础，在国有经济内部，引入其他形式的所有权，使原国有企业的投资主体多元化，造就不同利益主体相互制约的混合所有制。混合所有制将打破国有所有权铁板一块的格局，企业不再是单一国有经济的利益载体，而是各种不同经济利益的代表，不同经济利益主体之间相互制衡，在企业的发展问题上相互协商，政府作为股权持有人之一，已不可能任意支配和左右企业的投资、生产、经营和分配决策。这样，企业一方面不再受政府的操纵，另一方面也不能再依赖于政府，政企分开在混合所有制基础上变成现实。

最后，混合所有制为资金大规模聚合运作以及生产要素最优配置，拓展了广阔的空间。在当今社会化大生产条件下，各国企业对全球市场的争夺愈益激烈，而这种竞争实际上是规模和实力的较量，依靠资本的联合

和集中来提高市场竞争能力已成为世界潮流。东北地区具有良好的工业基础，著名企业众多，产业实力雄厚，应该打造东北自己的"企业航母"，从而达到提高企业整体市场竞争力的目的。要做到这一点，就必须打破地区、行业、部门乃至所有制的限制，把全社会分散的资金按市场效率的原则聚合运作，并实现所有生产要素的最优配置。由于全社会生产要素的可动员规模，最关键的决定因素是所有制形式，即所有权的聚合机制和配置机制。不同的聚合和配置机制有不同的生产要素组织形式，而生产要素利用的范围和深度不同，其利用效率也不相同。单一的所有制形式由于不能使不同性质的所有权相互兼容，因此其吸收和调动社会经济资源的能力便受到种种限制。只有混合所有制，才能做到使不同种类、不同性质的经济要素自由组合、任意配置，并在不断运动的过程中达至最优。在迅速把社会闲散资金吸聚为大规模资本的能力方面，混合所有制具有其他单一所有制不可比拟的优势。与此同时，混合所有制还造就了资产所有权的流动机制，使资产的存量结构和增量结构，遵循市场效率原则，在动态中不断得以优化，以促进东北经济的持续和稳步发展。

第二章

东北振兴与混合所有制改革

东北地区国有经济发展的现状与问题

第一节　国有企业改革整体进程严重滞后

一、东北受计划经济影响最深

东北老工业基地是原有计划经济体制实行时间最长、贯彻最为彻底的地区。东北三省曾是中国工业最为发达的地区，其工业总产值从改革开放初期占全国的近18.26%，迅速下降到2016年的6.67%左右，一些企业关闭破产，部分工人失业半失业，东北地区面临的困境，与长期计划经济的影响有着密切关系。

东北最早进入计划经济，最晚退出计划经济，受计划经济影响最深，计划经济时代的一些东西在人们头脑中根深蒂固。从体制上看，所有制单一造成了东北国企缺乏自主的结构调整机制。许多人都认为东北振兴的关键是所谓的"结构调整"，一般人把这个结构调整简单理解成产业结构调整，从而认为应该把企业的技术改造作为东北振兴的重点。但在过去的时光里，东北的结构调整非常被动、非常迟缓，许多原来工业基础甚为薄弱的地区远远超过了东北的工业发展、经济增长，即使在目前的重工业化的趋势中，东北也并没有显示出明显的优势。此外，从新中国成立以后到改革开放这段时间，东北老工业基地一直在高度的计划经济体制下运行，承担着较高的指令性计划和较重的财政上缴任务，并上缴了大部分的利润，用来支援其他地区建设，因此，资金积累和更新改造都比较慢。随着国家价格体制改革和国家对沿海地区的政策倾斜措施，东北老工业基地的国有企业发展陷入了困境。多年的高度计划体制使东北老工业基地缺乏自我改造和自我发展能力；国有企业比重大、机制不灵活等特点，使老工业基地在市场经济体制下很难实现快速转型,与沿海的一些城市比没有竞争力,从而导致了东北老工业基地的落后。随着国家方针、政策的颁布与制定,尽管东北三省也陆续开展了国有经济混合所有制的改革与实施,但改革进程较慢、甚至停滞不前。

虽然市场化改革已经30多年,但东北地区在政府与市场、政府与社会的关系上,还存在一些深层次矛盾远未解决。一方面,政府仍习惯于过多干预经济,特别是对国有企业干预较多,真正有效的市场经济体制还未形成。另一方面,政府该管的却管得不到位,在公共服务、市场监管等方面存在职能缺位。特别是上述第一种情况尤为突出。如在企业设立、项目投资、对外贸易等领域,还存在大量行政审批,干扰了市场准入与退出;在国有企业改制、兼并重组过程中,政府部门经常对企业进行过多干预。在企业发展中,发挥决定性作用的应该是市场,而不是政府。制定和调整产品结构、发展目标,应是以市场为导向的企业自主行为,而不应是政府下达任务。在这种似是而非的"市场经济"下,价格机制受到严重干扰,资源配置严重扭曲,市场经济应有的运行效率也大打折扣。

二、体制改革缓慢

1. 所有制结构单一

经济所有制结构单一,国有企业占比过高,这是东北老工业基地一个普遍存在的现象,国有企业资产占比超过50%,远超全国平均水平。2017年全国民营制造业五百强,东北地区只有9家,占比1.8%,跟互联网科技领域的大企业更是无缘。2019年8月22日,全国工商联在青海发布了2019年中国民营企业制造业五百强榜单,榜单显示:2018年民营企业制造业五百强东北地区入围14家,增幅达100%,且企业经营规模及盈利情况均出现较大程度改善,但是仍然大大落后于东部、中部和西部地区。国有经济成了"大头娃娃",没有民营经济作为身体支撑,这样的直接后果就是头重脚轻,无力前行,失去灵活性和内驱力。在东北三省的许多典型工业城市中,辽宁有鞍山,吉林有长春,黑龙江有大庆,一个大型城市的经济命脉，往往只掌握在一到两家企业手中，而且它们多数为国有重工业企业。东北老工业基地的这些企业具备垄断性，它们既是当地经济支柱与主体，同时又承担了大量的社会职能，比如劳动力就业等。当地政府对支柱垄断企业的投资数额巨大，经常一个单独项目就达到百亿元量级。如此大力的、单项的、巨额的投资，一定程度上确实会拉动地方经济增长，会提高地方生产总值。但政府投资越单一和集中，相应带来的风险就越大，命脉国企一旦进入困境，当地经济将受到致命打击，甚至一蹶不振。东北老工业基地建立于20世纪新中国成立时期，大部分国有企业诞生于20世纪五六十年代，以及20世纪八九十年代。经过多年，第一批次诞生的企业多数已经重组、改制。第二批次诞生的企业设备存在老化问题。东北老工业基地一直以来改革日程慢于全国其他地区，无论是制度突破能力、科技创新能力、升级转型能力还是自我改造能力都严重不足。这导致它们系统改造缓慢，软硬件跟不上时代发展需要。

2. 市场竞争思想准备不足

之所以这样，一个主要原因也是所有制单一，由于国有企业几乎在各个产业都占有主体地位，而国有企业又恰恰缺乏自主的结构调整机制，因此，过去东北的结构调整往往是政府主导的行为，国有企业常常把技术改造项目看成是政府给的"免费午餐"，不但总是跟不上市场化的步伐，还陷入了一个个"不进行技术改造等死，进行技术改造找死"的"项目陷阱"。在这一区域以内，企业一方面受到旧体制的严重束缚，另一方面至今对旧体制存有深深的依赖。经济发展既受害于旧体制，又受惠于旧体制。职工与社会心理上迫切向往改革，又对旧体制颇多怀念，相当多的干部、职工对市场经济体制下的竞争怀有担心和恐惧，对竞争的压力思想准备不足。这种状况构成了老工业基地体制转轨的重要障碍，从而使东北国有企业的改造、振兴和转型充满着更为严峻的考验。可以说，东北经济发展面临的困难不是条件问题，而是体制、机制与人的思想观念问题，是在市场经济的实践中如何摆脱传统计划经济体制的束缚，培养和增强竞争意识、竞争本领的问题，是克服畏难情绪、树立信心的问题。

3. 公司制改造的任务远未完成

建立现代公司制度，是国有企业产权制度改革的核心。但是，无论是改制比例还是改制后企业国有股比例都保持在较高的水平。2005年4月，国务院发展研究中心企业研究所与世界银行合作完成了一份对2004年12月以前的我国国有企业改制与重组的调查问卷。抽样调查的报告显示，多数央企和低于半数的地方国有企业尚未完成股权多元化改革。在改制企业中，经历改制后企业国有单位仍然为第一大股东，上市的国有企业多是一股独大。时至今日，根据财政部的统计数据计算，相当多的国有企业仍然以全民所有制企业的形式存在，并没有按照《公司法》完成改造。

三、国有企业的主要利益相关者对改革持消极态度

经济学家在分析制度变迁问题时提出了"制度费用"这一概念，包括维持一个制度的费用和导致这个制度发生变化的费用两个方面。他认为，当一个制度的维持费用高昂而改变费用相对下降时，制度变迁就不可避免地发生了。许多"无效产权"之所以能够长期存续并不是因为维持成本低廉，而是因为改变的代价过于高昂。东北地区的国有企业改革就是如此。尽管人们早已认识到维持高比重的国有经济和大量的国有企业不利于市场化改革的继续深入，不利于经济的进一步发展，但直到东北老工业基地振兴战略实施以前，该地区的国有企业改革一直难以取得根本性的突破。

例如，尽管我国早已颁布了《破产法》，但却很少有国有企业破产清算，究其原因，主要是国有企业的主要利益相关者都害怕企业破产：地方政府怕影响稳定，银行怕丢失债权和不良贷款显性化，主管部门怕失去手中的权力甚至其存在的必要性，企业经营者怕失去位子和相应的各种特殊权益，职工怕失去身份和饭碗。国有企业改革和国有经济的战略性结构调整同样也面临上述问题，特别是在把国有企业产权改革与国有资产流失等同的主流意识形态环境下，地方政府推进改革的成本和风险过大。从这个意义上看，国有企业已经成为主要利益相关者的利益共同体，继续维持一个即使非常低效的企业也符合各方的共同利益，而不仅仅是地方政府的利

益。另外，东北地区的主要大中型国有企业都是央企，地方政府并没有推动这些企业深化改革的权限。即使不是央企也主要分布在"关系国计民生"的基础产业领域，国家的基本政策取向对深化这类企业的产权改革非常不利，从而进一步制约着东北地区深化国有企业改革。

四、要素环境不佳

东北老工业基地的要素投入的数量、质量以及要素的使用效率偏低。

第一，东北地区普遍存在不同程度的工业技术装备老化问题。东北地区很多企业为老牌企业，这些企业的装备都比较落后，可以说现代水准占比较低，甚至还有不少是20世纪五六十年代的水准。

第二，东北地区对企业资金的长期投入不足，也让很多设备老化的企业无法及时更新，这无疑使企业在竞争中缺乏活力，导致整体经济下滑。东北老工业基地工业企业的设备老化，技术陈旧，自主发展的产业基础有所削弱。以东北主要城市为例，沈阳市主要工业企业生产设备属国际先进水平的仅13.4%，国内先进水平的仅19.2%，两者之和还不到全部的三分之一；长春市工业中约有60%的设备平均役龄超过20年；哈尔滨市工业企业中役龄在20年以上的设备占23.8%，30年以上的占9.2%，全市还有四分之一以上的企业仍然沿用20世纪60—80年代陈旧落后的装备。这些老化的设备已经不能适应现代化生产的需要，对企业的发展也产生了严重的制约和阻碍，影响了东北地区工业化建设。

第三，老工业基地原有的生产模式和设备具有很强的专用性，在退出时需要巨额的资金来支撑。而资本市场和民间及外资主体缺乏等因素也限制了产业结构的调整。囿于资本投入的不足，无法及时更新技术装备，直接导致产品更新慢、成本高、效益差、环境污染严重以及市场竞争力欠缺的问题。

第四，与长三角、珠三角等地区相比，基础设施建设不够配套，政府提供的公共产品数量不足，质量不尽如人意，硬件的缺失使得创新的基础平台不稳。

第五，东北老工业基地的人才缺失严重。根据 2018 年发布的《中国就业市场景气报告》，东部、中部和西部地区的就业景气指数分别为 2.12、1.61 和 1.59，而东北地区仅为 1.41，工作机会最少。而毕业生最为看重的薪酬方面，长春、哈尔滨和沈阳在全国 34 个主要城市中分列倒数第一、第二和第六名，远低于全国平均水平。说到底，待遇留人，环境留人，这都离不开对于吸引人才的要素投入。留不住人才，东北老工业基地实现创新驱动发展就只能是一纸空谈。

五、缺乏战略的前瞻性

在东北老工业基地建设中，出于对当时国内和国际环境的考虑，根据当时的战略发展需要，在建设时对基础设施的完善不够，也缺少对替代产业的开发和培育。并且在对产业结构的优化与升级中，更多的是注重短期的效益，并未建立起新的技术优势。很多设备老旧、技术落后，资源和原材料的加工深度和组装水平较低，并且缺乏规模经济效益。原因主要有几个方面：一是对原有产业基础的过度依赖使得在解决结构性矛盾时没有从根本入手，只是在原有的基础上做的调整，使得一些新兴产业和高科技产业没有足够的发展空间，不能从根本上改变不合理的状况。二是高新技术研发没有得到资金的有力支持，和固定资产投资脱节，抑制了企业技术创新能力的提高。三是过度依赖外来技术，没有重视自身的开发。从长远来看，决定自身发展的最终还是内在的因素，外部的引进只能解决短期发展问题，而不能从根本上提高工业技术水平。四是缺乏对人才的引进和培养。五是工业组织结构调整进展缓慢，在改造中没有把企业改制和行业改组有效结合，只是在较长时间内偏重于对单个项目单位、单个企业的改造，没有建立起立足于现有企业的企业集团。

第二节　国有企业布局结构失衡、比例偏高

一、东北地区产业结构单一，产业结构偏向重工业

产业结构与经济增长密切相关，在中国改革开放的进程中，也和国有经济的发展存在着紧密的关系，在不同的时期、背景下，产业结构不同，资源配置也会不同，相应的生产效率亦不同。根据有关研究，一个合理的地区产业结构应该具有这样的特征：第三产业占该地区生产总值的比重最大，其次是第二产业，同时第一产业占地区生产总值的比重应向逐渐减小的方向变化。东北地区经济增长状况与其产业结构关联密切。总体来看，其工业结构比较单一，这在一定程度上影响了东北地区的长期可持续发展。多年以来，东北经济发展一直以传统的资源型产业和粗放式生产的重工业为主，农业、畜牧业、渔业等第一产业经济基础薄弱，生产方式普遍落后，现代服务业的发展较经济发达地区相对落后，发展缓慢，且随着经济下行压力的加大，东北三省"二、三、一"产业模式已完全不适合经济市场的客观要求。2014年，东北三省第二产业占地区生产总值比重高达51.2%，超过全国43.1%的平均水平；第三产业占比却仅为36.3%，低于全国平均水平11.1个百分点。此外，东北重工业的总产值占整个东北工业经济总量的比重偏高。2014年，东北三省重工业产值占东北工业总产值的78%，而全国平均水平低于70%，其中黑龙江省和辽宁省重工业占比分别高达80%和79%，且大部分集中在产能过剩的钢铁、煤炭、石油等行业。因此，长期以重工业为主的东北地区，对于抵御宏观经济的大幅度波动和严重冲击的能力较差，最终导致其经济形势陷于严峻的局面。

与此同时，东北老工业基地产业转型也面临着三个根本性问题。第一，传统制造业在涉及产业转型时，首先考虑的因素是沉没成本，即前期不可回收的高额投入。因为产业转型不仅需要更换相对落后、老化、科技含量较低的生产设备和不再发挥作用的原材料，还要重新开发、升级完整的产业链；第二，企业还将考虑其实际的经济实力是否能够承受得起产业转型所需要的新增成本，并与预期收益进行比较；第三，就东北地区的整体环境而言，其对外开放程度较低、时间较晚，且受计划经济时期的影响较深，思维、意识较为落后，这些因素都不利于东北经济引进高质量的人才、巨大的资金以及先进的技术和管理经验，从而严重地制约着东北地区产业转型。

通过对东三省的实际数据进行分析发现，近年来黑龙江省与辽宁、吉林两省的产业发展路径有所不同。辽、吉两省的第一产业占比下降、第二产业占比先升后降，第三产业占比一直处于上升态势；而黑龙江省的第一产业则在最初几年占比下降，而后逐步回升，相反其第二产业占比则稳中略有下降。通过对东北三省产业结构变动指标的测算，在东北地区经济增速下滑的近几年里，东北三省的三次产业中，第三产业皆超前发展，产业结构得到了一定程度的高级化。从产业结构来看，2017年，东北三省第一产业、第二产业、第三产业之间的结构比重分别为辽宁8.13∶39.3∶52.57、吉林7.33∶46.83∶45.84、黑龙江18.65∶25.53∶55.82。相比于东北地区2013年的11.6∶49.7∶38.7的平均数据，发生了巨大的变化。这些统计数据显示，近年来东北地区的"二、三、一"产业结构得到了一定程度的改善。其中，黑龙江省依据黑土地禀赋优势，尝试延长农业产业链，提升农业现代化水平，一定程度上实现了农业对经济增长的拉动作用。然而，总的来看，东北三省当前产业结构尚未达到理想水平。在部署东北地区的现代化产业体系建设战略时，不应当"一刀切"。东北三省虽然地域相近、历史问题相依，但是各自仍具备不同的产业结构初始状态和演进特征、不同的资源禀赋和不同的最优发展方向，应当着重考虑发展现代化第一、三产业，优化第二产业内部结构，实现地区特色优势进而有赶超的可能。

二、国有企业比重过高

长期以来,国有企业一直在东北的经济社会发展中占有举足轻重的地位,扮演着重要角色。众所周知,东北老工业基地始建于我国"一五"时期,基本形成于"二五"时期,是新中国成立时期经济的主要推动力,在20世纪50年代东北工业几乎排名亚洲第一,堪称"东方鲁尔"。而在推动中国工业化进程的同时,东北老工业基地也逐渐成为国有企业分布最集中,国有经济比重高且涉及领域最广的地区。一直以来,东北地区经济结构格外失衡是不争事实,国有经济比例甚高,民营经济份额甚低。长期以来,东北地区经济增长与产业发展严重依赖国有企业,尤其是央企。以吉林省为例,东北振兴之初,吉林省国有经济比重最高时达80%,经过改革后,现在国有经济比重降到50%左右,但仍高于全国平均水平。国有企业转型发展受困于传统体制机制,同时又制约产业结构的转型升级。囿于条块分割,企业之间缺乏市场推动的产业分工联系,央企技术优势内生化未形成溢出效应,难以带动产业链延长和市场细分。与此同时,民营经济发展较弱,民营企业多从事资源开发、房地产、生活服务业,或为国有大企业配套,依附性强,整体素质不高。2014年,股份合作企业、股份制企业以及工业产品销售率分别为96.9%、97.9%,低于国有企业98.4%、集体企业98.7%。在全国工商联发布的2018中国民营企业五百强榜单中,吉林省没有任何企业上榜,东北地区仅有9家。相比之下,远低于浙江省的93家、江苏省的86家、山东省的73家和广东省的60家。

国有经济占据了民营经济的生存空间,而缺少民营经济的支撑,国有企业背负过重的经济增长指标,也成为其大步伐改革的绊脚石。国有经济占了大半江山,经济总是找不到内驱力。国有经济的属性又导致整体经济结构不可能进行大规模的自我调整。产业结构过于单一,这是东北经济中另一个结构不平衡的体现,严重依赖资源性产业、机械制造业等重工业。当互联网产业、新兴服务业正快速崛起时,东北地区工业依旧占据绝对主导地位,其他产业无法望其项背。而在东北的工业体系中,高耗能、高污染、粗放型的重工业又是当之无愧的主体。以上两方面的失衡，让东北经济发展速度在多波次的改革开放浪潮中被逐步甩在全国的后面。习近平总书记曾多次叮嘱东北经济，表示"不能再唱'工业一柱擎天，结构单一'的'二人转'，要做好加减乘除的四则运算"，提出"四个着力"的要求，其中之一就是"着力推进结构调整"。纵观东北地区经济发展史，其经济的增长很大程度取决于国有企业的经营效益和资本投资额的多少。然而，近年来，以国有经济为主导、靠投资拉动经济增长的方式难以继续，东北三省经济增长再度乏力，明显落后于经济发展较快的地区，低于全国平均水平，名列末端。2016年，中国经济发展从西部到中部，再到东北，速度从最快逐级下降。2016年全国经济增速6.7%，数据低于此的有三个省，其中两个属于东北——辽宁 -2.5% 和黑龙江 6.1%，而吉林 6.9% 的增速也只能算勉强及格。2018年，东北地区生产总值增速有所回升，但辽宁5.7%、黑龙江4.7%和吉林4.5%的数据均低于全国6.6%的平均水平。从表面上看，主要问题是国家支持力度减弱、产业多而散、创新能力差、劳动力外流、资源短缺、政府权力部门不良行为等。然而，透过现象看本质，根本性原因有两方面：一方面，产业结构单一，产业结构偏向重工业，而新兴产业比例过少；另一方面，所有制结构单一，国有经济比重较高。目前，东北重工业产品产能过剩，重工业地区经济增长压力较大，重工业和资源性产业往往是国有成分占比较高，在经济不景气情况下，国有企业的效率更低。

截至2014年底，东北地区国有工业企业数量占规模以上工业企业数量的5.7%，比2004年下降了18.1个百分点。虽然东北老工业基地规模以上国有工业企业数量持续下降，但从企业资产规模来看，国有企业资产规模占比仍然较高。2014年，东北老工业基地吉、黑、辽三省重工业占比分别在78%、80%和79%左右，均高于全国平均水平，东北地区国有企业产业结构单一、失衡，集中在冶炼、机械、钢铁等行业。近年来，资源开采透支，资源正在日益枯竭。无论国家还是地方政策，都在主导资源型产业转型升级，不鼓励资源型产业继续粗放式发展。同时，资源开采各环节成本走高，也打破了相关企业过往的盈利模式，导致其在经济效益不断下滑中走向衰落。最典型例子莫过于黑龙江第一大国有企业——大庆油田。据统计，大庆油田目前的可采储量只剩不到三成，到2050年，大庆油田或面临无油可采的境地。面对箭在弦上的转产压力，大庆油田一方面焦急寻找出路，但另一方面却依旧没有找到适合自身发展的替代产业和延续产业，进退维谷。此外，同样是以资源类企业为代表的煤炭国有企业也面临困局。鹤岗、鸡西、抚顺、辽源，这些曾经在中国响当当的煤炭基地，也都面临着资源枯竭问题。其中，除了吉林省辽源市较好地找到了纺织业作为资源枯竭城市的后续产业和替代产业外，其他几个城市似乎只有面对着即将到来的困境无力感叹。

目前，东北地区呈现出的所有制结构仍以国有经济为主，央企、国有企业规模庞大，数量较多，传统产业比重大、"原字号"、"初字号"企业多，以致民营企业的发展受到制约，难以形成规模，且多依附于国有企业下游，吸引外资能力较弱，发展缓慢，严重限制了其地区的经济对外开放。东北地区很多省属重点国有企业在集团层面都是国有绝对控股，如沈阳机床集团国有股占94%、北方重工国有股占82.6%。一些国有大型企业虽在一定程度上推进了股本结构多元化，但国有绝对控股的性质并未发生根本性改变，国有企业现代企业制度远未完善，企业激励约束机制也没有根本转变。

第三节 国有企业创新驱动发展动力不足

一、东北老工业基地科研投入及创新能力不足

创新是发展的灵魂，是一个国家、地区、企业进步的牵引力，自主创新包含着诸如重大科学发现和发明等的首创，即原始创新、融合相关技术

和成果的集成创新、引进并吸收国外先进技术成果基础上的再创新三个层面。自主创新能力是经济持续发展的不竭动力，是企业竞争力高低的直接决定因素。

科研经费的投入是发展高科技行业和提高创新能力的关键，有利于提高企业技术、设备、产品的更新及运作效率，进而提升企业核心竞争力，及时满足市场需求。东北地区具有较好的科研基础，近几年，在科研的投入上也逐渐增加，但随着经济不断向前发展，东北地区对科研技术的投入明显不足。如果与沿海经济发达地区相比，创新能力层次具有较大差距；与世界科技先进国家相比，高新技术产业发展更处于较低水平。2014年，辽宁省、吉林省、黑龙江省研发投入占地区生产总值的比重分别为1.74%、0.9%、1.1%，均低于全国2.8%的平均水平，东北三省规模以上工业企业研究与试验发展（R&D）经费投入分别为3242303万元、789431万元、955820万元，共计4987554万元，占全国的3.4%，而广东省高达13752869万元，是东北地区的2.8倍。2014年，东北三省规模以上工业企业R&D项目数为15196项，而广东省高于其2.8倍，其中辽宁省为8608项，占三省总和的56.6%。2014年，东北地区的R&D经费投入强度为0.6%，其中吉林省为0.3%，全国的R&D经费投入强度均为0.8%，广东省为1.2%，遥遥领先。2017年，东北三省规模以上工业企业R&D经费投入分别为274.95亿元、75亿元、82.59亿元，共计432.54亿元（见图2-3-1），研发投入占地区生产总值的比重分别为辽宁1.17%、吉林0.5%、黑龙江0.52%，均远远低于全国平均水平1.46%，三省合计占全国

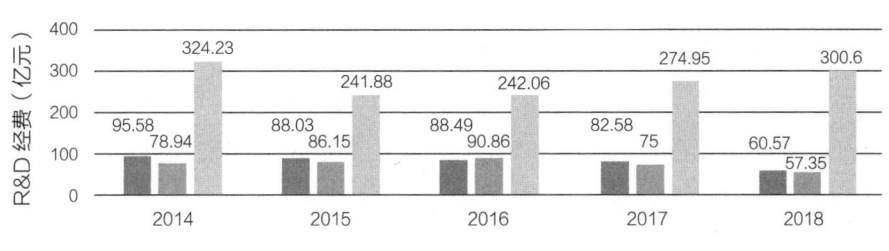

图2-3-1　2014—2018年东三省规模以上工业企业R&D经费支出

的 3.6%。而广东省、江苏省则分别高达 1865.03 亿元和 1833.88 亿元，分别是东北地区总额的 4.31 倍和 4.24 倍。由此可见，东北地区规模以上工业企业 R&D 情况与沿海经济发达地区相比，差距悬殊，并且差距进一步拉大。许多装备制造业的产品技术通过合资、技术引进等方式获得，缺少拥有自主知识产权的产品和技术。

人是经济发展中最重要的要素，第六次全国人口普查数据显示，吉林省生育率 0.76%，低于全国 1.18% 的平均水平，比日本、韩国还低，属于"超超低出生率"。由于出生率不断下降，总人口已经保持平稳，人口老龄化日益严重。创新驱动关键是人才驱动，目前东北地区虽然人才培养规模较大，但是产业人才较为匮乏，并且流失较为严重。不仅高层次创新创业人才流失严重，一些技能型员工也大量外流。城市良好的经济发展不仅可以带来更多的就业机会，还可以为人才提供更好的发展机会，因而，"人往高处走"，劳动力与人才以经济发展为导向来选择生存与发展的城市，无可厚非。据了解，全国第五次、第六次人口普查显示东北地区人口的省际迁移流动表现为净流出，分别为 40.4 万和 200 万，老龄化和人口外流，使东北地区产业发展面临"后继无人"的困境。

研发投入不足，加之东北地区缺乏相应的创新创业生态系统，导致地区创新活动开展过程中，遇到了高投入、低产出、高浪费的创新发展困境。而人才净流出规模扩大则进一步导致东北经济自主创新能力薄弱。具体而言，一方面，东北地区促进自主创新的硬件设施落后，缺乏促进自主创新的环境和平台。东北地区具有研发机构的企业数占企业总数的比重、各省和省内企业研发投入强度等均较低；自主研发能力较弱，创新效率和创新能力较低，新产品更新换代步伐慢，科技成果转化率低，难以支撑高端产业发展。另一方面，东北地区拥有自主知识产权的专利数量也非常少，2018 年全国规模以上工业企业有效发明专利数 1094200 件，辽宁省 21089 件，吉林省 4612 件，黑龙江省 4708 件（见图 2-3-2），发明专利所占比例微乎其微，并且科研成果的转化率较低。薄弱的自主创新能力既不利于东北经济发展方式的转变，也不利于产品结构和产业结构的调整与升级,阻碍着东北经济供给结构的优化和供给侧结构性改革的推进。

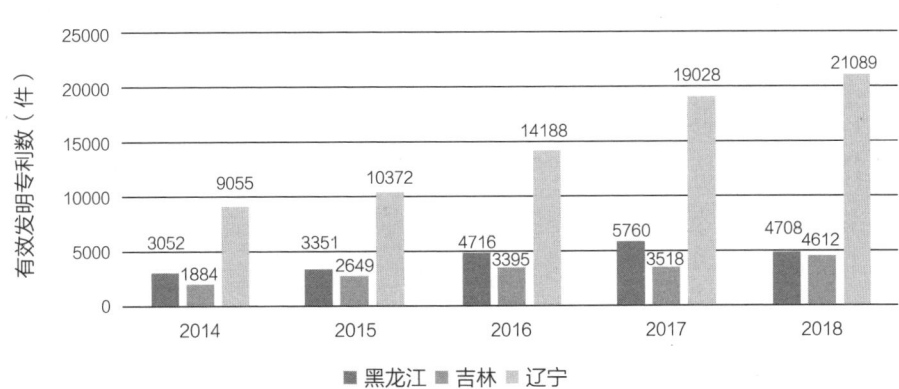

图 2-3-2　2014—2018 年东三省规模以上工业企业有效发明专利数

二、技术创新动力不足

东北地区装备制造业始终未摆脱技术引进型模仿创新的模式,一直在"引进—落后—引进"的怪圈中徘徊,制造业企业技术创新的内在动力严重不足。近年来,全国高新技术产业增加值占制造业增加值比重呈现逐年下降趋势,而占国内生产总值比重逐年上升。脱离信息化中国制造向中国创造转变不过是纸上谈兵,从某种程度上,信息化发展滞后、设备老化、技术装备滞后、自主创新能力较弱,产品结构与市场需要结构严重错位,代表了整个东北地区制造业所面临的发展困境。在制造业领域对材料技术的研究还不够,比如基础工业的薄弱导致生产不出精密坚硬的基础产品道具,无法生产高精度的母床,也就无法生产高质量的车床、机床。我们能够设计出最好的电路芯片,却无法制造出来,也是因为基础工业薄弱。东北地区产业升级过程中遇到的最突出问题是自主创新能力不强,中青年技术工人比较稀缺。国内外集群研究学者基本达成共识,创新集群(innovative cluster)是产业集群的发展趋势和方向。然而东北地区制造业科技创新能力不足,原始创新与集成创新匮乏,尚未形成拥有自主知识产权的技术创新体系,难以形成现代化的产业集群效应和产业整体发展的合力。东北地区装备制造业缺乏创新活力严重制约着制造业内在自生能力的形成。在参与国际贸易活动中，东北地区制造业企业大多数只能获得微薄的劳动力辛苦费，这种利益分配不公的最根本原因在于缺乏核心技术以及"全国销售网络"这一当代全球化生产经营的高级要素。在制造技术领域，我国的产品制造技术只有美国和日本的三分之一，可以说当前的中国制造只能称得上是"世界工厂"，并没有"芯"，这是突出的例证。长期以来，东北地区受计划经济体制影响较深，制造业企业缺乏先进的经营管理理念，机器设备大多依赖单纯向国外进口，导致企业自主创新能力受到抑制并弱化，进而企业缺乏核心技术和自主知识产权，知名品牌凤毛麟角。进入20世纪90年代以来，处于产业链中游的制造环节是价值创造的"洼地"，与其他研发、营销等环节所获得的经济收益相差甚远。经济学原理的"微笑曲线"说明，在发达国家产业发展早期，研发、制造、营销的附加值相差不大，呈现一条较为平坦的曲线；当前由于制造功能的进入壁垒较低，已经形成全球竞争态势，附加值降幅相对较大，因此形成所谓的微笑曲线。东北地区正处于工业化与市场化快速发展的阶段，但制造业仍然延续以大量物资消耗为代价的传统发展模式，处于产品价值链的下游，主要靠利用廉价的劳动力从事低附加值的组装加工获得较少利润，如沈阳飞机制造公司就承担波音公司部分机型水平尾翼制造。大企业大而不强，产业链条短；小企业小而不专，产品粗而不精；再加上发展模式粗放，战略规划短视，研发资金投入较少且对创新缺乏动力导致核心技术受制于人，使东北地区制造业长期处于微笑曲线中段，在全球价值链中受控于人，在市场竞争中很难摆脱艰难困境。很多装备制造企业在新一轮扩大生产能力过程中存在着重主机轻配套，重产品轻零部件的生产惯性，进而导致制造业企业创新动力不足。随着公司的重组和企业发展的提速，原有人才储备已不能满足企业发展的需要，尤其是经营管理和专业技术两支队伍，急需补充新鲜血液。目前，东北地区制造业的生产技术特别是关键技术主要依赖发达国家，高层次人才匮乏。企业一方面自主研发的积极性不强，拥有自主知识产权的技术较少，技术相对于资金和人才更为缺乏；另一方面缺乏对国外先进技术吸收再创新能力，没有掌握新产品开发的主动权。企业自主创新和技术装备水平不高，使得一些资源消耗低、环境污染少、技术含量高、经济效益好的项目无法投资，制约了东北地区制造业发展模式的转型。

三、体制与机制不完善，创新创业环境欠佳

制度安排是经济发展的内生变量，对区域经济发展具有决定性作用。东北地区产业创新发展所面临的根本问题是传统的体制机制弊端。从宏观角度来看，计划经济遗留导致市场与政府双轨制资源配置格局的低效率，市场经济发展不足导致东北地区产业发展缺乏市场竞争力，无力抵抗市场风险。从微观角度来看，国有经济比重偏高，公有产权性质导致东北地区企业创新缺乏效率，科技成果转化也面临着种种制度障碍。由于受计划经济影响较深远、国有经济比重较高，市场机制不健全，政府在资源配置中作用较为强势，导致经济发展内生动力与活力不足。影响企业创新创业的体制机制与环境包括政府决策与运行机制等，在这些方面，东北地区与发达省份还有较大差距。

体制与机制不完善也导致了产业配套能力差。科技创新成果的产业化转化需要新产品、工艺的创新机构与下游的生产企业进行频繁的交流和试验，完善的产业配套有利于提高创新成果转化效率、降低产品的生产成本，而产业配套环节的缺失会对整个产业的创新能力和竞争力造成损害。高端装备作为一种复杂产品，零部件多、技术集成度高、行业领域跨度大，对产业配套体系的依赖更为明显。东北地区总装制造的大企业优势明显，而处于专精制造领域的民营企业、中小企业不发达，没有形成大企业带动、中小企业配套的产业组织结构，总装企业所需要的许多原材料、零部件都需要到东北以外地区采购。特别是在新一代信息技术革命的推动下，装备制造业与信息产业的结合日趋紧密，信息产业不发达将会对装备制造业的智能化转型带来不利影响。

东北地区的企业普遍创新意识落后，比重偏大的国有经济抑制民营企业发展。在计划经济体制的历史背景下，东北大部分国企长期以资源开发、产品初加工为主，处于市场垄断地位，民营企业多依附国有企业，处

于产业链的底端,因而,企业普遍缺乏培育尖端技术和打造企业核心技术的意识,导致企业设备更新和技术改造相对缓慢。东北地区具有很好的工业基础,尤其是国有企业占尽先机,但是未能在此基础上取得长足发展。企业发展到一定程度没有转型升级,必然要触碰发展的天花板。东北地区的煤炭、钢铁、石化发展此前曾远领先于国内其他地区,但是现阶段这些行业的国有企业依然停留在生产初级产品阶段,没能实现创新驱动发展,将产业链纵深延长。东北地区没有一个煤制气项目,生产不出世界顶级的精钢产品,大庆石油仍以开采为主。长春一汽徘徊于合资企业带来的利润,在自主研发方面迟迟没有大的进展。东北森林资源丰富,但没有知名地板、家具企业,林下经济更是没有大的发展。东北地区国有企业创新水平不高的原因是多方面的,但根本在于体制机制弊端所导致的国有企业创新动力不足,在于国有企业经营者缺乏应有的使命感、危机感和创新意识,这也直接造成了东北创业环境欠佳的现状。

第四节 国有企业经营机制僵化、治理效率偏低

一、国有企业经营机制僵化

1. 国有企业运营效率降低

通过分析2013—2018年东北地区国有上市公司的相关数据发现,规模性指标呈增长趋势,但国有企业效率指标逐年下降。国有企业运营能力也是呈下降的趋势。衡量国有企业价值创造力与资本结构的指标波动性较大,并在2015—2016年呈下降的趋势。因此,从国有上市公司数据分析来看,近三年国有企业效益下降,需要找出问题,提高国有企业运营效

率。以辽宁省为例，目前辽宁省国有企业转制虽然全面完成，但国有企业经营效率低下。从规模以上工业企业经营效益对比来看，国有企业效率整体上低于民营企业、外资企业，近期国有企业的利润同比大幅下降，与其他类型企业的差距更为明显。2015 年，辽宁国有企业产值仅占工业总产值 33498.57 亿元的 1/40；2018 年，全省规模以上工业企业实现利润总额 1460.3 亿元，国有企业实现利润总额 44.7 亿元，占比依然很小。同时，垄断行业准入门槛过高，垄断行业中其他所有制企业公平进入的机制不健全，有效竞争的市场环境尚未形成，在不同程度上还存在普遍服务缺乏、产品价格高、收入水平过低等问题，缺乏完善的公平竞争制度和市场环境，也间接降低了企业经营效率。

2. 管理体制机制不活

作为全国最大的工业基地，东北既是率先向计划经济体制过渡的地区，也是当代市场机制配置资源最晚进入的地区。计划经济影响根深蒂固，政府"管理"经济的色彩浓厚。尽管市场化改革不断在推进，但国有企业改组、改造、改制任务还十分艰巨。迄今为止，东北国有经济比重依然很高，生产经营机制不活，不良资产居高不下，信用环境亟待改善，企业融资困难，民营经济成长环境差，这些都严重阻碍了东北工业的转型升级。虽然市场经济体制改革已近 40 年，但在政府与市场、政府与社会的关系上，还存在一些深层次矛盾远未解决，主要是政企不分问题较为严重。东北地区国有企业与政府边界仍旧混乱，政府仍习惯于过多干预经济，特别是对国有企业的直接干预更多。政府仍然是重要的资源及创新资源配置的主导者，重工业、不动产、能源的价格扭曲诱发企业寻租的行为，严重影响企业在研发、改造升级技术工艺以及开拓市场上的积极性和投入强度，真正有效的市场经济体制还未形成，资本市场发育不完善，利率市场化推进缓慢，尚未形成多元化的金融运营机制；研发科研能力相对发达地区较差，产品研发和市场需求、产品供给和经济运行脱钩；公共产业需求不能互补。如，在企业设立、项目投资、对外贸易等领域，还存在大量行政审批，干扰了市场准入与退出。再如，在国有企业改制、兼并重组过程中，政府官员经常对企业进行过多干预。另一方面，政府该管的不管，在公共服务、市场监管等方面存在严重的职能缺位。在这种似是而非的市场经济下，价格机制受到严重干扰，资源配置严重扭曲，市场经济应有的运行效率也大打折扣，形成了政府对企业的干预程度和企业对政府的依赖程度都很高的局面。与政府关联密切，在一些特定时期有着一定积极正面的作用。但在市场经济的当今，却必然导致国有企业存在经营效率低下、经营指标模糊、战略发展受阻等现实问题。政府的过度管理与干预，还让东北地区出现了一批不符合经济发展规律和潮流，且没有竞争力和发展潜力，却依旧苟活多年的"僵尸企业"。"僵尸企业"自身不具备竞争和经营的能力，但又无法退出经济市场，依赖政府的输血和供给苟延残喘。如此往复，不仅阻挠了经济市场中资源的优化配置，导致了资源的浪费，同时也大大影响了经济社会的公平竞争原则，让很多民营企业对此心生怨恨，怨声载道。

3. 国有企业行政化倾向严重

在部门管理方面，东北的国有企业盘子大，集团内部管理部门多，下属部门的管理层次也多，每个层次部门都有自己的级别，各个岗位都有相应的行政级别，审批程序复杂，办事效率低下。在职位设置层面，国有企业的高级管理层，一方面，享受着同级层党政公务员的行政待遇，存在党政升迁的机会，对党政机关的升迁存在很强的预期；另一方面，又享受着高于同等党政机关和国家公务员的待遇，既"有钱"又"有权"，企业内部各职能部门按照行政层级设立，管理人员习惯于党政机关人员的称谓。企业作为一个以营利为目的的经济组织，这种浓厚的官本位现象，阻碍了企业的长远发展和经济效益的提高，国有企业和国有公司的混合所有制改造，能否冲破行政级别的僵化模式，推进国有企业去行政化，是混合所有制改革路上亟待解决的问题。

4. 国资委监管职能的越位、错位、不到位

一方面，在企业的生产经营上，国资委管得过宽，干预过多，严重影响了企业的活力；过于烦琐的行政审批手续极大地降低了国有企业的经营管理效率，甚至可能由此错失其重要发展时机。另一方面，国资委对国有企业的监督职能还存在不到位的现象，在国有资产保值增值、制定符合国家需求的战略布局等方面，国资监管还有很多工作要做；另外，不同所有制形式企业的监督体系也存在差别，特别是在进行混合所有制改革之后，国资委对混合所有制企业的监督体系的改进任重而道远。

5. 企业与资本市场互动效果差，筹融资困难

一方面，企业对资本市场不了解，不能很好地借助资本市场的力量助推企业发展，且对于具体金融工具的选择使用尚不熟练，一定程度上影响了企业的发展；另一方面，东北地区的投资环境在全国范围内相对较差，对外来投资的吸引力较弱。东北地区的资本市场存在巨大的释放空间，国有企业的混合所有制改革过程中，存在着大量的资本需求，如果能够借助资本市场的助推，必将形成一个爆发式的增长。

二、国有企业治理效率低

1. 法人治理结构不完善

当前，东北地区的国有企业虽然普遍实行现代企业制度，但离建立责权统一、运转协调、有效制衡的公司法人治理结构还有很大距离，规范的现代企业制度尚未完全建立。法人治理结构不完善，经营者的市场化配置也尚未实现。具体表现为国有企业所有者主体缺位，且领导人的行政级别使得其无法成为职业经理人；规范的董事会运行体制机制仍未完全建立，国有企业的党委会、董事会、经理层往往职能人员重叠，身兼决策层和执行层两种职能的高管常见，有悖于现代企业制度的基本原则，导致企业相互监督制衡的机制形同虚设，甚至一些国有企业集团公司都没有设置"独立董事""外部董事"。此外，国有股在集团中仍处于绝对支配地位，大股东对企业的经营运作享有相当大的话语权，而民营资本参股国有资本时对经营管理的参与度则较低，难以对国有大股东形成有效的制约，这导致混合所有制企业的内部监督功能难以正常发挥，非国有资本的正当权益得不到有效保障，削减了其参与改革的动力。必须统筹推进地方国有企业治理

模式和机制重大变革。如辽宁规模以上国有企业虽然在市场经济环境下生存下来，但其治理模式、体制机制问题并没有从根本上解决，部分企业CEO作为职业经理人角色，能力和魄力不突出，如果不解决好内部激励机制、有形管理实体、正常换血等现实问题，难以取得重大突破。葫芦岛锌厂转制经验表明，虽然还是原班人马，但是引入社会资本作为小股东以有形主体管理大型国有企业，还是实现了从亏损破产边缘到盈利持续技改的惊人转变。目前，辽宁省内85家地方国有企业"省直管"管理机制创新急需推动，混合所有制改革全面实施也要加速，引入社会资本作为有形实体，实现国有资产保值增值。同时，加强对国有企业总裁、职业经理人培训、监督和管理，推动国有企业走上科学管理、制度创新、技术创新和可持续发展道路，打造一批大型跨国公司和行业领袖，支撑辽宁经济社会进一步转型升级。

2. 国有企业经理人利益分配机制尚不完善

国有企业内部劳动、人事、分配三项制度改革尚未到位，利益分配机制尚不完善。一直以来，国有企业对企业经理人的薪酬激励机制并未引起足够的重视，薪酬通常采用的是年薪加奖金的形式，激励手段过于单一，缺少长期的激励目标，导致经理人常常因为只顾眼前利益，而损害了公司的长远利益。目前，我国国有企业的业绩评价指标大多还仅限于单一的利润指标，企业追求经济利益无可厚非，但是还要综合考虑，例如企业的发展前景、资产管理水平等，因此企业经理人的业绩考核内容也应该尽量兼顾各个方面。在激励员工的方式方法上，国有企业和民营企业也存在巨大差别，具体表现为：国有企业的高级管理人员带有较高的行政级别，但其实际工资远远不及同规模的民营企业高管；相反，国有企业的普通职工较之于民营企业，相对享有更好的福利待遇和工作环境。在进行混合所有制改革之后，国有资本和私有资本结合在一起，就会出现虽然做着相同的工作，但原国有企业高管的薪酬却不及原民营企业高管，而原国有企业普通职工的福利又远远优于原民营企业普通职工的现象。当这种差异过大时，企业的各类员工间就会滋生不满情绪。因此，如何解决激励和约束不健全的问题是混合所有制改革的一项重要课题。

第五节 国有企业整体盈利能力差、历史包袱重

一、国有企业整体盈利能力差

1. 优势产业衰退趋势明显

随着改革的不断深入，东北地区许多传统的优势产业发展日益陷入困境，在增量资产有限条件下，存量资产无法有效重组，是造成东北老工业基地国有经济相对衰退的重要原因。一方面，传统资源型产业比较优势地位丧失。长期对资源的开发和粗放经营导致东北老工业基地的资源优势地位逐渐消失。随着煤炭、石油、黑色金属、木材等原材料和资源储量日益减少，如辽宁的有色金属、煤炭和黑龙江的石油、木材等，建立在这些资源条件上的原材料工业和重化工业逐渐陷入困境。例如辽宁省阜新市，黑龙江省鸡西、鹤岗、双鸭山等煤矿城市，随着资源的枯竭，依赖其生存和发展的工业企业亏损日益严重，在缺乏有效的退出和转产机制的条件下，生产经营和人民生活都遇到了很大困难。另外面对国内日趋激烈的市场竞争，制造业优势逐渐削弱，发展举步维艰。如沈阳、哈尔滨的制造业与沿海新兴工业地区相比，工业增加值、利税等指标明显偏低，而资产负债水平却相对较高。另一方面，产业市场竞争力下降。东北地区没有抓住改革开放以来中国工业化快速推进这段时期的机遇，适时进行产业结构调整，从而使许多机械、重化工产品由于质量差、档次低而造成积压和亏损严重。东北地区的优势产业在改革开放以后，因其赖以存在的资源条件、体制条件和社会环境的不断变化，慢慢丧失地位优势，甚至逐步变成发展的劣势。

2. 国有企业盈利能力差

透过国有资产额、收入、利润、税收四个维度的变化，纵向看，东北经济发展中国有企业总体上仍占据主导地位，承担着东北地区经济增长任务的主体指标；但横向来看，无论是资产总额、营业收入、利润总额，还是上缴税金等方面，东北地区国有企业的增长速度相较于全国平均水平依旧是下滑的趋势。东北地区的国有资产额占据绝对的优势地位，从贡献率来看，黑龙江和吉林的国有及国有控股企业数量仅占全省工业企业的6%—10%，而其利润总额占全省工业的40%—60%，远远高于全国20%的平均水平，黑龙江国有及国有控股企业的利税总额在全省的占比更是高达70%以上，然而国有比重偏高却不一定是好事，因为国有比重越高，对地方经济增长方式转型的要求就越高，与此同时，深化改革的任务也就越重。尽管东北的装备制造业在技术水平上处于全国领先，但是许多产品的应用市场狭小、总体市场规模有限，因此难以对东北经济发展起到重大带动作用。辽宁省自2000年起，国有及国有控股企业产值比重从60%左右一直下降至近年来的20%左右，然而其资产比重却仍占50%左右，可见辽宁省国有资本效率之低，这也表明，辽宁省国有企业不但没有完成保值增值的任务，反而贬值了。随着新一轮东北振兴和国有企业改革的深入，近年来我国国有企业效益全面大幅好转，但与其他所有制相比依然较低。数据显示，东北国有企业虽然实现了总收入的上升，但其经营业绩却不尽如人意，而且多数国有企业的利润率竟然出现了连年下滑的趋势。营业总收入方面，黑龙江、辽宁两个省份的年增长都超过7%，其中辽宁省增长更为明显，而吉林省有所下滑。具体来看，东北地区的国有企业，多数存在业绩差、利润率下滑的问题。2014年以来，东北地区国有及国有控股工业企业利润总额在经历了下滑阶段后，又实现了缓慢回升的态势。从2010年的1659.8亿元降至2015年的422.8亿元。黑龙江全省所有国企的利润总额从2009年的超过41亿元下降到2013年的-0.7亿元。2017年，辽宁、吉林两省分别只有282.5亿元和342.56亿元，体现了大部分国有企业盈利能力较低的现实。

2018年，黑龙江全省所有国有企业的利润总额215.2亿元，辽宁、吉林两省分别为532亿元和447.9亿元。在上缴税收方面，东北地区国有企业贡献较大，但其增长率却低于全国平均水平（见图2-5-1）。

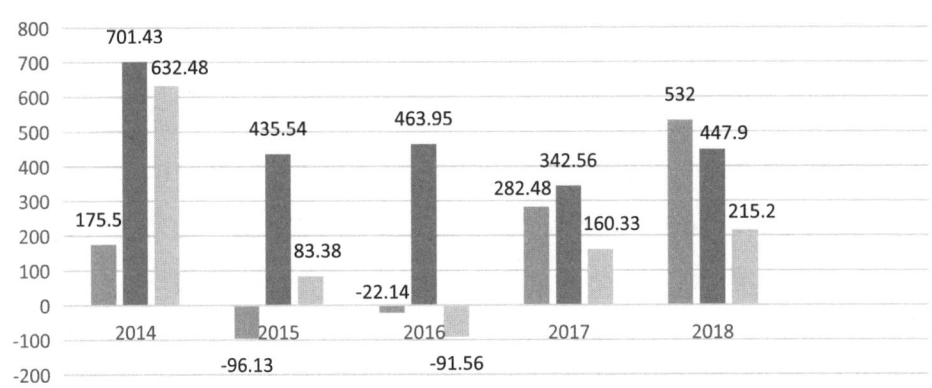

图2-5-1 2014—2018年东三省国有及国有控股工业企业利润总额

此外，在东北，许多国有企业还存在着债务压身的问题。尽管拿到了优惠的政策、有力的支撑、优越的投资条件和技术人才，许多东北国有企业依旧入不敷出，身负重债，无力偿还。如2017年，辽宁、吉林、黑龙江三省国有及国有控股工业企业负债合计分别为12714.38亿元、6215.69亿元、5039.77亿元。2018年情况依然比较严重，三省国有及国有控股工业企业负债合计分别为辽宁省11286.3亿元、吉林省5693.9亿元、黑龙江省5096亿元。黑龙江有超过40%的国有企业发生亏损，达到了194家，负债1902.26亿元，亏损72.99亿元，这在某种程度上也体现了东北国企目前的生存状态。然而与此同时，东北地区私营工业企业主营业务收入则呈现平稳上升态势，从2010年的18749.4亿元上升至2015年的21861.7亿元，最高达到2013年的32702.4亿元。东北三省国有经济的占比始终处于优势地位，分得大半江山，但其利润的下降幅度较大。以2015年的数据为例，国有企业主营业务收入虽然高于私营企业的业务收入，但其所得利润还不足私营企业的一半，可见私营企业的效率和资金的盈利能力要远远高于国有企业。

3. 国有企业有效投资不足，投资收益率低

东北地区的重大装备企业以国有企业为主，这些企业虽然为我国许多重大装备解决了有无的问题，打破了航空航天、军工等受制于人的局面，但是商业化产品的竞争成败不仅取决于产品的技术水平，还取决于产品的稳定性、可靠性、性价比。东北地区的装备企业将先进技术和设计商业化并大规模生产的能力不足，对市场反应慢、适应能力差，产品成本和价格高，适销对路、增长潜力大的产品少。就全国来说，已经整体上进入工业化的后期，工业和制造业的结构正在发生根本性的改变，绝大多数重化工行业的需求峰值已经或者即将到来，这一点，我们可以从钢铁、水泥、平板玻璃、电解铝等行业目前的市场情况看出。当一个行业没有需求时，存在于该行业的企业就很难有大的发展空间。东北地区很多行业出现整体性盈利水平下降的情况，与此有直接的关系。经济发展进入新常态后，要继续发挥投资在稳定经济增长中的关键作用。实现稳增长重要的是有效投资。有效投资必须是有效益、有效率的，但问题在于，当一个行业没有需求空间的时候，投资的关键作用很难发挥。投下去就会变成库存，成为资产沉淀，这其实是没有意义的。这也是东北地区面对经济下滑缺乏有效手段的原因之一。随着国内外形势的变化，投资环境日益严峻，改革的不断深入，国企也面临着资金不足的问题。对于一些前景好、风险高的投资项目，也受到资金的约束，通过金融市场的筹资成本又很高，从投资资金的使用情况来看，国有企业的投资能力显然不足，且缺乏灵活的经营机制，经营理念与技术落后，没有足够的能力应对投资市场上的变化和不确定性。具有专业投资水平的人员匮乏，在当前的薪资条件下，国有企业人力资源的市场化水平较低，难以吸引高质量的投资人才，导致很多企业在投资过程中频频失利，造成财产损失。这一现象，在海外投资中尤为明显。

二、国有企业历史包袱重

东北地区国有企业背负着沉重的历史负担，这种历史负担，来源于最早的高度集中的计划经济时期。因发展需要，彼时的企业不仅要规模大，

还要门类齐全，往往一个企业就像一座小城镇，各类机构层出不穷，创造效益以外的部门数不胜数。东北地区很多国有企业的社会负担，远高于全国平均水平。由于企业各种社会负担过多，占用了企业的财力和物力，这也是企业在产业结构调整中滞后的因素。例如辽宁省特大型企业本钢集团，因为职工太多，集团既要承担2万多户职工所在社区的供水、供电、供暖等日常服务，又要管理职工的子女教育和医疗机构服务。企业由于各种非生产性支出（如职工住房、医疗等）占用了大量的流动资产，背负着沉重的社会负担。本钢集团运营改善部副部长范洪彬曾经说过，本钢集团每年补贴性资金就超过了1亿元。这么多的负担让东北地区企业产业转型面临很大的阻碍，在东北，几乎所有国有企业，都存在机构臃肿的问题。如此一来，推行改革和创新时需要考虑一大串的"尾巴"，难以迅速成行。

企业债务多，历史负担重。改革开放以来，东北地区的非公有制经济相对于沿海城市发展缓慢，国有企业机制转换滞后，产业结构不合理，一些企业由于不适应市场经济的要求，在经营决策上多有失误，造成了各种损失，使企业背上沉重债务负担。因为东北地区很多国有企业的经济效益问题，亏损的数量很多，产生了"无有效资产、无生产经营活动、无偿债能力"的空壳企业。在企业长期形成的"大而全""小而全"的状况和低工资、高就业的观念影响下，企业的冗员较多，而那些冗员，甚至吃干饷的体制内劳动力，更是成为发展的束缚和压力。与那些顺应时代发展而诞生的，小巧玲珑、机构简单、应变灵活、无历史负担的民营企业相比，国有企业面临市场竞争和结构调整的双重压力。日益激烈的市场竞争与结构调整造成了大量人员的下岗、失业。社会保障体系的不完善使大量的下岗职工无法妥当安置，这不仅使国有企业在结构调整中面临很大的困难，也使整个社会面临许多不稳定的因素。根据辽宁省国资委的资料，省内国有企业中空壳类企业有830个之多，他们留下无法安置和处理的人员与债务包袱，其中涉及安置的职工约16.5万人之多，而各种债务问题更是难以详细统计。在结构调整过程中，1998年辽宁省下岗职工58.9万人，黑龙江省52.8万人，吉林省34万人，三省下岗职工人数占全国总数的1/4，并且国有企业中还有大量富余人员需要转产安置。1990—2000年，第二产业的就业人数急剧缩减，由334.4万人下降到222.3万人，占总就业人口比例由28.6%下降到19.1%。在沈阳市，1.5万户企业的173万多职工中，国企职工达97.3万人，1997年分流下岗职工37.8万人，其中国有企业分流下岗的26.5万人，占同期国有企业职工总数的26%，高于全国17%的平均水平。根据《中国劳动统计年鉴2005》所披露的数据，东北的国有企业下岗职工人数在"下岗潮"期间居全国前列。其中，东北三省的下岗职工数在1998—2000年间更是占据了全国总下岗人数的1/4，辽宁省和黑龙江省的历年下岗职工人数多次跃升至50万人以上。同为重工业重地的武汉也未能幸免，其历年下岗人数也常居50万人上下，而同期的上海、浙江在最多时也不过10万人左右。时至今日，依然深深地影响着整个东北地区的人均生活水平、城镇化进程和社会治安等诸多方面。

企业历史包袱沉重，解决遗留问题难度较大。解决历史遗留问题是国有企业改制、转型发展必须攻克的第一道难关，如果这些问题不能解决，国有企业背负沉重的历史包袱，就很难真正完成改制，有效的市场机制也很难建立和完善。解决历史遗留问题不但所需资金量大，而且情况复杂，单靠企业自身没有能力完全解决，需要政府支持，这给地方政府带来很大压力。一方面，央企改制解决历史遗留问题的资金主要由央企自行解决，但一些隐性成本却由地方负担。如一汽集团在剥离"三供一业"时，虽然费用由企业一次性付清，但管网建设、维修、维护等成本都由地方承担。而且企业支付费用的时间是在数年之前，而随着经济发展、物价提高，改造"三供一业"的成本也在提高，数年前支付的费用已不足以支付现在的改造成本，不足部分只能由地方承担，给地方政府带来很大负担。再如，央企改制中，一些服务性产业剥离出来成为私营企业，而这些企业往往对原来所属的央企有着深刻的依赖。一旦央企产品结构发生变化，这些企业接不到订单，就很可能面临生存问题，给地方带来社会就业、安全稳定等诸多问题。另一方面，地方国有企业改制过程中，由于大部分地方国有企业本身盈利能力薄弱，历史负担只能由地方政府解决。初步估计，解决东北地方国有企业改制历史遗留问题至少需要约2000亿元。据辽宁省提供的材料显示，辽宁省国有企业解决"三供一业"问题需要约107.8亿元，解决厂办大集体问题需要约473.6亿元，解决离退休人员管理问题需要约183.1亿元，解决空壳企业问题需要约50.9亿元，其他诸如社会办企业、独立工矿区、棚户区改造、"拨改贷"后的债务包袱等问题都需要大量资金。实际上，解决问题所需资金还不止这些，在社会保障制度不健全、历史欠账太多的情况下，经常是在解决旧问题的同时，新问题又出现，解决历史遗留问题的难度远远大于预期。

第三章

东北振兴与混合所有制改革

东北地区民营经济发展现状与问题

民营经济是中国特色社会主义经济的重要组成部分，大力发展和壮大民营经济对推进东北老工业基地市场化进程具有重要意义，更是改善所有制结构的有效途径。由于历史原因，东北地区民营经济发展存在市场主体偏少、综合实力偏弱、主导产业集群不多、技术创新能力不强、市场竞争能力偏弱和抗风险能力较差等问题。改革开放以来，我国确立了以市场为主导的经济发展理念，东北地区民营经济发展迎来了重要利好发展时期，特别是东北振兴战略实施以来，东北地区民营经济获得了快速发展。民营企业具有机制灵活、反应迅速，与国有企业产业和技术发展关联密切等特点，不仅能够促进地区经济发展，还能够参与和推动国有企业改革，切实提升地区经济发展活力。但相较于全国其他地区，东北地区还存在民营企业发展不足、国有经济占比过大、国有企业改革不到位、产业转型升级滞后和政府在市场准入方面差别对待等问题。

依托东北地区工业基础和资源丰富等比较优势，以民营企业为依托和重要突破口，加快发展以民营经济为主体的产业链条、培育产业族群、激发民营经济与国有经济优势互补与协同发展效应，不仅有利于优化东北地区资源配置，提升资源利用效率，也能够进一步释放东北地区经济发展的潜力，具有重要现实意义。

第一节 民营经济发展实力偏弱、市场主体偏少

一、东北地区民营经济实力偏弱的历史渊源

东北地区民营经济发展与我国总体经济发展布局密切相关。新中国成立初期，国家在东北地区布局和投资了大批国有重工业项目，这使得东北

地区在短时间内成为全国重要的能源工业、重化工业和装备制造业基地。作为"共和国长子",东北地区一度为国家经济发展做出了巨大贡献,但"国进民退"是一把"双刃剑",在国有企业主导背景下,东北地区民营经济发展空间相对狭小,加上不完善的制度环境,东北地区民营经济大致经历了消亡、起步、曲折缓慢发展和较快发展等阶段。

以时间为轴,东北地区民营企业在不同发展阶段呈现出不同的发展特征:1949—1977年,在计划经济体制下东北地区民营经济发展受到极大抑制,几近消亡;到改革开放前夕,黑龙江、吉林和辽宁民营经济产值占工业总产值的比重分别仅为17%、21%和16%,几乎不到1/5的水平;以1978年为起点,改革开放为东北地区民营经济发展带来了机遇,中共十一届三中全会确立了我国"公有制为主体、多种所有制经济并存"的经济发展政策,这为东北地区民营经济发展创造了重要条件;1978—1991年,东北民营经济开始以租赁、承包等形式参与到国有资产经营中,但受民营经济社会地位、法律地位不明确和国家宏观经济发展环境影响,这一时期东北地区民营经济发展仍旧相对缓慢,且发展领域比较狭窄,主要集中在服务业、商业等领域;1992年以来,邓小平在南方谈话中深入讨论了姓"社"姓"资"问题,而后,中共十四届三中全会明确了非公有制经济和公有制经济"平等竞争、共同发展"的思路,这一提法极大地优化了民营经济的发展空间,进一步解放了民营经济的生产力。这一时期东北地区民营经济获得了前所未有的大幅度的增长,但与东部沿海发达地区相比仍相对缓慢。进入2003年以来,东北民营经济发展迎来黄金时期,国家出台了一系列鼓励东北振兴和民营经济发展的文件和措施,东北地区民营经济再次进入了高速发展的快车道,但总体仍较为落后。

总的来看,在新中国成立初期和改革开放早期,东北地区民营经济能够进入的经营范围十分有限,在资金融通和原料采购等方面总体上也处于相对弱势状态,这是导致东北地区民营经济发展相对落后的主要根源所在。随着国家对民营经济发展的不断倾斜和支持力度的不断加大,东北地区民营经济发展迎来重要机遇,个体工商户数量呈现逐年增加趋势,并在努力调整和适应发展中形成了一定的生产力，对东北地区国民经济发展的贡献越来越大，已成为东北振兴不可或缺的重要组成部分。

二、东北地区民营经济主体数量偏少、差距明显

近些年，东北地区民营经济较快发展、规模不断扩大、实力不断增强，但总体发展仍不够充分，主要体现在民营企业数量少、就业吸纳能力不足等方面。近些年，东北地区民营经济获得了巨大的发展，数据显示，2017年，辽宁省民营企业为69.7万户，同比增长11.7%，民营经济增加值占地区生产总值比重超过50%，上缴税额占全省比重为65.4%，固定资产投资占全省比重为68.7%，吸引就业人数占全省比重达82.5%。2017年，吉林省民营企业达到34.3万户，同比增长12%；民营经济实现主营业务收入1.36万亿元，同比增长10.3%；个体工商户达161万户，同比增长9%；民营经济实现增加值7905.8亿元，占全省地区生产总值的比重为51.7%；民间投资9666.7亿元，占固定资产投资的比重为73.6%；民营经济从业人员达283.5万人，占全市就业人数的比重为74.5%。2017年，黑龙江省民营企业增长到34.8万户，同比增长11.5%，2018年上半年，黑龙江省非公有制经济实现增加值3663.4亿元，同比增长7.0%，占全省地区生产总值58.7%；实有民营经济市场主体达196.5万户，同比增长8%。

虽然东北地区经济社会发展取得了较大的成绩，但与全国、东部、中部及西部地区比较可以发现，东北地区民营经济发展还较为落后。表3-1-1显示，2015、2016、2017年，辽宁、吉林、黑龙江三省民营企业总数量仅占全国的5.1%，还不及东部的江苏、浙江和广东任何一个省份多；就业上占全国的比重仅为3.9%，与东部地区部分省份相比更是相差甚远。具体的，以2017年为例，辽宁、吉林、黑龙江三省民营企业总数为138.8万户，分别是江苏、浙江和广东的53.7%、77.1%和36.4%；辽宁、吉林、黑龙江三省民营企业总就业人数为777万人，分别是江苏、浙江和广东的31.6%、41.8%和28.2%。总的来看，东北地区在民营企业数量和就业人数上低于全国平均水平，不仅与东部省份有较大差距，也低于河南、湖北、湖南等中

部省份，甚至低于重庆、四川、陕西等西部省份。

表 3-1-1　民营企业户数及就业人数（万户/万人）

	2015	2016	2017
全国	1908.2 / 16394.9	2039.2 / 17997.1	2726 / 19882
辽宁	53.9 / 344.8	59.5 / 355.5	69.7 / 443
吉林	25.8 / 244.3	28.4 / 239.8	34.3 / 266
黑龙江	25.3 / 47.3	30.2 / 58.5	34.8 / 68
江苏	182.2 / 2093.3	222.9 / 2312.3	258.6 / 2461
浙江	129.2 / 1692.8	152.1 / 1765.4	180.1 / 1860
广东	248.1 / 1866.8	317.2 / 2356.6	381.6 / 2754
河南	70.5 / 453.7	90.0 / 529.4	112.3 / 662.6
湖北	70.4 / 569.7	81.2 / 620.8	92.5 / 707.8
湖南	44.4 / 680.6	52.6 / 304.7	63.9 / 374.6
重庆	54.4 / 684.2	62.8 / 786.1	69.1 / 864.4
四川	78.1 / 817.9	92 / 817	109.3 / 307.2
陕西	45.5 / 173.5	50.7 / 183.6	60.4 / 206.3

数据来源：2016—2018 中国统计年鉴

三、东北地区民营经济发展迎来重要机遇

面对东北地区民营经济发展不充分问题，近些年国家先后出台了一系列重要文件（见表 3-1-2），大力鼓励和支持东北地区民营经济发展，为民营经济发展创造了重要机遇，集中表现在以下几个方面：一是扩大民营经济准入范围，打破国有企业在众多领域多年垄断的局面，为民营经济发展营造了更为公平的市场环境；二是以发展混合所有制经济为重要依托，引导民营经济进入经济发展的关键领域，发挥其与国有经济的互补性，切实调动东北地区民营经济发展的积极性；三是加大民营经济发展的金融支持，降低民营企业融资难、融资贵、融资成本高等重要发展障碍问题；四

是健全民营经济发展的体制机制,推进民营企业公共服务平台建设,以支持建立现代企业制度为重要依托,积极培养民营企业集团和龙头企业,在制度、服务和发展导向方面给予民营经济更多的支持和引导,为发挥大企业引领和带动中小企业,进而为实现大中小企业协同发展奠定坚实基础。

表 3-1-2 东北地区民营经济发展相关重要文件

时间	主要文件	有关民营或非公经济发展的主要内容
2003	《中共中央 国务院关于实施东北地区等老工业基地振兴战略的若干意见》	(1)除极少数必须由国家独资经营的企业外,积极推行投资主体多元化,大力发展混合所有制经济和非公有制经济。 (2)营造非公有制经济发展的良好环境。允许非公有资本进入基础设施、公用事业以及法律法规没有禁止的其他行业和领域。 (3)加大金融对非公有制企业发展的支持力度,建立为民营企业融资提供担保的机制,鼓励民间资本向股份制银行和中小金融机构投资入股,在股票上市、发行债券等方面给予民营企业平等的机会,鼓励个人创业,切实落实国家对下岗失业人员创办个体民营企业在税收、贷款等方面给予的支持政策。
2009	《国务院关于进一步实施东北地区等老工业基地振兴战略的若干意见》	(1)鼓励民营企业、外资企业等各类投资主体参与老工业基地企业改革重组。 (2)积极支持民间资本进入基础设施、公用事业、金融服务和社会事业等领域。推动国有资本、民营资本和外资经济的融合,积极发展混合所有制经济。
2016	《中共中央 国务院关于全面振兴东北地区等老工业基地的若干意见》	(1)大力支持民营经济发展。加快转变发展理念,建立健全体制机制,支持民营经济做大做强,使民营企业成为推动发展、增强活力的重要力量。 (2)进一步放宽民间资本进入的行业和领域,促进民营经济公开公平公正参与市场竞争。 (3)支持民营企业通过多种形式参与国有企业改制重组。 (4)改善金融服务,疏通金融进入中小企业和小微企业的通道,鼓励民间资本依法合规投资入股金融法人机构,支持在东北地区兴办民营银行、消费金融公司等金融机构。 (5)壮大一批主业突出、核心竞争力强的民营企业集团和龙头企业,支持建立现代企业制度,推进民营企业公共服务平台建设。

在东北地区国有经济占比过大,民营经济发展实力偏弱、市场主体偏少的背景下,国家层面出台这一系列文件为东北地区民营经济发展提供了坚实的保障和重要的引导,是东北地区民营经济发展壮大、做大做强的重要条件和支撑。

第二节　龙头民营企业不多，主导的产业集群较少

一、东北地区民营经济发展缺少顶天立地的大型企业

目前，东北地区民营经济发展总体上比较分散，企业规模普遍不大，规模以上民营企业数量偏少，综合实力相对偏弱。2018年中国民营企业五百强报告显示，2017年全国五百强民营企业东北地区共10家，其中辽宁、吉林、黑龙江分别有7家、2家、1家，不仅远低于江苏（89家）、浙江（116家）、广东（68家）等东部制造业强省，也低于中部河南（25家）、湖北（17家）、湖南（8家）等省份，更是低于重庆（23家）、四川（23家）等西部省份。制造业是东北地区强势产业，但2018年东北地区民营制造业进入五百强名单的企业仅有9家，其中辽宁7家，而吉林和黑龙江各1家，依然远低于东部江苏（89家）、浙江（121家）、广东（59家）等发达省份，并低于中西部河南（32家）、湖北（19家）、湖南（11家）、重庆（15家）、四川（13家）等省份。作为老工业基地，东北地区制造业优势并没有在民营企业上延续，制造业集聚已严重落后于全国平均水平，并低于全国大部分地区和省份。从服务业发展来看，东北地区依然相对滞后。关于民营服务业企业发展情况，报告显示，全国民营企业服务业一百强名单中，东北地区仅辽宁有3家企业上榜，吉林和黑龙江尚无民营服务业企业进入百强榜单，普遍低于东部、中部和西部地区大部分省份（详见表3-2-1）。

表 3-2-1 2018 年规模民营企业统计（家）

	民营企业五百强	民营制造业五百强	民营服务企业一百强
辽宁	7	7	3
吉林	2	1	0
黑龙江	1	1	0
江苏	89	89	13
浙江	116	121	12
广东	68	59	20
河南	25	32	3
湖北	17	19	3
湖南	8	11	2
重庆	23	15	2
四川	23	13	3

数据来源：2018 年中国民营企业 500 强报告

二、东北地区规模以上民营企业数量偏少

规模以上民营企业数量不足，是导致整个东北地区经济发展缓慢和经济活力不足的重要原因。数据显示，2009—2017 年期间，辽宁省规模以上民营工业企业个数逐年递减，企业数量由 2009 年的 15157 家降为 2017 年的 3131 家，而且还有继续下降的趋势；规模以上民营企业总产值也呈先上升后下降趋势，总产值由 2009 年的 10185 亿元增加到 2013 年的 24636 亿元，之后发生猛烈下降，到 2017 年规模以上民营企业总产值已降至 4171 亿元；从民营企业年均产值来看，呈现先上升后下降特征，2017 年企业年均产值达到 1.3 亿元，相比 2009 年，增长了将近 9 成（见表 3-2-2 和图 3-2-1）。类似的，吉林省与黑龙江省规模以上民营工业企业数量和产值也呈下降趋势，以黑龙江省为例，2013—2017 年，黑龙江省规模以上民营工业企业数量分别为 2126 家、2080 家、1955 家、1759 家和 1660 家，5 年时

间里减少了近500家，年均减少100家企业。大型民营企业对地区民营经济发展具有重要引领和带动作用，一般以它们为中心可以充分延长整个行业的产业链和形成产业集聚，进而增强整个行业实力。东北地区规模以上大型民营企业本来就少，再加上呈减少趋势，说明现阶段其对东北地区民营经济的贡献还十分有限，未来加快培育和发展大型工业、服务业企业是东北地区民营企业发展的重要方向，除企业自身努力外，政府也应给予一定的引导，在公平竞争环境和资金融通等企业发展面临的难题上给予必要的支持。

表 3-2-2　辽宁省规模以上民营工业企业个数及总产值（家/亿元）

	2009	2010	2011	2012	2013	2014	2015	2016	2017
民营企业数量	15157	15898	11172	11165	11512	10319	7660	4366	3131
民营企业总产值	10185	14166	16897	22277	24636	22788	12909	4400	4171
单个企业年产值	0.7	0.9	1.5	2.0	2.1	2.2	1.7	1.0	1.3

数据来源：2018年辽宁省统计年鉴

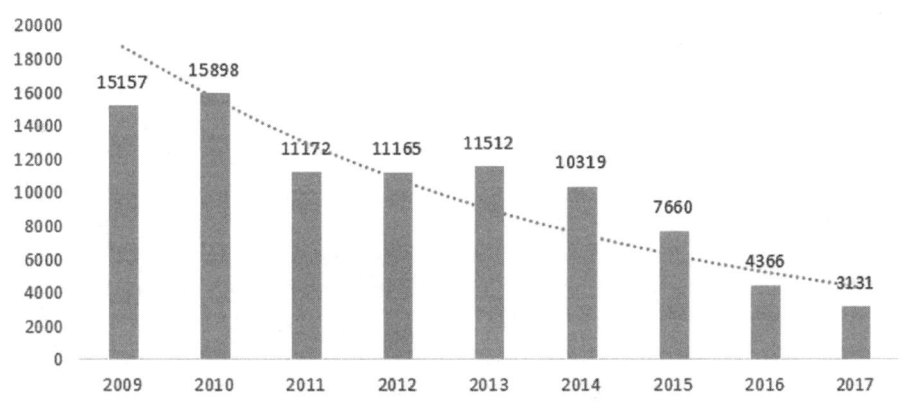

图 3-2-1　辽宁省规模以上民营工业企业数量变化趋势

数据来源：2018年辽宁省统计年鉴

与民营工业企业总体呈下降趋势不同，这一时期，东北地区规模以上国有企业数量和总产值仍然呈上升趋势。以辽宁省为例，虽然规模以上国有企业数量在2009—2016年有所下降，但从2016年开始又呈现上升趋势，

·63·

到 2017 年增加了 48 家规模以上企业；国有企业总产值由 2009 年的 9290 亿元增加到了 2017 年的 11185 亿元，增长了近 2000 亿元；从国有企业年均产值来看，呈现先上升后下降特征，2017 年企业年均产值达 17.6 亿元，相比 2009 年，增长了将近 0.7 倍（见表 3-2-3）。

表 3-2-3　辽宁省规模以上国有工业企业个数及总产值（家/亿元）

	2009	2010	2011	2012	2013	2014	2015	2016	2017
国有企业数量	883	852	630	635	651	624	606	589	637
国有企业总产值	9290	11220	12421	12890	12438	12664	10126	9592	11185
单个企业年产值	10.5	13.2	19.7	20.3	19.1	20.3	16.7	16.3	17.6

数据来源：2018 年辽宁省统计年鉴

目前，规模以上民营企业与国有企业在体量上还有很大的差距。以辽宁省规模以上企业年均产值为例，从图 3-2-2 可以看出，2009—2017 年，辽宁省规模以上民营工业企业年均产值总体变化不大，一直徘徊在低位水平；而规模以上国有企业年均产值总体呈上升趋势，且一直维持在相对高位水平，总体上大约是民营企业的 8—16 倍。可以看出，相对于规模以上国有企业，民营企业年均产值还有很大差距，在体量上还有很大的提升空间。

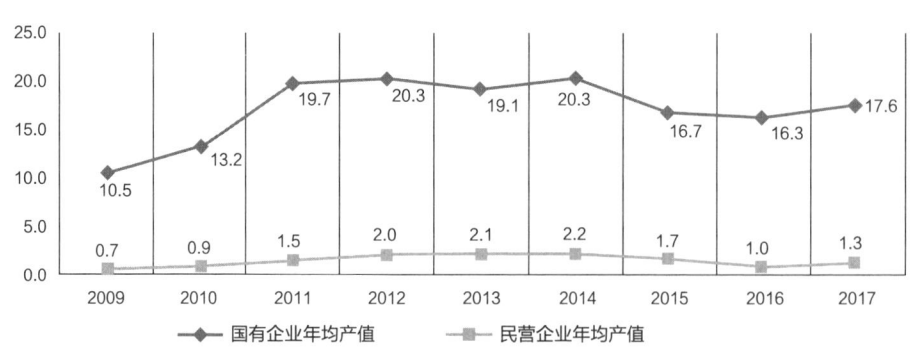

图 3-2-2　辽宁省规模以上民营企业与国有企业年均产值

数据来源：根据辽宁省统计年鉴数据测算得到

不仅在体量上有差距,在数量上民营企业对国有企业的优势也在逐年降低。从表3-2-3可以看出,辽宁省规模以上私营工业企业相对国有企业的数量优势正在逐年减弱,由2009年的17.17倍降为2017年的4.92倍,这一现象说明辽宁省"国进民退"现象仍在现实中继续,民营企业发展在整个经济发展中依然处于弱势地位。

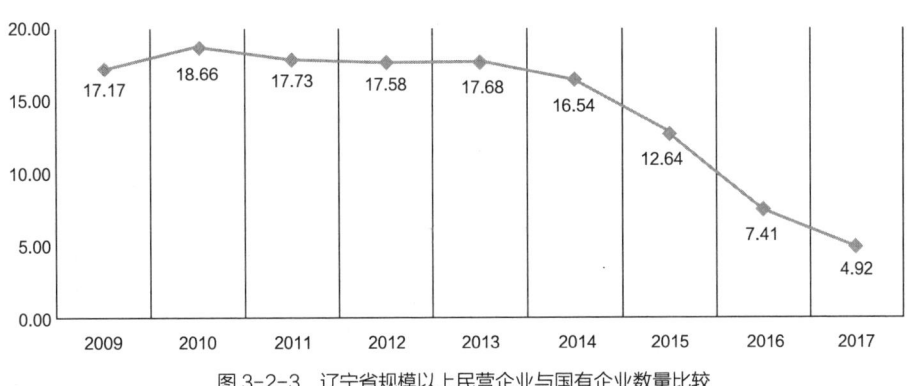

图3-2-3 辽宁省规模以上民营企业与国有企业数量比较

数据来源:根据辽宁省统计年鉴数据测算得到

以上数据表明,东北地区民营企业发展不容乐观,与国有企业相比,依然处于弱势地位,呈相对衰退发展特征。相对于国有经济,民营经济对市场的反应更为灵敏和灵活,一般生产经营效率会更高、生命力和竞争力会更强,而提高民营经济比重的关键在于加快培育民营龙头企业和扩大规模以上民营企业数量,这有利于形成产业集群和发挥民营经济规模效应,对平衡东北区域国有民营经济关系、促进东北地区产业经济优化升级、优化资源配置和扩大就业等具有重要意义。因此,加快提升规模以上民营企业数量、大力壮大民营经济综合实力已成为未来东北地区经济社会发展面临的重要选择。

三、东北地区大型民营企业和产业集群不足

1. 外部条件

从外部条件来看,相关政策落实不到位、营商环境不良是导致东北地区民营经济不能做大做强的主要原因,具体表现在市场准入门槛高、不能

与国有企业公平竞争、融资成本高和税收压力大等方面。第一，市场准入方面。近些年，国家先后下发一系列文件明确规定放宽民营经济市场准入条件，但在实际执行中，还广泛存在"玻璃门"和"弹簧门"现象，很多领域仅实现了"政策开放"，特别是电力、水务、公路等市政基础设施和公共服务领域，民营企业仍很难进入，面临审批程序繁多、审核周期长等问题，在该领域很难培育和形成大型民营企业。第二，资金支持方面。资金是企业发展的重要支撑，但与大型国有企业相比，东北地区民营企业由于体量小、可抵押物有限，面临融资渠道少、融资程序烦琐、审核严格、周期长等问题，相对更难获得银行部门的金融支持，导致最需要资金支持的中小型民营企业融资难和成本高问题；同时，由于直接融资门槛高，绝大部分民营企业很难通过发行股票或债券获得直接融资。数据显示，2017年内地赴港上市企业有50家，东北地区除吉林省有2家企业外，黑龙江、辽宁两省均无赴港上市企业，这在一定程度上加剧了民营经济发展和壮大的难度。第三，税收方面。相对于国有企业，中小型民营企业肩负着更为繁重的税收负担，且面临的各种摊派也比较多，这导致它们很难与国有企业、外资企业进行公平竞争，在发展成本上远远高于国有企业和外资企业。此外，劳动力、土地、资本和技术支撑不足及成本上升过快对民营经济发展壮大的阻碍作用也广泛存在。

2. 自身原因

从民营企业自身来看，缺乏战略发展眼光、人才支撑弱、安于现状思维普遍存在，这从根本上导致了民营企业难以发展壮大，更难以形成大产业集群区。在工业持续转型升级发展背景下，东北地区老工业基地各类企业既面临着转型升级的机遇，也承受着更新换代的压力，但从民营企业现实发展情况来看，它们所涉猎的战略新兴产业领域还十分有限，大多民营企业并未意识到新工业革命机遇的到来，也未改变发展思路，对科研和技术研发方面的投入和重视依然不够，更多是满足于经营现状，仍旧以资源开采与简单生产加工为主营业务，致使产业链条短、产业附加值低、产业结构单一等问题在民营企业中普遍存在，而伴随资源的逐渐枯竭、环保压力的加大和人工成本的上升，没有进入战略发展领域的企业只会越走越艰难，实现发展壮大缺乏根本的支撑，生存或将面临问题。

3. 人才因素

从人才方面来看，对人才重视不够，吸引不来新的人才、留不住人才是阻碍东北民营经济发展壮大又一"拦路虎"。人才在企业转型发展中起决定性作用，受传统"小富即安"观念影响，东北地区民营经济对人才价值的认识还远远不够。以黑龙江为例，2017年《黑龙江社会发展报告》显示，"十一五"期间黑龙江年均人口净流出约6.92万人，且外流人口呈现高学历者占比增加趋势；2015年黑龙江外流人口中大专以上学历占16.5%，而常住人口这一比重为12.8%，低了将近4个百分点，到2016年更是扩大到7.9个百分点。《黑龙江省重点产业（行业）急需紧缺人才目录（2017年—2018年）》显示，在人才短缺方面，依次为专业技术人才（占56%）、技能人才（占27%）和经营管理人才（占17%）。由此可以看出，人才不足已经成为制约东北地区各类经济发展的关键短板。作为提升企业创新能力和竞争力的核心因素，重视人才、珍惜人才、吸引和留住更多人才已成为东北地区民营企业在实现突破性发展的关键选择，未来须大力提升民营企业人力资本管理水平、加大校企合作、进一步改善员工工资福利待遇及全面完善社会保障机制，使人才愿意来、能留下，为企业更好发展提供充足的人才支撑。

四、加快培育大型民营企业的路径

1. 从根本上改变大型民营企业的营商环境，为其营造充分公平竞争的市场环境

切实执行国家文件中明确规定的民营企业市场准入要求，杜绝"玻璃门"和"弹簧门"现象的发生，真正地实现"政策开放"。在涉及行政审批方面，在合法合规合理条件下，最大限度简化民营企业审批程序，缩减行政事务审核周期，为企业发展提供最大便利。

2. 增加大型民营企业资金融通途径，降低其融资成本，并给予最大的税收优惠

全面理解民营企业融资难问题，下大功夫拓宽民营企业融资渠道，简化融资程序，从直接融资、间接融资、可抵押物方面给予更多的支持。直接融资方面，充分发挥债券、信贷、股权三个直接融资主渠道作用，考虑民营企业自身体量小和面临的限制多，应根据情况给予更多的支持，可扩大市场准入，为民营企业设立基金信托、理财、保险等专用机构，并通过股权转让和资产置换等方式为民营企业融资提供便利条件。在间接融资方面，要切实降低民营企业贷款门槛，充分发挥国有银行、民营银行、股份制银行和小额贷款公司等作用，全面实施普惠金融服务。另外，税收方面要切实加大减税力度，实质性降低企业税收负担。具体的，要进一步清理和削减民营企业行政审批收费事项，规范相关中介行为，减轻企业负担，早日实现民营企业行政事业性收费零收费，并根据实际情况，降低职工社保缴费费率，确保企业社保缴费实际负担有实质性下降。

3. 高度重视人才，坚持以人为本，以人才推动民营企业创新和超越式发展

人才是企业生存和发展的根本，民营企业更应坚持以人为本用人原则，充分尊重和爱护人才，制定长期人才发展战略，彻底改变对人才的"短视"和"忽视"现象，让员工在企业中充满归属感，成为企业真正的主人，并共享企业发展成果。企业是不断发展的，管理制度也需要不断完善，应根据现实情况的变化，适时完善民营企业人才管理弊端，健全企业规章制度，建立多渠道员工的激励机制，设定合理的人员报酬结构，使企业能够吸引人才、留住人才。另外，要制定人才发展战略，不仅要加强员工培训，也要广泛建立员工学习通道，使员工在企业中能够实现终身学习，在工作中不断成长，进而充分调动和激发人才凝聚力、积极性和创造性，为实现企业超越式发展培养坚实的人才基础。

4. 扩大开放，增强冒险精神，在对外经济发展中寻求更大的机遇

"一带一路"倡议的实施为东北地区民营经济发展、对外开放发展带来重要机遇，是大型民营企业寻求和开拓国外市场，进一步扩大生产规模和实现转型升级发展的重要契机。与国有企业相比，东北地区民营企业海外投资经验相对不足，但民营企业自身具有体制灵活、决策速度快、"船小好掉头"等优势。具体的，在对外投资发展进程中，首先要进行系统的政务和法律知识储备，对东道国政治、法律等可能存在的风险问题进行充分、全面和科学的评估，避免后期投资经营活动发生重大隐患。其次，要结合"一带一路"沿线国家市场需求和自身比较优势，选准行业，深入把握市场，提供优秀的产品，实现企业转型升级发展。另外，在"走出去"中，民营企业家要肩负国家责任和使命，兼顾自身生产经营和当地民生方面，做到互利共赢。

第三节 民营企业技术创新能力、市场竞争能力偏弱

一、东北地区民营企业自主创新能力亟待加强

"创新驱动"战略的实施为推动企业创新发展带来了机遇，但从东北民营经济分布来看，初级产品加工企业较多，而高级科技型企业数量少；一般服务型企业较多，而生产性服务型企业数量少、规模小，大部分民营企业还是依靠节约资源要素及生产成本进行发展，在市场上缺乏核心竞争实力，创新驱动对东北地区民营经济创新发展发挥的作用十分有限。由于自身缺乏核心技术研发能力，东北地区65%以上的民营企业在与龙头企业合作过程中缺少话语权，"低、小、散"特征决定了民营企业根本无力承担创新所需要的研发投入资金和消化创新失败造成的风险，没有富余资金和能

力拓展发展空间，在产业发展中大多只能采取跟从大企业的发展策略，大多民营企业业务与产业结构长期处于跟从状态，不能进入长期持续、连贯发展的健康轨道。

以规模以上工业企业有效发明专利为例。从图3-3-1可以看出，东北地区有效发明专利数量远低于江苏、浙江、广东等东部发达省份，且均低于河南、湖北、湖南等中部省份。在这种状态中的企业，由于不能自主决定产品技术与质量指标，无法自主研发核心技术，创新能力低导致产品同质化程度高、档次水平低等问题，使企业陷入越发展越被动、竞争力越差的境地，严重限制了后续发展。

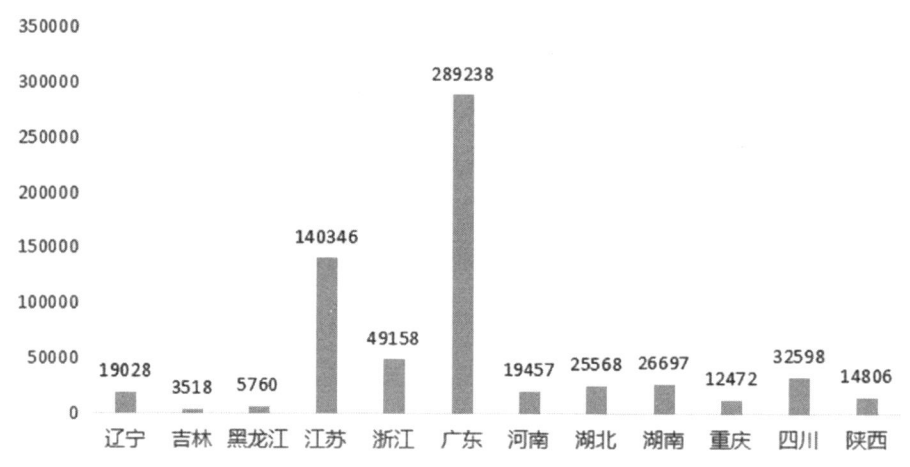

图3-3-1　2017年规模以上工业企业有效发明专利数量

数据来源：2018年中国统计年鉴

二、东北地区民营企业创新管理水平相对不高

1. 高效管理是企业发展的灵魂，缺乏具有创新和进取精神的企业家导致东北民营企业管理粗放落后，难以实现创新发展

首先，目前东北地区很多企业采用的是家族式、经验式和分散式等管理方式，对企业长期发展缺乏战略性规划。在企业发展中，缺乏对现代管理手段和方法的应用，极大阻碍了民营经济在瞬息变化的经济形势下做出

及时的决策调整。其次，民营企业"低、小、散"特征决定了它不能够及时引进人才，并疏于对技术工人的培养和培训，不仅很难吸引和留住高素质管理人才，企业内部也往往存在工作人员技术水平低、业务素质参差不齐等情况，导致企业面临高端管理人才和专业生产技术人才都十分匮乏的局面，进而致使企业创新越来越难，发展后劲越来越小。

2. 东北地区民营企业转型升级动力不足制约其创新发展

东北民营企业大部分是家族式企业，缺乏转型升级的内生动力，对管理与技术创新缺乏兴趣和紧迫感，普遍存在经营观念落后、经营管理层次较低、转型升级意识偏低等问题。企业转型升级发展需要大量的资金和新技术投入，而且还会面临市场和收益的不确定，甚至成本难以收回等风险，这导致很多企业不愿转型或不敢转型。企业家在民营企业的转型发展中起着关键性作用，但很多民营企业家不仅不具备转型升级的意识，更缺乏实现企业适时转型升级的相关综合能力。在东北地区大部分民营经济转型发展、创新发展面临动力和能力均不足难题背景下，短期内东北民营经济产业层次低、难以实现创新驱动发展可能不会得到根本改变。

三、民营经济创新发展受体制、研发投入、人才、资金等因素制约

东北地区国有经济比重偏高，政府主导的资源配置体制机制影响依然普遍存在，而市场机制对资源配置的作用还比较弱，与创新驱动发展相适应的市场运行机制和公平竞争的市场环境均尚未形成。由于政府在资源配置中起较大作用及国有大中型企业的垄断地位，企业一般需要通过与政府建立关系来获得要素资源成本优势和竞争优势，这极大抑制了市场竞争及其所能带来的创新，不仅抑制了民营企业开展创新的可能性，也导致国有企业创新动力不足。在缺乏创新体制机制下，政府主导的区域发展环境、非市场化的竞争手段，极大地抑制了企业的创新需求，民营经济等市场主体基本很难实现创新驱动发展。

缺乏创新驱动导致东北地区民营经济发展动力严重不足，主要体现在民营企业自主研发能力较弱、具有自主知识产权的核心技术少和新产品更

新换代步伐慢等方面，而研发投入不足是导致这一问题的关键原因所在。以规模以上工业企业研发投入为例（见表3-3-1），可以发现，东北地区研发投入无论在人员、经费或是研究项目上，均处于落后状态，不仅落后于东部江苏、浙江、广东等发达省份，也大幅落后于河南、湖北、湖南、重庆、四川等中西部省份。

表3-3-1　2017年规模以上工业企业研发投入情况

	研发人员（人）	研发投入（万元）	研发项目数（个）
全国	2736244	120129589	445029
辽宁	49463	2749477	8533
吉林	21056	749958	2439
黑龙江	24046	825854	3826
江苏	455468	18338832	67205
浙江	333646	10301447	69180
广东	457342	18650313	73439
河南	123619	4722542	15973
湖北	94241	4689377	12968
湖南	94228	4617716	10411
重庆	56416	2799986	10624
四川	71968	3010846	12359

数据来源：2018年中国统计年鉴

进一步的，从表3-3-2可以看出，2017年东北地区研发人员、经费和项目数分别为94565人、4325289万元和14798个，占全国比重分别为3.5%、3.6%和3.3%，不仅分别远低于江苏的16.6%、15.3%和15.1%，还低于中部河南的4.5%、3.9%和3.6%，但高于西部四川和重庆等省市。

表 3-3-2　2017 年规模以上工业企业研发投入占全国比重（%）

	研发人员	研发投入	研发项目数
东北三省	3.5	3.6	3.3
江苏	16.6	15.3	15.1
浙江	12.2	8.6	15.5
广东	16.7	15.5	16.5
河南	4.5	3.9	3.6
湖北	3.4	3.9	2.9
湖南	3.4	3.8	2.3
重庆	2.1	2.3	2.4
四川	2.6	2.5	2.8

数据来源：根据中国统计年鉴原始数据计算得到

缺乏人才支撑是阻碍东北地区民营经济创新力提升的关键原因。第六次人口普查结果显示，辽宁、吉林和黑龙江三省人口净流出 180 万，而三省的生育率分别为 1.0%、1.03% 和 1.03%，均低于全国平均水平。出生率不断下降、年轻人口不断净流出和人口老龄化不断加剧等导致东北地区人才越来越匮乏。在缺乏人才的支撑背景下，实现东北民营企业创新就像"巧妇难为无米之炊"，基本上很难实现。

另外，资金支撑不足在一定程度上阻碍了东北地区民营经济创新驱动战略的实施。目前，东北地区金融系统发展滞后，资本市场不发达，基本以国有商业银行和政策性银行为主体，在规模、多样性和效率上与发达地区还存在不小的差距，不能够及时有效地为有需求的民营企业提供资金支持，在一定程度上制约了东北地区民营企业的创新发展。

四、提升东北民营企业创新能力和竞争力的关键选择

1. 企业方面

企业方面要树立牢固的创新主体观念，明确自身自主创新主体定位，坚定地实施分阶段分步骤创新战略，这是实现民营企业创新驱动发展的根本途径。初期可以引进消化吸收再创新为重点，因为创新自身属性，它的

实现往往需要花费大量的人力、物力，经过漫长的时间去探索和积淀，在发展初期，可广泛借鉴本领域国内外企业先进的生产技术和管理经验，努力吸收并转化为自己的生产力，在企业内部逐渐培育形成具备自主创新能力的人才体系、配套设施和创新环境。在企业具备一定的自主创新能力基础上，可根据自身情况逐步加大研发投入，尝试开展原始创新。一般的，原始创新需要深厚的理论积淀和高水平的科研人才等做支撑，民营企业可与高校或专门的科研机构开展产学研联合项目，激发校企优势互补联动效应，帮助企业更好地实现原始创新。

2. 政府方面

政府方面要为民营企业营造良好的市场创新环境，优化现有创新体制机制，引导企业根据自身情况，积极主动开展创新活动。政府要做好企业创新发展的"守夜人"，在合法合规合理情况下，给予企业最大的创新自主权，防止自身惯性地过度干预企业生产经营，维护企业公平竞争的市场发展环境，最大限度地调动企业创新发展的积极性和主动性。根据民营企业在实际发展中遇到的困难，可重点为其提供资金、税收优惠、人才与技术引进等支持。例如，政府可以建立自主创新示范区，吸引和集聚众多民营企业进入示范区，对入驻集聚区的企业实施税收、用地、用水、用电等优惠政策，提供各项组织服务，形成重视企业创新、激励企业创新和有利于企业创新的大环境，并在企业之间建立联动创新机制，实现科研人才、技术研发中心和信息等共享，为企业提供丰富便利的创新条件，将创新成本降为最低，促进创新成果转化更加便利可行，广泛激发企业创新热情。

3. 保护知识产权

知识产权保护是创新型企业生存的根本，要加强执法力度，全面加大对知识产权的保护。创新来之不易，侵权和仿冒他人创新成果会极大地增加企业创新的成本，严重打击企业创新的积极性。因此，政府及行业协会等要高度重视企业知识产权保护，建立完善的知识产权等级和认定制度，使相关知识产权能够得到合法的保护；加强立法，对非法冒用或侵占他人知识产权行为在法律层面上给予惩戒；并进一步加大知识产权宣传力度，提高人们对知识产权的尊重和保护意识，最大限度地保护企业自主创新成果，保护企业创新的积极性。

第四节　民营经济整体盈利水平不高、抗风险能力较差

一、民营经济综合盈利能力亟待提升

民营经济总量偏小、龙头企业少、创新能力不足决定了东北地区民营经济整体盈利能力十分有限。以民营工业企业利润情况为例。从表3-4-1可以看出，2017年，辽宁、吉林、黑龙江三省利润总额分别为188.4亿元、241.1亿元和47.2亿元，三省私营工业企业利润总额占全国的比重仅为2.1%，在绝对值和比例上均远远落后于东部省份，甚至与中西部省份相比也有很大的差距。从利润率来看，东北三省民营企业利润率分别为3.2%、8.9%和3%，均低于全国9.5%的平均水平，除吉林省外，辽宁省和黑龙江省的利润率均远低于东部和中西部大部分省份。盈利能力不高将严重影响企业抗风险能力，不仅不能够对员工给予足够的报酬激励，激发员工工作热情，当企业设备陈旧时，也可能会因留存收益过少问题导致不能及时更新换代，直接降低企业的生产效率；更为严重的是，当市场不景气时，企业很容易处于亏损状态，进而进入利润低、衰退等不良发展状态。

表 3-4-1 2017 年民营工业企业资产及利润情况

地区	资产总额（亿元）	利润总额（亿元）	利润率
全国	242636.7	23043.0	9.5%
辽宁	5883.2	188.4	3.2%
吉林	2720.5	241.1	8.9%
黑龙江	1559.7	47.2	3.0%
江苏	34514.8	3761.5	10.9%
浙江	23253.8	1308	5.6%
广东	21155.3	1740.3	8.2%
河南	15132.4	2169.2	14.3%
湖北	6951.2	711.5	10.2%
湖南	10438.9	1152.4	11.0%
重庆	5247.9	604.6	11.5%
四川	7999.9	891.4	11.1%

数据来源：2018 年中国统计年鉴

进一步的，从 2018 年各地区民营工业五百强企业来看（见表 3-4-2），由于东北仅统计了三个省份，其在税后净利润总量上仍相对落后其他地区，但从利润率来看，东北三省是全国最高的，达到了 6.34%，明显高于东部、中部和西部地区。这说明，尽管整个东北民营工业企业盈利能力有限，但排在头部的民营企业还是很有竞争力的。另外，大型企业利润率偏高而整个企业利润率偏低意味着东北小型民营工业企业与大型企业具有很大的差距，后者对前者的带动作用还亟待挖掘和释放。在各类企业互动日益密切背景下，各类企业互补协同发展对彼此都十分有利。因此，大企业应承担更多行业发展和社会责任，在自身发展壮大中，更多发挥对中小型民营企业发展的引领和带动作用。

表 3-4-2　2018年民营工业五百强企业地区分布及盈利情况

地区	资产总额（亿元）/ 占比	税后净利润总额（亿元）/ 占比	利润率
东北地区	4312.5 / 2.8%	273.3 / 3.2%	6.34%
东部地区	119780.9 / 78.8%	6913.3 / 79.7%	5.77%
中部地区	15105.8 / 7.9%	925.4 / 10.7%	6.13%
西部地区	12777.3 / 8.4%	557.6 / 6.4%	4.36%

数据来源：2019中国民营企业五百强调研分析报告

二、产业层次低和发展环境不佳是制约东北民营经济盈利的根本原因

1. 产业层次低

从民营经济所在产业层次来看，东北地区大部分民营企业都处在产业价值链的低端，这是导致其盈利水平低的重要原因所在。数据显示，东北地区近70%的民营企业都是以劳动密集型为主，大多民营企业都分布在产业链低端配套环节，在产业分工中大多处于从属地位，这导致它们普遍存在生产效率低、利润率低、技术含量低、高质量产品不多、名牌产品少和抗风险能力差等问题。这主要是受历史、体制和自然资源等的影响，东北各地民营企业涉入的行业领域基本相似，大多企业更愿意和更容易进入到低端资源加工型产业领域，而很少愿意进入投资要求高和技术门槛高的其他领域，这导致整个民营经济所在的产业链条非常短，企业间低层次、同质性竞争普遍存在；加上企业分布分散，导致原材料和用工成本普遍偏高，进而导致产业附加值低和利润率低等问题。

2. 发展环境不佳

从发展环境来看，现实中对民营经济发展的不重视是导致其利润率上不去的又一根本原因。首先，长期以来受计划经济体制影响，东北地区的人们在思想上普遍更重视公有制经济，对市场经济和完全竞争体制机制具有一定的抗拒心理。在大型国有企业几乎占据产业垄断地位的背景下，当地有一定发展潜力的民营企业很难有机会发展起来。其次，民营经济发展也缺乏完善的社会服务环境和体系，民营企业发展得不到相关人才培训服

务、信息化建设服务、金融服务和中介服务等,再加上政府对民营经济服务意识淡薄,该管的不管,不该管的乱管,导致民营经济生产经营环境十分恶劣,在生存艰难的前提下,很难实现生产效率和经营利润率的提升。

三、"双管齐下"切实增强民营经济的自身盈利和抗风险能力

1. 对盈利和抗风险能力较弱的民营企业,要切实推动其转型升级

企业要根据自身发展情况和面临的问题,依据所经营内容的前景与收益情况,结合自身长短期利益,不断调整生产经营方式和主营业务内容。对长期充满前景的业务内容,可给予适当的倾斜性支持;对于短期不能获利,而长远来看也没有发展前景的业务,即使是主营业务,也要果断砍掉,及时将损失降到最小。在此基础上,不断去发现和培育新的业务增长点,以实现阶段性战略长期目标为根本导向,在逐渐提升盈利和抗风险能力中发展壮大。

2. 对新成立的民营企业,要选择进入有战略发展前景的行业

俗话说:"男怕入错行,女怕嫁错郎。"这对企业同样适用,新企业在成立前一定要做好总体规划,选择有发展前景的朝阳行业进入。例如,曾经大家耳熟能详的 MP3 音乐播放器行业,如果企业在 15 年前进入该行业,在数字音乐大潮流中很有可能会获得丰厚的回报和利润,但如果是今天再进入,估计不仅不能获得利润,能够持续经营下去都不太可能。从东北地区来看,虽然该地区具有丰富的资源,但伴随资源的不断开采和环保压力的加大,对民营企业来说,未来它可能不是一个好的选择,而选择进入人工智能、大数据、云计算、金融服务、互联网服务和商务服务等充满发展前景的新兴行业,对企业来说或是更好的选择。除考虑所要进入的行业外,新成立的企业也要根据自身的优势,选择更能突出自己优势的领域进行生产经营。另外,对即将要成立的新企业,政府在宏观层面可适当发挥引导作用。

3. 全面提升企业自身素质,增强民营企业盈利的内源力量

无论是已有或是即将要成立的、盈利能力较强还是相对较弱的企业,

都要不断提升自身的管理水平、技术水平、创新能力等企业素质。世界五百强企业的发展经验表明,企业只有保持不断学习和成长才能在激烈的竞争中立足和保持领先。一个企业无论多么优秀和成功,如果不努力增强自身素质,注定会被市场所淘汰。例如,诺基亚公司曾是手机领域最大的企业,但在智能手机操作系统来临时,它却故步自封,没有跟上时代的步伐,导致手机业务连年亏损,最终以出售手机业务黯然离场。从东北地区民营经济来看,要切实加强创新能力和技术水平提升,并高度重视以人为本,增强对企业内部技术人才和管理人才的培训,切实提升人才待遇,以吸引人才和留住人才为企业持续健康发展添砖加瓦。

第四章

东北振兴与混合所有制改革

东北地区混合所有制经济发展的现状与困境

2015年9月,《中共中央　国务院关于深化国有企业改革的指导意见》做出了稳妥推进混合所有制发展的战略部署,这为东北老工业基地的振兴指出了更明确的发展方向。2018年,东北经济已经走出了最困难时期,开始步入平稳健康发展轨道,较此前普遍好转:辽宁省地区生产总值达到2.53万亿元,比上年增长5.6%,超过2017年4.5%的水平;吉林省地区生产总值增速为4.5%,呈逐季提高态势,同时,税收增速达五年来最好水平。不过,在已经公布地区生产总值数据的30个省市中,有21个省份经济增长水平跑赢全国水平,但吉林、黑龙江、辽宁等省份全年经济增速不足6%,还有很大进步空间。在增长目标上,东北地区均在2018年实际增长水平上略微上调。辽宁省的增长目标"与全国保持同步",预计在6%—6.5%之间;黑龙江省从2018年的5%"左右",变成了5%"以上",两个字的差别,却是经济向前迈进了一步;吉林省从增长4.5%,目标扩大到"5%—6%"。因此,在新一轮振兴东北老工业基地过程中,继续用投资刺激发展的方法将很难维系,所以东北地区必须根据经济发展的大环境大趋势,推进混合所有制改革,才能有效地发挥企业经营效益,并以此来振兴东北地区经济发展。

第一节　东北地区混合所有制经济发展现状

东北地区要大力促进经济发展,深化改革的目标和任务必须是不断促进增长方式的转变和推动经济结构调整,在加快经济改革方面的任务和目标是加快速度完成国有经济的战略型布局调整,改变国有经济战略布局和继续深化国有企业改革,建立起相对完善的现代企业产权制度和国有资产管理监督体系,最终实现政府职能的重大转变,建立符合市场经济发展的行政管理体制、加大力度发展非公有制经济、建立起较为完善的社会主义市场经济体制,为全面建设东北地区老工业基地奠定坚实基础。此外,也要充分发挥国有经济的带动引导作用,实行国有资本和民营资本相互渗透,形成合力,提高整体竞争力和经济效益。使整个东北地区的国民经济结构调整取得一定进展,使国有经济布局状况有所改善。

一、东北地区重工业仍占较大比重

东北地区由于历史的原因,作为中国的老工业基地,工业尤其是重工业一直在整个东北地区经济中占有举足轻重的作用,第一产业和第三产业的发展相对较弱。东北地区经济发展高度依赖资源产业和重工业,现代服务业发展滞后。传统的资源型产业结构和粗放型经济增长方式,使东北地区形成了较为单一的产业结构。2017年,辽宁、吉林和黑龙江三省第三产业占地区生产总值比重分别为52.6%、45.8%和55.8%,低于全国58.8%的平均水平。其中,东北三省的工业总产值占整个东北工业经济总量的比重偏高。2017年,东北三省工业产值占东北地区总产值37%,而全国平均水平为36.3%,其中吉林省的工业占比高达46.8%,且大部分集中在产能过剩的石化、冶金、钢铁、煤炭等行业。这种"单一经济结构困局"导致东北地区在应对国内外冲击时抵抗力弱,最终导致经济下滑。

研究发现,东北地区经济素以煤油装备等重工业为主,在经济景气时期,特别是2008年底"4万亿"刺激政策以后,重工业过剩产能不仅没有及时调整,反而进行新一轮扩张,导致在本轮下行调整中,出现产能利用率低、债务费用高、营运资金紧张等困难局面。不仅如此,留存的国有企业多处于资源型行业,受经济周期的影响较大。这种长期依赖国有企业的经济发展模式使得东北地区民营经济发展受限,有影响力的民营企业较少,难以形成规模。非公经济发展滞后导致市场化机制难以实现,使得东北地区经济难以像广东、江苏等省份那样在短期内迅速调整。

为什么会出现这种问题?中国人民大学国家发展与战略研究院(简称国发院)发布的最新研究报告认为,东北地区这种长期形成的单一经济结构困局,使其承受宏观经济冲击和波动的能力极差。在全国宏观经济形势整体向好时，东北地区尚能够迅速发展，然而一旦出现下行冲击，东北地区单一经济结构的弊端马上显现，经济增长出现断崖式的下滑。

另外，东北地区资源枯竭和环境保护的压力日益加大，产业发展面临严峻的结构性挑战，调整压力大，短期内难以实现复苏增长。分析认为，即便平稳度过本轮危机，随着我国城市化硬件建设从超高速扩张转变进入常规性增长，重工业部门外延数量扩张高潮正在过去，煤炭、电力、钢铁、货运等相互联系紧密的重工业部门自21世纪初以来的高速增长可能已戛然而止，未来在数量扩张上将进入低增长阶段，只能在内涵增长与提升单位物品品质方面努力，通过不断创新扩大发展空间。

东北地区"单一经济结构困局"同时表现在产业结构和所有制结构上，这种格局形成的根源在于历史形成的重工业导向产业布局、国有企业体制依赖、民营企业发展受限以及政府营商环境不佳四个主要方面。

东北地区作为典型的资源型地区，长期以来资源利用方式的落后和产权界限的模糊使东北的体制机制问题更为突出，严重限制了地区开放。例如，黑龙江龙煤集团拥有23.3万人的庞大职工队伍，劳动生产率却只有全行业平均水平的34%，人工成本占公司总成本的47%，在产能过剩的背景下面临巨额亏损和职工欠薪的局面。

另外，东北地区仍广泛存在着国有企业"铁饭碗"的陈旧思想，职工就业流动性差。而随着"老国企"经营困难出现，东北地区经济的脆弱性显现，"一无有效资产、二无生产经营活动、三无偿债能力"的国有"空壳企业"日益增多。而国有企业的资源垄断性地位严重制约了当地民营经济发展，上下游民营企业对于国有企业体制存在依赖，在国有企业经营困难时也受到很大冲击。

二、东北地区国有经济比重较大

首先，从就业人员角度来看。截至2017年底，吉林省城镇非私营单位从业人员为1413.3万人，其中国有企业从业人员为291.69万人，占全部从业人员的20.6%。辽宁省城镇就业人员为1071.2万人，其中国有企业从业人员为241万人，占全部从业人员的22.5%。黑龙江省城镇就业人员为1065.6万人，其中国有企业从业人员为254.1万人，占全部从业人员的23.8%。东北三省国有企业从业人员比重远远高于2017年全国14.2%的水平，而2017年广东省国有企业从业人员所占比例是11.9%，浙江省国有企业从业人员所占比例仅为5.4%。

再从工业企业经营指标来看。国有控股工业企业发展不稳定，反观私营工业企业发展比较平稳。2015—2017年国有控股工业企业（见表4-1-1）的主营业务收入方面，辽宁省呈现出先降后升的趋势，黑龙江省却一直呈现下降态势，只有吉林省呈现缓慢增长。而利润总额方面，辽宁省和黑龙江省增长缓慢，并曾一度出现负值；吉林省虽未有负值出现，但2017年却呈现负增长态势。

而私营工业企业（见表4-1-2），总体表现平稳，且东北三省2015—2017年三年的私营工业企业利润总额要远高于国有控股工业企业。

表4-1-1　2015—2017年东北三省国有控股工业企业主要指标

（单位：亿元）

地区	年份	主营业务收入	主营业务成本	去除成本以及各项费用后利润总额
辽宁	2015	10390.2	8732.3	-96.13
	2016	9865.09	8201.97	-22.14
	2017	11119.86	9140.66	282.48
吉林	2015	7631.16	6278.03	435.54
	2016	7948.68	6438	463.95
	2017	8657.51	7216.58	342.56
黑龙江	2015	5017.24	4092.88	83.38
	2016	4571.81	3829.49	-91.56
	2017	4559.39	3589.53	160.33

数据来源：中国统计年鉴2016—2018

表 4-1-2　2015—2017年东北三省私营工业企业主要指标

（单位：亿元）

地区	年份	主营业务收入	主营业务成本	去除成本以及各项费用后利润总额
辽宁	2015	12442.57	11048.26	556.13
	2016	4648.26	4123.09	151.56
	2017	4369.7	3848.06	188.43
吉林	2015	6382.28	5521.19	315.09
	2016	6919.93	5995.96	320.5
	2017	5367.6	4656.93	241.14
黑龙江	2015	3036.75	2678.08	162.28
	2016	2984.86	2666.77	139.65
	2017	1315.39	1159.21	47.16

数据来源：中国统计年鉴 2016—2018

经营效率低下，内部管理体制僵化、不健全，企业文化基本流于形式，没有实质内容，经营过程中还缺乏市场经济意识，人浮于事，创新能力不够，单一的产业结构困难重重，难以在短期内迅速、有效地做出调整。加之，国有企业的发展严重依赖于路径和国家政策，例如，在获得商业机会、贷款规模、税收减免、土地的使用权和年限等方面通常具有绝对优势，几乎无须市场竞争就获得了其地区的垄断地位，导致国有企业在很大程度上对成本、价格敏感度不够。尽管在重工业方面很"突出"，但在国内外市场仍毫无竞争力可言，因此，大力深化国有企业混合所有制改革是东北地区现阶段的必然要求和现实选择。

三、东北地区混合所有制经济的多样化趋势

混合所有制主要有三大类型：

公有制和私有制联合组成的混合所有制企业。可以进一步细分为两种形式，一是国有经济或集体经济与外资联合而成的企业，如中外合作经营、合资经营等；二是国有经济或集体经济同国内私营经济联合组成的企业。

公有制与个人所有制联合组成的混合所有制企业。这包括国有企业股份制改造中吸收本企业职工持有部分股权的企业，以及集体经济实行股份合作制的企业中集体所有与个人所有相结合的混合所有制企业。

公有制内部国有企业与集体企业联合组成的混合所有制企业。如城市国有企业与农村乡镇企业或城市集体企业组成的联合体。这是公有制企业之间的联合。混合所有制经济的形式随着经济的发展会进一步呈现多样化的趋势。

以辽宁省为例。目前，东北地区的大型国有企业基本都建立了以资本为链接的公司管理制度，法人治理结构基本形成，为发展混合所有制经济打下良好的基础。国有企业特别是集团公司所有制改革实行了以下几种形式：涉及少数国有企业和国有资本投资公司、国有资本运营公司，可以采用国有独资形式；涉及国民经济命脉的重要行业和关键领域的国有企业，保持国有控股；涉及支柱产业等行业的重要国有企业，保持国有相对控股；国有资本不需要控制可以由社会资本控股的国有企业，可以采取国有参股形式或全部退出。电力、电信、石油、石化、铁路，包括资源开发等曾经是公有制经济绝对垄断的领域都可以开发，应率先发展混合所有制经济。在解决混合所有制怎么混这个问题的同时，也是混合所有制经济能否顺利健康推进的关键。

第二节 东北地区混合所有制改革取得成就及基本经验

改革开放以来，混合所有制经济在实践中得到了非常迅速的发展，有专家估计，目前混合所有制经济总体上占我国经济比重三分之一。按照现在的发展速度，估计到 2020 年，我国混合所有制经济总体上占我国整个的比重可以提高 50%。混合所有制经济在实践中取得的成绩有目共睹。这种令人瞩目的发展历程充分证明，混合所有制经济是完全符合社会生产力发展的，是一种高效的所有制实现形式，它一定会伴随生产力发展和社会的进步得到持续的壮大，最终会逐渐作为社会主义所有制的主要实现形式而留存。随着经济发展和改革深化，产权多元、自主经营、治理规范的混合所有制经济将会有长足的发展，成为社会主义市场经济的主要微观主体。东北地区的混合所有制改革由于其自身的局限性以及客观经济环境的限制，其在社会实践运行中还面临着一系列的困难和问题，但总体来讲也取得了一定的成效。

截至 2017 年底，黑龙江、吉林和辽宁三省注册企业法人单位数共有 907941 家，其中国有控股企业法人单位 28073 家，约占企业法人单位总数的 3.1%；集体控股企业法人单位数 21218 家，约占比 2.3%；私人控股企业法人单位数达 774300 家，占总企业法人单位数比重约达 85.2%；外商控股企业和港澳台法人单位数 7999 家，占比约 0.8%。从以上数据不难看出，东北地区目前多种所有制经济共同发展的混合所有制经济格局已经形成，其中私人控股企业在东北地区的企业数量中已经占据了绝对多数。这充分证明了混合所有制经济正以旺盛的生命力和广阔的发展空间为东北地区老工业基地的发展注入更多的力量。因此，东北地区在推动公有经济主要是国有经济进行改革的同时，一定要加大力气引导和支持非公有制经济发展混合所有制，激活民间存量资本，实现各种所有制资本的相互融合，优势互补。

一、大力发展农村混合经济，促进东北地区农村经济发展

发展农村混合所有制经济，首先要有以下三个条件：第一，要考察企业在参与农村建设与合作时是否具有对人才、资金、技术、信息、管理及市场的掌控能力，并且参与企业的一定是农产品的直接与间接需求者；第二，农村居民要有思想观念的转变，并能够认识到农村混合所有制的有效

实施会达到互利共赢,同时,他们是从物质上拥有土地、劳动力等要素,是农产品的供应者;第三,完善农业社会化服务体系。农业的社会化服务体系是为了满足农业的发展需要,为农业提供各种配套服务的发展而形成的一系列与农业相关的经济组织。其中主要包括政府所建立的一些公共服务部门,农村自发形成的农业合作社,社会上为农业发展而成立的贷款担保机构,与农业相关的科研机构和农林院校等,政府组建的农业公共服务机构包括农业基础建设部门、农村医疗医保机构、农业先进技术推广机构、政策法律法规咨询机构等。这些农业社会服务机构与农业形成高度协作的有机整体,双方通过互利原则与合同关系的建立来维持合作,在市场机制作用下,农村地区与这些部门形成稳定的互相依赖的关系。农业社会化服务体系的建立与完善体现了市场经济的发展,是商品化程度不断提高的表现,同时也是农业发展最完备的市场体系的必要措施。

在农业产业化经营的发展过程中,不断有企业参与到农村经济发展中,主要原因在于这些企业想利用集体经济组织以集体拥有林场、土地、水塘等资源性资产,闲置房屋、设备等经营性资产以及农村地区廉价的劳动力资源。这种合作在事实上就是两种所有制之间不同程度的结合发展,随着合作的深入,各地相继培育发展起一批实力雄厚的龙头企业集团。龙头企业在发展中会给农民提供技术和资金,帮助农民进行种植,最终这种结果会实现企业、农民和农村的共赢。另外,由于国际经济合作发展迅速,市场开放度也越来越高,农产品市场竞争越来越激烈,这种竞争的结果会让企业和农户之间的相对关系发生变化,企业会和农户建立更密切的关系,目的是让农户能提供给他更好的产品。这种变化会让农户单独进行生产的方式逐渐弱化,引导和吸引农民投入土地经营权,社区外经济主体投入资金、技术等多种资源,共同发展农村混合所有制经济,带领农民走向合作与联合推进农村混合所有制,符合农业产业化经营发展的规律,成为村企共同的诉求。

二、推动国有企业混合所有制改革,促进东北老工业基地振兴

东北地区作为我国能源、重工业以及农业基地,近几年的发展却不尽如人意。为重塑经济发展活力,东北地区不断深入推进国有企业混合所有制改革。专家认为,解决东北地区经济发展问题的核心,关键还是在于国有企业改革自身,在不少业内人士看来,国有企业改革作为东北振兴的关键环节,意义重大。苏宁金融研究院宏观经济研究中心主任黄志龙在接受《证券日报》记者采访时表示,当前东北地区面临的最大问题主要来自三个方面:一是民营经济发展不足,国有企业比例过高;二是年轻劳动力和人才的大规模外流;三是各级政府的体制机制远远无法达到建立服务型政府和创新型国家的要求。

解决东北地区经济发展问题的核心,则主要在于国有企业,对于东北地区国有企业的问题,仅仅依靠政府以及央企的加大投入并不能完全解决,关键还是在于国有企业改革自身。对此,多份国家级文件相继出台,均致力于东北地区国有企业改革。其中,国务院就发布《关于深入推进实施新一轮东北振兴战略加快推动东北地区经济企稳向好若干重要举措的意见》明确,支持部分央企开展混合所有制改革试点,引导央企加大与地方合作力度。在东北三省各选择10—20家地方国有企业开展首批混合所有制改革试点。随后,国家发展改革委印发的《东北振兴"十三五"规划》提出,下一步东北将针对不同类型国有企业的特点,灵活采取引入战略投资者、推进企业改制上市等方式推动混合所有制改革。

目前,东北地区在混合所有制改革方面均有所举措。其中,辽宁省为引入战略投资者,积极发展混合所有制经济,已决定向省内外战略投资者首批出售本钢集团、华晨集团、交投集团、水资源集团、辽宁能源集团、辽渔集团、抚矿集团、沈煤集团和铁法能源9户企业股权。吉林省则计划选择10—20户省属及地市国有企业开展混合所有制改革试点,选择5—10户企业开展员工持股试点;黑龙江省在驻黑龙江省央企层面,牵头推进5户央企科研院所转制工作;在出资企业层面,选择20户左右推进股权多元化

混合所有制改革。此外，加快国有经济战略调整的步伐，一定要采取有进有退的方针，改变过去国有资本布点过多过广的局面，逐步将国有资本集中到关系国家安全和国民经济命脉的重要行业和关键领域，而从一般竞争性行业退出，重点提供公共服务、发展重要前瞻性战略性产业、保护生态环境、支持科技进步、保障国家安全。除了极少数必须由国家独资经营的企业外，其他多数国有企业应当积极推进股份制改造，鼓励非公有资本参与国有企业改革经营，形成产权主体多元化的混合所有制经济，实现国有资本和非国有资本取长补短，相互促进，共同发展。继续深化国有企业改革，完善混合所有制企业的公司治理结构。

三、打造良好投资环境吸引外商投资，加快产业结构升级

2017年，全国范围内，外商直接投资（不含银行、证券、保险领域）新设立企业60533家，比上年增长69.8%。实际使用外商直接投资金额8856亿元，增长0.9%，折1350亿美元，增长3.0%。其中"一带一路"沿线国家对华直接投资新设立企业4479家，增长16.1%；对华直接投资金额424亿元，增长13.2%，折64亿美元，增长16.0%。全年高技术制造业实际使用外资898亿元，增长35.1%，折137亿美元，增长38.1%。吸引外商投资是一个地区促进经济发展、实现产业结构优化升级的重要手段，我国作为世界第二大经济体，一直以来都鼓励各地区制定各种优惠政策大规模吸引外资，实现经济发展。为实现产业结构优化升级，促进混合所有制经济发展，东北地区同样非常重视吸引外商投资这一重要手段，同时也为外商投资提供便利的条件和有利的环境。

辽宁省2017年全年实际利用外资49.0亿美元。其中，第一产业实际利用外资0.1亿美元，第二产业实际利用外资33.9亿美元，第三产业实际利用外资15.0亿美元。从外商投资企业年底注册登记情况来看，2015年，外商投资企业数量已经达到17745户，2016年和2017年，企业数量虽然下降，但投资总额和注册资本却连年上升，这说明外商投资企业的规模在逐年增大。从吉林省外商投资企业年底注册登记情况来看，2015年，外商投资企

业数量已经达到4437户，2016年下降为3853户，2017年又增加为4044户。三年间注册资本随着企业数量的变化也呈现出先下降后上升的趋势，但是投资总额依然保持上升态势。黑龙江省2017年实际利用外资59.5亿美元，增长1.5%。其中，农林牧渔业比上年增长94.8%，制造业下降10.5%，批发和零售业增长1.7倍，房地产业增长28.1%。从外商投资企业年底注册登记情况来看，2015—2017年外商投资企业数量一致呈现上升的趋势，与之相适应的投资总额和注册资本也一直保持上升的态势。相关数据如下表4-2-1。

表4-2-1　2015—2017年东北地区外商投资企业年底注册登记情况

地区	年份	企业数量（户）	投资总额（亿美元）	注册资本（亿美元）
辽宁	2015	17745	2066	1264
	2016	16949	2133	1318
	2017	16883	3159	1754
吉林	2015	4437	352	167
	2016	3853	356	121
	2017	4044	389	142
黑龙江	2015	4149	223	127
	2016	4227	283	149
	2017	4444	337	200

数据来源：中国统计年鉴2016—2018

对投资者来说，投资环境是一个重要的影响因素。近年来，东北地区为了吸引外商投资，在政策和法律方面不断改进。根据实际情况简化外商投资审批手续，建立并完善从审批到项目建设再到项目运营的绿色通道。同时也不断提高政府各部门服务意识，提高文明程度和政府透明度，解决信息滞后或失真的问题，提高外商投资的法律环境，不符合市场经济发展的地方性规章制度坚决废止，保证来华投资的外商合法权益不受侵害。同时还提供优良的投资环境，充分利用东北地区在装备制造业、原材料工业、高新技术产业、农产品加工业等产业原有优势基础上继续加强基础设施的建设。

四、以"一带一路"倡议为契机，积极开展对外经贸合作

2017 年，东北地区与"一带一路"国家进出口总额为 616.9 亿美元，较 2016 年增长 22.0%，占全国与"一带一路"国家进出口总额的 4.3%。其中出口额为 247.9 亿美元，较 2016 年增长 7.7%，占中国对"一带一路"国家出口额的 3.2%；进口额为 369.0 亿美元，较 2016 年增长 33.9%，占中国自"一带一路"国家进口额的 5.5%。东北地区与"一带一路"国家贸易长期处于贸易逆差，且逐年扩大，2017 年贸易逆差为 121.1 亿美元，较 2016 年逆差持续扩大 75.6 亿美元。2017 年，辽宁省对"一带一路"国家进出口总额最大且增速最快，其贸易额在 31 个省份中排名第七位，为 429.0 亿美元，较 2016 年增长 29.6%，占东北地区对"一带一路"国家进出口总额的 69.5%。"一带一路"国家是黑龙江省最重要的贸易区域，2017 年其与"一带一路"国家进出口总额占其对外进出口总额的 75.1%。2017 年，东北地区对"一带一路"国家出口额排名为辽宁省、黑龙江省和吉林省，其中辽宁省出口额占东北地区出口额的 79.3%。与 2016 年相比，吉林省和辽宁省出口增速均在 10% 以上，而黑龙江省出现一定的下降，降幅达 12.9%。

2017 年，东北地区自"一带一路"国家进口额排名为辽宁省、黑龙江省和吉林省，其中辽宁省进口额占东北地区进口额的 63.0%。与 2016 年相比，各省均有一定幅度的增长，其中辽宁省增速最高，达 51.0%，吉林省和黑龙江省增速分别为 13.1%、11.9%。

在"一带一路"各区域中，亚洲大洋洲地区和东欧地区是中国东北地区的主要进出口市场。从出口看，2017 年东北地区对亚洲大洋洲地区出口额为 153.8 亿美元，较 2016 年增长 9.0%，占东北地区对"一带一路"国家出口总额的 62.0%，占中国对亚洲大洋洲地区出口总额的 3.9%；其中辽宁省是东北地区中对亚洲大洋洲地区出口最多的省，出口额为 138.2 亿美元，占东北地区对亚洲大洋洲地区出口总额的 89.9%。东欧地区是东北地区的

第二大出口市场，出口额为35.0亿美元，较2016年增长1.3%，占东北地区对"一带一路"国家出口总额的14.1%，占中国对东欧地区出口总额的3.6%；辽宁省也是东北地区中对东欧地区出口最多的省，出口额为16.2亿美元，占东北地区对东欧地区出口总额的46.1%。

从进口看，2017年中国东北地区自东欧地区进口额为175.9亿美元，较2016年增长28.1%，占东北地区自"一带一路"国家进口总额的47.7%，占中国自东欧地区进口总额的28.1%；其中黑龙江省是东北地区中自东欧地区进口最多的省，进口额为89.8亿美元，占东北地区自东欧地区进口总额的51.1%。亚洲大洋洲地区是东北地区的第二大进口来源地区，进口额为105.5亿美元，较2016年增长40.5%，占东北地区自"一带一路"国家进口总额的28.6%，占中国自亚洲大洋洲地区进口总额的2.5%；其中辽宁省是东北地区中自亚洲大洋洲地区进口最多的省，进口额为89.6亿美元，占东北地区自亚洲大洋洲地区进口总额的85.0%。

第三节　东北地区国有企业混合所有制改革面临的主要问题与障碍

随着经济的发展，我国也在不断探索公有制的实现形式。2013年，中共十八届三中全会审议通过了《中共中央关于全面深化改革若干重大问题的决定》，提出积极发展混合所有制经济，国有资本、集体资本、非公有资本等交叉持股、相互融合的混合所有制经济，是基本经济制度的重要实现形式，有利于国有资本放大功能、保值增值、提高竞争力，有利于各种所有制资本取长补短、相互促进、共同发展。这是把混合所有制经济提升到作为我国基本经济制度的实现形式的高度，使混合所有制经济成为深化国有企业改革的有效载体和动力。混合所有制经济使多种经济成分相互渗透、相互融合，使不同的资本之间取长补短，大大提高了资本的效率，有利于发挥市场的作用，提升国有资本的保值增值能力和竞争力。

国有企业混合所有制改革作为国企改革的重要突破口，近年来进入新阶段，呈现出步伐加快、领域拓宽的良好态势，国有资本和其他各类所有制资本取长补短、相互促进、共同发展的良好局面不断深化。目前，大多数国有企业已在资本层面实现混合。目前，我们的国有企业混合所有制改革，主要以如何有效强化和放大国有资本功能为焦点，这也是国有资本面向企业外部和社会资本，谋求企业发展和资本集中、重组、扩张的改革。就是通过把国有资本和社会资本结合起来，既可以充分发挥国有资本的功能，也可以打开社会资本进入国有经济传统领域的大门。当然，改革过程中企业混合所有制改革仍存在很多问题，国有资产如何做到有进有退，如何更好地体现控制力仍然是混乱不清的状态。这就不仅制约了国有经济自身的发展，也阻碍了多种所有制尤其是非公有制的平等发展最终影响到混合所有制经济的发展和壮大，所以在当前结构调整的改革大背景下我们需要新的思维和实现路径。

一、关于国有资产流失的"郎顾之争"

我们国家每一次国企改革都会有公众担心"会不会造成国有资产流失"。早在2004年就有过关于国有资产流失的争论。从2004年6月，郎咸平公开批评海尔、TCL和格林柯尔三家公司利用产权改革侵吞国有资产，引起媒体和民众广泛关注，经济学界的各种反应和企业界的强烈反弹，引发了又一轮关于国有企业改革的争论。2004年8月，郎咸平在复旦大学做题为"格林柯尔：在'国退民进'的盛宴中狂欢"的演讲，指责格林柯尔董事长顾雏军使用"七板斧"伎俩，在"国退民进"过程中席卷国家财富。他认为，事实证明，现在进行的产权制度改革并不能真正使国有企业走上正路，而只是民企瓜分国有资产的一场盛宴，因此强烈建议停止以民营化为导向的产权改革。随后，顾雏军向香港高等法院递交了起诉状，以涉嫌诽谤罪起诉郎咸平。"郎顾之争"公开化之后，支持和反对意见纷至沓来。支持者称，从表面上看，郎咸平的矛头所向是顾雏军等企业家，但其重要意义还是在于提示着我们在国家的经济制度上可能存在着的漏洞；郎咸平的支持者说他的举动在经济学家中是难得的，表现出高度的社会责任感。反对者则说，郎咸平的做法显然是"攻其一点，不及其余"，是偏颇的，学者不能把企业家作为敌人。从网络上反映的民意看，支持郎咸平的意见是一面倒，那些批评郎咸平的学者则受到很大责难。

随后"挺郎"派通过网站做出一系列强烈表态，被形容为国内本土派、实践派、非主流经济学家出面集体支持郎咸平，一举改变了郎咸平孤军奋战的局面，从而引向社会大讨论的阶段，他们要大反腐败，将国有企业改革大讨论推进到新阶段。其中有人说，从1997年以来，人们普遍感受到所谓国有企业改革实际上就是国有资产的廉价大转移，是将50多年来广大工人和干部用心血与汗水积累起来的国有资产廉价转移到极少数现任企业和地方、部门的领导手里。说得直白一些，就是一些官员和企业家在合伙盗窃国有资产。还有人说："我们不仅需要中国的普京，严厉打击那些掠夺人民而致富的富豪，我们更需要真正的清算：对那些借'改制'掠夺人民财产的人进行清算，对那些推行权贵资本主义的贪官污吏进行清算，对那些有意识支持掠夺人民财产的人进行清算。不能再宽容他们的掠夺罪行，要把人民的财产夺回来，把人民的权力夺回来！"这些激烈的言辞使得郎咸平表示自己与其完全无关。

经济学家张维迎强调，要善待为社会做出贡献的人。国有企业改革的过程，就是一个社会财富不断增加的过程。认为"只要有人赚钱，就一定有人吃亏"的观点，是极具误导性的。不能看到买的人赚钱了，就说国有资产流失了。他认为更严重的问题，反而是国家政府部门对私人资产的侵吞，不能因为会出现国有资产流失的可能，就终止国有企业的改革。他特别强调改革的时间价值，在回答"可不可以把产权改革的步子放得慢一点"的问题时，他说："现在很多政府官员害怕承担责任，他并不是真正害怕国有资产流失，而是害怕承担国有资产流失的个人责任，所以很多改制方案他能拖就拖。就好比，这个西红柿放着放坏了，我没有责任，但如果这个西红柿卖了，而人家说我卖便宜了，这是要承担国有资产流失的责任的，那肯定就不卖了。难道我们现在还要国有资产就这样流失吗？"

针对郎咸平的批评意见，国资委的有关官员说，实际上国有企业改制半数都是采取 MBO 的方式（即管理层收购、持股），这本来是国际上通行的办法。调查结果显示，改制成功的国有企业达 85%。数据显示，我国国有企业的亏损面达 30% 以上，许多国有企业是贱卖都卖不出去的企业，还有许多国有企业在账面上有几个亿的资产，可能几千万就卖掉了，如果不做深入的调查研究，可能就会认为这是严重的国有资产流失。其实，那几个亿的国资有可能许多是几年都收不回来的应收账款或者是在仓库里放了几年的存货，是大量的不良不实资产，而国有企业目前的财务会计制度并不能及时处理这些烂账，所以在改制时国资大量"缩水"是完全正常的。另外，改制时还要进行职工身份转换、剥离非经营资产、剥离企业办社会职能、实现社保并轨，等等，需要支付巨额的改制成本，所以大量的资产都在这个过程中被抵扣掉了。

经济学家周其仁指出，郎咸平的批评证据有误。他指控海尔持股会侵吞国资，关键在于海尔集团是一家集体制企业，根本就不是国有企业。TCL 也不是纯粹的国有企业，是改革开放以后形成的一种特殊的国有企业模式。海尔背了大集体所有制的历史包袱，要界定存量资产，被郎咸平先后指责为"侵吞国资"以及"侵吞大集体资产"；广东省政府与企业家面向未来签订利润分成、高管持股合约，郎咸平指责为"国有资产稀释和转移"；科龙没有及时改，"打工老总"到点下课，政府亲自上阵打理，落个被格林柯尔收购的下场，又被郎咸平说成是产权改革提供了"国退民进"的盛宴。

经济学家吴敬琏表示，在国有企业改制中确实出现了蚕食和侵吞国有资产的情况，但他不同意郎咸平提出的应该停止国有企业改制。他说，有人说的话好像整个企业界都是盗窃公共财产，这不符合事实。郎咸平说国有企业挺好的，他也不赞成。

这场争论引起了政府有关部门的注意。国资委于当年公布了"关于企业国有产权转让有关问题的通知",此举被解读为:国有产权改革不会停止,只会更加规范。国资委官员同时表示,政府部门对学者的意见会有选择性地听取,但不会受其左右。

从以上争论可以看出,公众对流失有担心,还因为在此前的国有企业改革过程中,或多或少还是出现了侵吞、挥霍国有资产现象。一段时间以来,对国有资产的监督手段比较单一,主要是通过审查账目、查阅文件等形式。不少监管制度只规定违法违规情形,没有具体追责的实体性和程序性规定,以致国有资产发生损失后无人担责。同时,国有企业治理结构还不健全,外部董事、外派监事作用发挥不到位,一些企业的内设监事会形同虚设,企业内部监督力量在履职中受到本企业领导制约,无法形成有效的权力制衡。所以,2015年底国家出台的《关于加强和改进企业国有资产监督防止国有资产流失的意见》给出了加强企业内部监督、外部监督、社会监督及追责制度等药方,制度建设迈出了一大步。《关于加强和改进企业国有资产监督防止国有资产流失的意见》提出,完善企业内部监督,加强对权力集中、资金密集、资源富集、资产聚集的部门和岗位的监督,防止权力滥用;加强外部监督,整合出资人监管、外派监事会监督和审计、纪检监察、巡视等监督力量;加强信息公开,保障社会公众对企业国有资产运营的知情权和监督权;强化追责,建立健全国有企业重大决策失职、渎职责任追究和倒查机制,严厉查处侵吞、贪污、输送、挥霍国有资产等违法违纪行为。

改革不能导致国有资产流失,已成为方方面面的共识,国有企业内部更是时时自我提醒。然而,一些国有企业也出现了"怕被指责国资流失而对改革拖延观望"的现象。一家能源类央企负责人在被问及是否会推进股权多元化改革时回答:"我们自己不会主动搞。涉及资产的改革,哪怕是兼并重组,也容易被扣上国有资产流失的帽子。"混合所有制改革、员工持股改革,不少国有企业表示:"先看看,别给自己惹麻烦。"授权董事会的改革一直被认为会受到热捧,现实中却有企业负责人表示:"授权未必是好事,授权后万一投资失误岂不是成了国有资产流失?""新一轮国有企业改革的许多内容,会涉及资产的变动调整。要在推进改革的过程中防流失,但不能以防流失为理由而拖延改革。"中国企业研究院首席研究员说:"目前,关于国有资产流失缺少确定的标准。特别是舆论所说的一些'资产流失',不少是基于主观判断。"北京师范大学公司治理与企业发展研究中心主任表示,法律法规不可能对具体的交易行为一一规范,但对于涉及国有资产的市场交易,今后应完善法律法规,修改国资法,增加国有资本交易程序的内容,包括细化交易程序、健全交易市场、确定资产受让条件和竞价要求,等等。他认为,对国有资产交易尽可能规范,既可以避免随意扣上国有资产流失的帽子,也可以防止企业拖延改革时拿防止流失当借口。"防止流失和加快改革根本上是不矛盾的。"

国有资产要防止流失,更要保值增值。新一轮国有企业改革要贯彻"三个有利于"标准,即"有利于国有资本保值增值,有利于提高国有经济竞争力,有利于放大国有资本功能",从而"做强做优做大国有经济"。要实现这一系列目标,必须积极推进各项改革。

"保值增值,是一种更加积极的防流失。"中国企业研究院首席研究员表示,新一轮国有企业改革的多项举措,都致力于增强国有企业的活力和竞争力。如果消极对待改革,拖着等着看看,对发展中的机遇抱着"宁可错过,别万一犯错"的想法,企业在市场竞争中不能做强做优,甚至发生亏损、倒闭,那才是更大程度的国有资产流失。对于一些容易产生流失议论的改革,如混合所有制改革、员工持股改革,多位专家认为可以采取一些技术性的措施,稳妥推进。

"混合所有制改革本身有利于国有资本放大功能、保值增值。员工持股改革有利于完善激励机制、增强活力。但是,公众对资产流失的担心可以理解,也要重视。"他认为,在这种情况下,此类改革不妨从增量改起,先不动存量。

股权多元化,包括不同国有企业交叉持股,可以使决策更科学。目前多数国企建立起董事会制度,企业重大决策需通过董事会。股权多元化后,不同股东代表不同出资人,从不同利益出发进行制衡,可以在避免个人利益影响决策的前提下,使改革向前推进。

二、加强混合所有制企业文化建设尤为重要

"混合"是一场对企业包容性的考验,靠的不仅仅是条条款款的约束,还有包容的智慧。不同所有制企业在体制、管理、文化上存在差异性,不讲求同存异,不讲融合发展,不讲和谐共生,肯定不行。国有企业和民营企业文化差异较大。毕竟两者在创建目的、历史背景、人员组成、经营环境、发展过程、管理体制、公司文化上都存在较大差异,所以为了能形成良好的合作,只有在相互包容的前提下,才有可能顺利推进。现存的,特别是我们国家的国有企业一般历史较长,经营管理相对规范,但是生产成本普遍较高,社会责任比较沉重,在企业经营过程中缺乏创新动力,创新机制不够灵活,创新能力也就非常有限。

国有企业价值观更多地关注国家利益,强调集体主义。但在互联网时代,个体的话语权有了突破性的增强,每个人都能够通过互联网获得各类信息,形成各种观点,个体的思想诉求更为强烈,过去那种无条件的甘于奉献、牺牲自己的价值观,早已不再适用于知识型员工。因此,必须在价值观上鲜明地提出尊重个人、尊重员工的理念,培养鼓励标新立异,提倡与众不同的氛围,用人本精神来缓解国有企业原有的机械化官僚模式。

国有企业员工普遍喜欢稳定安逸的日子,养老心态严重,这种心态之下是无法做出创新之举的。因此,首先要打破这种观念,国有企业并不是避风港,职业的安全感应来自自身的实力,而不是所依靠的体制。其次,要培养对内的竞争意识,一方面是在创新业务领域,淡化论资排辈,敢于提拔年轻有为的员工,不让最具创新精神的年轻群体感受到天花板的压抑。同样,给予一定的思想论剑的空间,不要在开会讨论的时候,都恰好"英雄所见略同",彼此一团和气,对上附和领导,这其实是压制独立思想,和谐的环境产生不了创新精神。

对于传统国有企业来说,员工倾向于把企业当家,同样企业也会把员工当作孩子,不希望员工脱离企业,即使有更好的机会。但是在互联网发达的今天,越来越多的年轻人有着创业的梦想,他们的工作动机已经和上

一辈人明显不同。员工与企业的关系,从过去稳定不变转为充满变化。国有企业需要员工的创新精神,为企业谋取收益。但同时也需要考虑员工自己的诉求,既然不可能留住一辈子,倒不如双方以合作伙伴的心态,你出钱,我出力,共同做出新的市场,共同获得收益。就像360公司周鸿祎对新员工所说,不希望他们永远待在这里,更希望学会一身本领,出去闯荡世界。企业要从合作的角度看待员工的离开,这样更有利于为企业的发展,寻找到新的商机。而员工在这种宽松平等的新氛围之下,也会尽力去创造新的价值点,为自己也为企业。

民营企业是改革开放以来的产物,他们面临的是竞争激烈的市场,为了在激烈的市场竞争中占有一席之地,他们的经营管理非常灵活,紧随市场变化不断创新。所以,对于国有企业和民营企业的合作,要充分发挥市场机制,由市场起决定性作用,致力于双方长期合作发展,充分发挥双方优势,推动双方共进共赢。

三、国有企业混合所有制改革必须注重知识产权保护

中共十九大报告在经济体制改革内容里特别提到了产权制度,并提出要建立产权激励机制。这是着眼解决我国经济发展中产权边界模糊带来的问题,进一步清晰界定各类产权、优化资源配置、加强产权保护,从而减少经济运行的制度费用,为经济发展激发更多的创造力和潜能,无限接近帕累托最优的强效手段。改革开放40多年来,经济体制改革的历程实际上就是产权制度的重置过程。

在前些年的国有企业改革中,也出现过许多混合所有制形式,也有过不少的成功案例。但是,从总体上讲,在产权保护方面做得并不够好,存在许多问题。更严格地讲,是出现了"两个极端"、"三个不应该"。一个极端是,不应该放的地方放了、不应该丢的阵地丢了、不应该出现的问题出现了,如产权的公开转让、资产评估的严格把关、战略投资者的公正选择等,结果,造成国有资产的大量流失,也造就了一大批人一夜暴富,使社会财富分配在上一轮国有企业改革中出现严重的不公现象,且引发一系列

的贪污腐败案件；另一个极端是，不应该收的地方收了、不应该管的东西管了、不应该限制的地方限制了，如民营资本的话语权问题、民营资本的同股同权问题、民营企业的产权保护问题等。结果，改革的效率并没有得到有效释放，改革红利也未能在上一轮的国有企业改革中得到充分释放。推动混合所有制改革一个十分关键的问题，就是如何加强产权保护，如何通过产权保护调动各个方面，尤其是社会资本的积极性，从而确保国有企业改革能够朝着既定的目标前行，真正释放出强大的改革红利。

究竟如何健全产权保护制度，加强对各种所有制经济产权保护呢？我们要坚持治标与治本相结合、改革体制与完善法治相促进，系统研究提出进一步完善产权保护制度、促进国有企业改革、支持民营经济发展的政策措施。其核心在于法治建设，可以借用李克强总理的"清单"思路："权力清单"和"责任清单"管住政府，"负面清单"管住市场，明确各自的边界所在，通过相关法律法规去坚决落实。产权保护制度，根本上来讲是改革能否持续推进，真正落到实处，让全社会享受改革红利的关键。

第四节 东北地区民营企业参与混合所有制改革面临的主要问题和障碍

中国改革开放40多年的发展实践证明，只要公有制经济，不要非公有制经济和混合所有制经济，经济发展将缺乏效率，国有企业的经营效益和经营效率都有待加强。而彻底市场化，完全由非公有制经济主导，由于市场配置的时滞性，会带来资源配置的扭曲，背离了中国国情和发展规律，会出现发展不当、不公平等问题。因此，混合所有制经济不仅推动国有企业和非公有制企业经营管理体制和公司治理的改善，也优化了国有经济布局,有利于各种所有制资本取长补短。通过发展混合所有制经济,同等保护公有产权和私有产权,实现经济持续健康的发展。

经过股份制和现代企业制度改革,国有企业在不断做大做强,其经营活力、控制力和影响力在不断提高。通过公司制股份制改革,90%以上的国有企业实现了产权主体多元化,公司治理不断完善,企业活力不断增强。2017 年,国有企业营业总收入增长 13.6%,利润总额增长 23.5%。2017 年中国企业五百强排行榜发布,274 家国有及国有控股企业上榜,占比 54.8%,营业收入占比 71.83%,资产占比 86.19%,净利润占比 71.76%,纳税占比 85.87%。

经过多年改革调整,国有经济布局结构已经发生根本性变化。公有制经济主要布局在大企业层面,非公有制经济主要是中小企业和新兴产业。在行业发展中,大企业作为行业领军企业,通过建立行业标准、共享技术和资源、控制核心环节等多种方式,带动产业协同发展。中小企业通过专业化、特色化的经营,成为大型国有企业的有益补充。国有企业在工业产出中的比重,按全民所有制国有企业产值比重计算,1980 年近 80%,1995 年降到 34.0%;按国有控股企业口径计算的国有企业比重 2000 年为 50.4%,其后持续下降到 2017 年的 23.4%。国有企业在服务业产出中的比重已降至 40% 或者更低,相比工业而言降幅较低是因为金融、通信、铁路、航空、远洋船运仍以国有企业为主。总体来看,国有经济在国民经济中的整体占比估计在 1/3 或者更高些。所以,随着改革的深化,通过国有企业和民营企业的优势互补,分工合作,国有企业与民营企业的关系将逐渐被大型企业与中小企业的关系所替代。当然机会总是和挑战并存,民营企业参与混合所有制改革也面临一些问题或障碍。

一、民营企业在获得银行贷款、资源以及银行的风险评估方面比国有企业难

民营企业融资难的问题由来已久,并且一直没有得到很好的解决,而且反复出现,不完全是银行本身认识问题,更不是业务和技术问题,应该

是国家经济发展过程中的体制、机制，甚至是制度这一根本原因造成的。

长期以来，政府对国有企业和民营企业会显性或者隐性地实行差异化政策，国有企业在获取土地、矿权等自然资源、特许经营权、政府项目、银行贷款、资本市场融资以及市场准入等方面处于优势地位。尤其这几年在做强做大国有企业的指导思想下，国有企业通过享有各级政府优惠政策和特别支持，自身实力不断增强，尤其是在土地、物业等银行贷款所需要的质押物上，具有民营企业无法比拟的优势。而且政府作为国有企业的出资人，在政企不分的体制下，既把国有企业作为用行政手段进行资源配置的平台和载体，又要对国有企业承担无限的责任。没有哪一届政府愿意让一个国有企业在自己任期内关闭破产，所以对有困难的国有企业，不断使用经济手段和行政手段进行输血、挽救，即使造成大批"僵尸企业"也在所不惜。有了政府这个背书和最后的埋单人，银行对国有企业贷款基本上无风险可言，自然愿意把更多的贷款资源投放给国有企业。

因此，要想从某种程度上解决民营企业融资难问题，让民营企业更好地参与到混合所有制改革过程中，必须保证国有企业和民营企业在市场中的平等竞争地位，建立公平竞争的市场环境，真正实现各种所有制经济依法平等地使用生产要素，公平参与市场竞争，同等受到法律保护，使民营经济成为国民经济健康持续发展和市场经济体制良好运行的基础。同时也要坚持政企分开、政资分开，把国有企业真正推向市场，成为独立的市场竞争主体。

二、民营企业参与国有企业混合所有制改革谈判达成一致，但最终合作比较困难

国有企业改革不是任意而为，历次改革成败经验积累基础上的混合所有制改革更会慎重。主要是五个问题。第一是股权分配方案，即企业出资以及盈亏分配方案，包括控股股东与控股比例、国有股比重、参与改革企业股份权重、出资方式、时限以及相关处理规定。第二是资产评估与价值认定方案。国有企业混合所有制改革过程中必须拿出全部或部分有价资产

资源以增强改革吸引力。出资比例既定条件下，混合所有制改革各方出资数额与总资产额度有关，资产评估与价值认定变得更为关键。历次改革中，此环节备受诟病，资产价值可能被低估。需要一个稳妥合理的方案，以最大限度地减少国有资产流失。第三是出资、资产转让、交付与使用方案，需要考虑资产安全以及资产交接具体规定，比如交付时间、方式、地点、运输、场地、安装、调试、维护等。第四是组织结构以及人事安排。主要是组织结构和具体岗位的设计以及人事安排。比如董事总名额和具体名额分配以及产生办法、董事长或总经理资质条件、董事会结构以及运转方式、主要业务部门和分管问题、监事机构设置与运转等。第五是员工安置方案。组织结构变化以及岗位的重新规划与设计，都会造成人员流动，员工队伍不稳。混合所有制改革作为国有企业经营管理的重大事件，员工安置方案一般要经过工代会通过，主要是员工岗位设置与条件、岗位招聘办法与条件、工资与业绩津贴分配方案、待岗下岗人员再培训再就业计划等。以上五个问题之所以构成民营企业参与混合所有制改革的国有企业门槛，主要原因在于它是改革方案非常重要的一部分，必须通过与国有企业谈判协商敲定，任何一个问题达不成一致，就意味着混合所有制改革行动终结。

三、部分民营企业注重短期效益，管理不规范，难以参与混合所有制改革

国有企业凭借资金雄厚、规模庞大、技术先进、人才众多的优势，形成了明显的产业控制。明显的实力对比悬殊，使众多的民营企业谋求合作却难以被国有企业接受。此外，我国好多民营企业产权结构单一，管理不规范，企业生命周期短。我国民营企业80%是家族企业，资金主要靠家族积累或筹集，数量有限，这限制了企业的发展壮大。家族化的管理不仅使优秀人才无法进入，也使企业的决策者、管理者和经营者高度集中，无法建立真正的制衡机制。此外，有的民营企业发展以获利为直接动机，注重短期效益，产业定位不明确，跟随式发展居多，缺少自主创新能力，缺乏

长期发展战略，企业文化、发展战略都与国有企业存在较大偏差。这也是民营企业不愿参与，或难以参与混合所有制改革的又一重要原因。

因此，发展混合所有制经济，改善企业治理结构、优化重组，不能片面指望也不可能仅仅是国有经济向私人资本开放，控股是一种能力，但更是一种责任。事实上，在国有企业改制过程中，私人企业控股国有企业失败的例子不胜枚举。在发展混合所有制经济当中，私人企业在公司治理、经营战略、社会责任意识等方面暴露出缺乏民主、短视和不成熟等问题。在目前因过度竞争陷入产能过剩的汽车、钢铁、煤炭、水泥、船舶、电解铝等领域，私人企业之间囿于利益考虑，难以形成有效的重组。在强大的跨国资本面前，很多私人企业既无意愿亦无能力坚守民族品牌。在承担国家产业结构转型的战略目标下，发展混合所有制经济，要求民营企业家要有战略眼光、大局观、使命感、社会责任感和爱国情怀。要把民营企业发展和国家发展战略、国家前途命运紧密联系在一起。

四、民营企业参与混合所有制改革后，因企业内部容易出现利益冲突而失败

混合所有制是针对现阶段国有企业以及整个经济体存在的突出问题所设计的较为理想的改革方案，它的目的在于实现公有制经济和非公有制经济的协同发展和共同繁荣，但前提是要能真正消除国有资本和民营资本间的隔阂，实现合作。以华东有色改制失败为例，2014年，作为国土资源部批准的全国地勘行业唯一改革试点单位，有色金属华东地质勘查局旗下整合经营性资产与业务的核心平台江苏华东有色投资控股有限公司（华东有色控股）自2013年初引入三大战略投资者后，迅速从"蜜月"到"反目"。究其原因，不外乎就是拥有不同所有制背景的投资者，常常因经营管理方式、经营理念和企业文化等方面的巨大差别而难以达成一致意见，从而时常出现各种矛盾和冲突。因为这些管理者在企业的投资决策、收益分配以及经营管理权的分配问题上的意见分歧而引起企业内部争斗，出现公司僵局，使得企业经营决策效率低下，甚至是解体。所以，民营企业参与混合

所有制改革的核心是"改"而不是"混"。国有企业改革的核心在于强化微观主体的市场经济地位,混合所有制改革作为突破口,混的目的更是为了改,而改的重点一定落地于完善公司治理结构后企业作为市场主体的相应职能,通过构建激励机制,真正实现资源的优化配置,提高国有资本运营效率。

第五章

东北振兴与混合所有制改革

发展混合所有制经济应坚持的基本原则

随着国有企业改革的不断深入，国有企业在混合所有制改革过程中逐渐暴露出了一些问题。特别是在东北地区，混合所有制改革的成败承载着，甚至直接决定着东北振兴这一国家战略顺利推进的历史使命。东北地区同全国平均水平相比，存在一些劣势，比如东北地区的市场化程度还有待提高，资本流动不活跃，上市公司较少。发展好实体经济是未来几年国内经济发展的重头戏，这与东北老工业基地的改革发展方向是一致的。但是，振兴东北经济不是国有企业的独角戏，需要与民营企业共同担当。要加快民营经济发展，切实增强经济发展的活力，通过体制机制创新，做强民营经济，为发展混合所有制经济提供动力。在混合所有制经济改革继续推进的过程中，应继续贯彻中共十九大、政府工作报告的有力部署，坚持如下五大基本原则，使各种资本相互之间取长补短，相互促进，坚持和贯彻这些原则，不仅对东北地区的混合所有制改革提供了基本思路和前进方向，也对全国混合所有制改革有借鉴作用。

第一节　坚持党对改革的集中统一领导

与全国相比，东北地区国有企业数量之多、规模之大是首屈一指的，如果不能把握好改革的原则和方向，就无法保证改革的结果和成绩，所以，在企业混合所有制改革的过程中必须坚持党的领导，坚持这个当代中国最高的政治原则。这是因为，中国特色社会主义最本质的特征就是党的领导，新时代协同推进混合所有制改革要在党的统一领导下，有步骤、有秩序、有层次地逐步进行。一个时期以来，很多人没有认识到党领导的重要性，不分前提地强调党政分开，结果使党的领导被弱化，党的建设被忽视。习近平总书记在党的领导问题上从来都是坚定不移、决不退让,在全国各族人民面前树立党中央权威,把曾经走过的弯路直回来,把以前丢失的阵地找回来,将党的建设有机统一在经济建设、政治建设、文化建设、社会建设、生态文明建设的"五位一体"总布局中,同时又成为"四个全面"战略布局的重要一环。只要坚决维护党对全面工作的统一领导,混合所有制改革的奋斗目标就必将势如破竹、指日可待。

一、坚持党的领导才能确保改革的不断推进

中国特色社会主义的形成和发展绝不是一蹴而就的,改革开放40多年取得的一条基本经验,就是要在中国共产党的领导下,有领导、有步骤、有秩序地进行改革,改革体现了中国共产党"有错必纠"的自省精神。中国共产党在革命时期,并不总是一帆风顺。在建设过程中,我们也走过弯路、有过教训。"左"的思想曾经在经济、政治等领域占了上风,急于求成的大干快上、单纯的公有制经济成分、权力过于集中的领导体制,都对经济建设产生过重大影响。在消除"左"的影响时,我们也是依靠党而不是脱离党,依靠中国共产党的自省精神,实事求是地承认过失和错误,并从经验教训中得出正确结论。改革启动后,所经之处也并非一片坦途。我们遭遇过经济过热、物价飞涨、物质文明精神文明"一手软、一手硬"以及环境恶化、收入差距扩大等局面,发生过真理标准大讨论、改革姓"资"姓"社"大争论、股份制姓"公"姓"私"之争等思想交锋,改革进程充满了曲折性的一面。然而在一次次挫折、一轮轮争论过后,我们仍然是依靠党而不是脱离党,总结经验教训,肯定正确结论,纠正错误做法,相继取得了一系列创新性理论成果,找到了社会主义市场经济体制的改革目标,走出了中国特色社会主义的康庄大道。改革不仅没有倒退,反而朝着前进的方向更加坚定、更具信心、更有决心。因此,改革能够顺利发展,说到底也是因为党的领导。

二、坚持党的领导才能保证改革的性质和正确方向

改革的性质不能发生改变，改革是社会主义制度的自我完善。事实上，中国共产党一开始思考改革，考虑的并不是社会主义制度"能不能"改，而是"要不要"改的问题。新中国成立之时，苏联模式作为唯一成型的社会主义模式，代表了当时社会主义制度的范本。然而苏联模式的弊端很快就引起了中国共产党的注意和反思。在社会主义社会是否存在基本矛盾这个问题上，中国共产党与苏联共产党有不同意见。斯大林否认社会主义社会存在基本矛盾，并断言苏联国民经济的社会主义生产关系完全适应生产力的性质。对此，毛泽东指出，社会主义社会的基本矛盾仍然是生产力与生产关系、经济基础与上层建筑之间的矛盾，只不过这种矛盾不是对抗性的，可以通过社会主义制度的自身调节去解决。新中国成立以来的建设和改革历程充分说明，毛泽东的判断是正确的。毛泽东关于社会主义社会基本矛盾的论述，是中国共产党总结改革经验的原初成果，是今后改革实践与经验的理论基础。在这个基础上，邓小平把解放和发展生产力作为解决社会主义社会基本矛盾的途径，通过改革与生产力发展要求不相适应的那一部分生产关系和上层建筑，实现了社会主义制度的一次自我完善。此后，党的历届中央领导集体都把改革的着眼点放在解放和发展生产力上，对生产关系和上层建筑进行了不同程度的局部性的调整。所以说，只有坚持中国共产党的领导，才能保证改革始终是为了巩固社会主义制度，为了更好体现社会主义制度的优越性。改革的方向不能发生改变，改革是为了完善和发展中国特色社会主义。中国特色社会主义，就是从巩固社会主义制度的根本目的出发，对传统社会主义理念、制度、体系所作出的符合中国实际的调整和改革。这里所说的"传统社会主义"，指的是依据马克思、恩格斯、列宁等马克思主义经典著作对社会主义的基本描述，从苏联模式继承过来的社会主义制度，表现为经济上的单一公有制、政治上高度集权、文化上坚持马克思主义的统治地位。可以说，中国特色社会主义集中体现了改革的辩证关系，代表了社会主义基本原理、社会主义基本制度

这个"不能改"的根本，与束缚生产力发展的那部分生产关系这个"能改的"局部的和谐统一。中国特色社会主义道路是党领导人民经过长期探索开辟的，也只有在党的领导下才能不断向前发展。改革开放之所以取得巨大成功，关键是我们始终坚持党的领导。只有坚持党的领导，才能确保中国的社会主义性质，才能夯实社会主义基本经济制度，才能坚定不移走中国特色社会主义道路。党的领导是坚持中国特色社会主义性质和方向的根本保障。

三、加强和改善党的领导才能将改革推向纵深

加强和改善党的领导是中国改革最终能否成功的决定性因素。40多年的改革经验昭示：只有坚持党的领导，才能确保改革的启动和实施；只有加强和改善党的领导，才能确保改革始终沿着正确的方向发展。坚持党的领导与改善党的领导不是相互矛盾，而是互为条件、相互促进的。一方面，党的领导是社会主义事业的核心，是现代化建设成败的关键。改革的历史进一步昭示，只有依靠党的领导，中国才能确立正确的思想路线，做出改革开放的伟大决策，既保证发展的方向，又实现发展的效果，取得国家的繁荣稳定和人民的幸福生活。坚持党的领导是建设和改革历程中贯彻始终的一个根本要求。另一方面，必须要看到，改革开放40多年来，一些腐朽思想毒害了党员队伍中的一部分人，奢侈享乐之风、贪污腐败之疾侵蚀着党的健康肌体，加上市场化转轨过程中权力参与资本运作，严重影响了党在人民群众心中的形象，损害了党的威信。因此，坚持党的领导就必须改善党的领导，加强党的组织建设和领导制度改革，从严治党，确保党的长期执政地位，确保中国共产党永远是改革的主心骨。进入中国特色社会主义新时代，深入推进全面深化改革必须毫不动摇地坚持党的领导，毫不动摇地加强和改善党的领导。要着眼于健全党的全面领导制度，优化党的组织机构，更好发挥党的职能部门作用，提高党把方向、谋大局、定政策、促改革的能力和定力。加强和改善党的领导，需要广大党员干部在践行"四个意识"和"四个自信"上勇当先锋，在讲政治、顾大局、守规矩

上做好表率。要以改革创新精神抓好党建，教育引导广大党员干部以过硬的作风为全面深化改革提供坚强保障。要加强组织领导，有针对性地加强干部培训，使广大党员干部既各司其职、各尽其责，又相互支持配合、形成合力。要加强基层组织建设，着力提升组织力，增强政治功能，引导广大党员发挥先锋模范作用，把基层党组织建设成为全面深化改革的坚强战斗堡垒。要自觉地把党中央的决策部署落到实处，保持奋勇向前的使命感和干事创业的责任感，把全面深化改革推向纵深。

第二节 坚持以人民为中心的发展思想

在中共十九大报告中，习近平总书记指出，明确新时代我国社会主要矛盾是人民日益增长的美好生活需要和不平衡不充分的发展之间的矛盾，必须坚持以人民为中心的发展思想，这一重大论断为我国经济改革和发展提供了坚定的奋斗方向。随后在2017年年底召开的中央经济工作会议上，习近平总书记明确强调，坚持以人民为中心的发展思想，贯穿到统筹推进"五位一体"总体布局和协调推进"四个全面"战略布局之中。尤其是在纪念马克思诞辰200周年的大会上，习近平总书记进一步强调，人民性是马克思主义最鲜明的品格。我们要始终把人民立场作为根本立场，把为人民谋幸福作为根本使命。这一重要论述明确强调了人民是社会主义经济建设的主体力量，同样也是社会主义经济建设为之谋利益的主要对象。因此，在推进我国经济建设的过程中，特别是推进混合所有制改革的过程中，必须做到发展为了人民、发展依靠人民、发展成果由人民共享，即人是发展的目的。这里的人，不再是资本主义语境中的抽象的、虚幻的、孤立的单独个体，而是参加我国社会主义经济建设的广大劳动人民群众，是具体的、现实个人。发展为了人民,归根到底是为了实现人民对美好生活的需要,而这一过程的实现需要依靠广大人民才能完成,因为人民既是社会物质财富和精神财富的创造者,也是社会变革的决定力量,只有依靠人民才能不断解放、发展和保护生产力;依靠人民的落脚点在于实现发展成果由人民共享,这就需要在完善我国基本经济制度的基础上,深入理解混合所有制改革的根本目的,同时协同深化我国收入分配制度改革,扎实推进精准扶(脱)贫,构建并完善公平正义的社会保障和公共服务体系,这将内在地促进社会主义生产关系的不断变革与完善。

一、坚持人民立场是改革开放不变的"政治主旋律"

人民立场体现了马克思主义唯物史观,体现了对人民创造历史的地位和作用的深刻认识,体现了对人类社会发展规律的科学把握,体现了对保持党的先进性和纯洁性的坚定追求,是马克思主义政党区别于其他政党的显著标志。习近平总书记强调:党性和人民性从来就是一致的、统一的。坚持人民立场从根本上回答了党和人民的关系。改革开放40多年的光辉历程既体现了党坚持解放和发展社会生产力这一社会主义的本质要求,也反映了人民对美好生活不断追求的基本动力,这两者互为条件,相辅相成。这也就解释了为什么40多年以来,尽管改革开放的每一步前进都存在各方面的阻碍,尽管改革开放道路并不一帆风顺,但是党和人民依然能够保持血肉联系,依然心心相印,依然紧密团结,就是因为党的使命与人民利益的高度契合、互相融入、完全统一,人民立场是中国共产党的根本政治立场。正如习近平总书记这样告诫全党同志:党与人民风雨同舟、生死与共,始终保持血肉联系,是党战胜一切困难和风险的根本保证,正所谓"得众则得国,失众则失国"。

二、增进人民福祉是改革开放永远的"奋斗出发点"

改革开放是党的历史上一次伟大觉醒,是党和人民社会主义事业建设大踏步赶上时代的重要法宝。改革开放的步伐每向前推进一次,我们的社会主义事业建设就会取得空前的发展，中国特色社会主义理论创新就会获得巨大的成就，人民的生活水平就会得到稳步的提升。经过40多年众志成城的奋勇拼搏，40多年不忘初心的砥砺奋进，40多年自力更生的艰苦奋斗，今天的中国取得了举世瞩目的成就，人民的生活水平发生了翻天覆地的变化。国民生产总值从1978年的3679亿元增长到2017年的827122亿元，经济总量从2010年开始稳居世界第二，成为世界举足轻重的经济大国，人均可支配收入实际增长了22.8倍，220余种主要工农业产品生产能力达到世界第一的水平，多种重大科技项目取得了突破性进展。增进人民福祉是改革开放的奋斗出发点，"老百姓关心什么、期盼什么，改革就要抓住什么、推进什么"。贫困人口累计减少7.4亿人，贫困发生率下降94.4个百分点，脱贫攻坚取得巨大成就，谱写了人类反贫困史上的辉煌篇章；审批权力下放、"营改增"减税降费，中共十八大以来党和国家推出1600多项改革方案，老百姓享受到了改革开放的红利；建成了包括养老、医疗、低保、住房在内的世界上规模最大的社会保障体系，基本养老保险覆盖超过9亿人，医疗保险覆盖超过13亿人。这些社会保障体系给新一轮"改革赶考"连续打出高分。实践证明，为中国人民谋幸福，为中华民族谋复兴，就是中国共产党人的初心和使命，也是改革开放的初心和使命。

三、发挥人民首创是改革开放不竭的"变革推进器"

1978年，安徽省凤阳县小岗村18户农民做出在当时有坐牢危险的大胆决定："分田单干，包产到户"。可让他们万万想不到的是，这一冒险尝试却在无意间史诗般地成为中国改革开放的序幕。小岗村实行"大包干"后的第一年，全队粮食总产13.3万斤，相当于1955年到1970年粮食产量总和，人均收入达400元，相当于1978年的18倍，从此开启了农村家庭联产承包责任制的先河。这充分显示了作为13亿多国家主人的人民汇聚了磅礴的中国力量，在实事求是中解放思想，充分发挥人民的首创精神，推动改革开放向前迈出了一步又一步。"无论改革推进到什么阶段，人民首创精神都不能忽视。"高度重视顶层设计，充分尊重人民群众首创精神，坚定不移地抓改革举措的落准、落细、落实，已成为全面深化改革的鲜明特征。"求木之长，必固其根本；欲流之远，必浚其源泉。"人民群众，永远是党的智慧和力量的源泉。在新时代，中国人民将继续自强不息、自我革新，坚定不移地全面深化改革，逢山开路，遇水架桥，敢于向多年留存的顽瘴痼疾开刀，勇于突破利益固化藩篱，将改革开放进行到底，创造新的历史奇迹。

四、满足人民期盼是改革开放最终的"得失成绩单"

人民群众是新时代的见证者、参与者、主导者，是历史的创造者。人民过得好不好、过得幸福不幸福，直接影响国家的稳定与长治久安，人民对美好生活的向往是中国共产党的奋斗目标，人民也是改革开放成败得失最终的"阅卷人"。习近平总书记曾指出，全党同志无论职位高低，都要把人民拥护不拥护、赞成不赞成、高兴不高兴、答应不答应作为衡量一切工作得失的根本标准。我们的工作和决策必须识民情、接地气，以人民利益为重、以人民期盼为念，真诚倾听群众呼声，真实反映群众愿望，真情关心群众疾苦。虽然每一次改革开放的新举措都会触及原有的利益关系和矛盾，但是我党不畏艰难、艰苦奋斗，始终把人民的利益放在首位。特别是中共十八大以来，以习近平同志为核心的党中央出台了一系列重大方针政策，提出了一系列重大战略思想，推进了一系列重大工作任务，解决了许多长期想解决而没有解决的难题，办成了许多过去想办而没有办成的大事，紧紧依靠改革开放，破除阻碍发展的各方面体制及机制弊端，不断推动党和国家社会主义事业发生历史性变革，使发展成果更多更公平地惠及全体人民，在经济社会不断发展的基础上，朝着共同富裕方向稳步前进，人民群众真正获得了更多、更实际的幸福感。

第三节　坚持发挥市场决定性作用和更好发挥政府作用

混合所有制改革问题中如何把握政府与市场的关系，习近平总书记自觉运用马克思主义世界观和方法论，他强调：各级干部特别是领导干部要坚持在实践中深化学习、在学习中深化实践，不断研究新问题、总结新经验，学会正确运用"看不见的手"和"看得见的手"，成为善于驾驭政府和市场关系的行家里手；要建设充分发挥市场作用、更好发挥政府作用的经济体制，实现市场机制有效、微观主体有活力、宏观调控有度。这就要求在市场和政府关系问题的界定上，坚持两点论、重点论为分析的根本方法，真正把要素资源配置的功能交给市场，不断推动市场调节机制向纵深发展，提高全要素生产率，减少政府以行政手段直接干预市场主体。在东北地区，市场化程度相对不足，国有企业一家独大的局面导致营商环境仍然缺乏公平性。因此，混合所有制改革需要政府更好地发挥宏观调控的作用，以现代化的标准推进政府职能转变，加强建立统一、透明的市场监管机制，切实以增进国家和社会福利为出发点，让市场主体焕发出活力、创造力。

一、改革开放以来党对市场与政府关系的认识不断深化和发展

市场与政府的关系，就是指在资源配置中市场起决定性作用，还是政府起决定性作用的问题。我国经济体制的改革始终是围绕着正确认识、处理市场与政府的关系这一核心问题展开的，改革开放的历程也是党对市场与政府关系的认识不断深化的过程。40多年的改革开放，党始终坚持以市

场化改革为导向，创造和释放了巨大的改革红利。党对市场与政府的关系的认识的每一次重大突破和发展，都伴随着生产力的解放和社会的发展。1978年召开中共十一届三中全会是党对市场与政府关系认识的一次重大突破。该次全会公报要求，按经济规律办事，重视价值规律的作用，注意把思想政治工作和经济手段结合起来，突破了计划经济体制的束缚，大大激发了社会生产的积极性。中共十二届三中全会通过《中共中央关于经济体制改革的决定》，确立了经济体制改革的目标是建立有计划的商品经济，这是第一次正式将"商品经济"写进党的文件。20世纪80年代末进行的价格改革，通过"双轨制"逐步引入市场机制，从根本上打破了由计划配置资源的单一途径。从1992年春到2003年秋，党对市场与政府关系的认识全面深化。邓小平南方谈话后，中共十四大第一次明确提出我国改革的目标是"建立社会主义市场经济体制""使市场在社会主义国家宏观调控下对资源配置起基础性作用"。1993年，中共十四届三中全会通过《中共中央关于建立社会主义市场经济体制若干问题的决定》，提出将国有企业改革作为经济体制改革的中心环节，并将"改革现有商品流通体系，发展金融市场、劳动力市场、房地产市场、技术市场和信息市场等"作为改革的重要着力点，这些重大理论突破为我国市场化改革奠定了坚实基础。从2003年中共十六届三中全会通过《中共中央关于完善社会主义市场经济体制若干问题的决定》到2012年中共十八大，党对市场与政府关系的认识继续深化，主要特点是以科学发展观为指导，坚持市场化改革导向，各项改革及配套改革纵向全面推进。中共十八届三中全会提出，使市场在资源配置中起决定性作用和更好发挥政府作用，进一步明确了我国经济体制改革的重点，核心问题是处理好政府和市场的关系。

二、中共十九大对市场与政府关系的认识达到新高度

习近平总书记在中共中央政治局就建设现代化经济体系进行第三次集体学习时强调，要建设充分发挥市场作用、更好发挥政府作用的经济体制，实现市场机制有效、微观主体有活力、宏观调控有度。这明确回答了

"我们的改革要往前走,往哪个方向走"这个方向性问题。这不仅肯定了我们40多年来朝市场化方向走的正确性,且更加强调了市场作用,把过去党的决议中市场的"基础性作用"强化成了"决定性作用",这两种表达法并不矛盾,前者是后者的基础,后者是对前者的继承和发展。在强调市场决定性作用的同时,也突出了更好地发挥政府作用。市场决定性功能的定位,并不是对政府作用的排斥,而是要更好地发挥政府作用,让越位的归位,缺位的到位。表明党对市场与政府关系的认识又达到了新高度,党中央坚持市场经济的态度是明确而又坚定的。这有利于进一步在全社会树立对市场与政府关系的正确观念,更加尊重市场,将开启中国改革的新纪元。改革开放实践充分证明:市场在资源配置中起着决定性作用,政府与市场关系处理得正确与否,是我国改革事业成败的关键环节。

充分发挥市场的决定性作用——当前,我国已初步建立了一个较为完整的市场体系,但体系还未完善,还带有行政主导资源配置的结构性缺陷。土地、水、电、油、金融等要素资源配置还有着比较严格的行政管制,环境产权交易等市场体系远未建立起来。未来全面深化改革的征程,要坚持以市场化改革为重点,充分发挥市场在资源配置中的决定性作用。必须以深化行政审批制度改革为重点加大政府放权力度,简政放权,从制度上约束政府对微观经济活动的干预,减少政府对微观主体投资活动的审核审批程序。要全面推进国有经济战略性调整,充分发挥国有企业在促进产业升级、参与国际竞争、提升综合国力等方面的重要作用。尤其要毫不动摇地鼓励、支持和引导非公有制经济的发展,鼓励和支持中小民营企业的发展,放宽民间资本的投资准入门槛。要全面打破垄断,拓展社会资本更大的制度空间。截至2018年末,我国产业结构得到了基本转变,特别是东北老工业基地的产业结构调整甚至走在了全国之前(见图5-3-1)。但同时,还要进一步理顺各种价格体系,深化资源产品的价格改革。

更好地发挥政府作用——当前,很多政府该做的事情没有做,却管了很多不该管、管不了、也管不好的事情,政府作用的越位和缺位并存。科学的宏观调控,有效的政府治理,这是发挥社会主义市场经济体制优势的内在要求。政府的宏观调控主要是保持经济总量平衡,未来需要用法律法规来确定宏观调控的"有形之手"何时能动、怎么动的问题,也使市场对宏观调控有前瞻性,避免市场出现非理性行为。有效的政府治理需要政府加强发展战略、规划、政策、标准等制定和实施,加强市场活动监管,加强各类公共服务提供。只有这样,才更好地发挥政府作用,建立一个统一开放、竞争有序的市场体系来支持实现市场的决定性作用,抓住市场经济运行的魂,打好市场经济这张牌,才能真正贯彻落实好中共十九大精神和要求,真正为我国全面深化改革,进一步释放改革红利开创新的历史纪元。

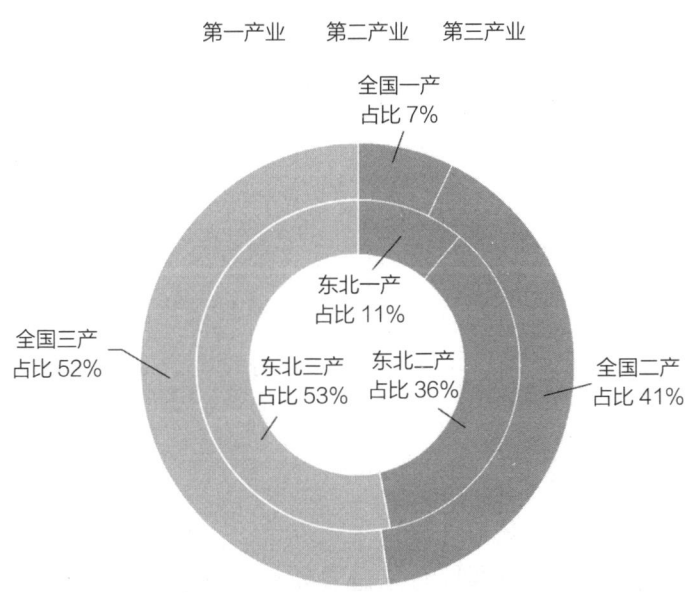

图 5-3-1　2018 年东北地区生产总值的产业比重与全国之比

第四节　坚持以新发展理念为引领

一、深入贯彻落实新发展理念

深入贯彻落实新发展理念，要积极应对经济新常态的特点和趋势，认真学习新发展理念的深刻内涵，总目标是为了满足人民日益增长的美好生活需要，具体的建立内容要完整体现创新、协调、绿色、开放、共享新发展理念的目标框架。一是要使创新成为经济高质量发展的第一核心动力。以创新引领提高全要素生产率，用全要素生产率的指标来替代单纯经济总量的扩大和增长，从而直观呈现出各个生产要素的配置情况和使用效率。同时要注重人均专利发明数量的提高和科技成果转化成功率，使科技创新的成果让全社会受益，形成实实在在的发展原动力，真正满足人民日益增长的美好生活需要。二是要使协调成为经济高质量发展的内在要求。重点促进城乡协调发展、区域协调发展和产业协调发展，让率先取得发展优势的地区反哺还不够充分发达的地区，促进收入分配的公平合理，不断优化经济发展的整体性和协调性。三是要使绿色成为经济高质量发展的基本遵循。坚持绿色发展，意味着要解决好工业文明和生态文明和谐共生问题，意味着要对过去能源消耗型的发展方式进行反思，意味着不能以牺牲子孙后代的生态环境利益为代价来实现经济短期繁荣。因此要就全社会关心的环境污染问题建立预警机制，把环境污染的现状和环境治理的改善实时地向全社会公布，让人民群众成为环境治理的监督者和受益者。同时不断优化能源消耗结构，加大新能源产业补贴力度。四是要使开放成为经济高质量发展的必由之路。坚持开放发展，就是要坚持奉行互利共赢的开放战略，坚定不移地把改革开放的旗帜举得更高，增强中国品牌国际市场占有率，扩大已经在国际市场取得优势产业的领先地位，以开放带动创新、推动改革、促进发展。辩证合理看待对外贸易依存度，既要坚持敞开开放的大门，绝不退回闭关锁国的孤岛，又要警惕对外贸易依存度过高带来的系统性风险。五是要使共享成为经济高质量发展的根本目的。坚持共享发展，意味着处理好把"蛋糕做大"和把"蛋糕分好"的关系，意味着让改革开放的红利更多更公平惠及全体人民，意味着人民的获得感、幸福感、安全感更加充实、更有保障、更可持续。

二、以新发展理念引领东北振兴

当前和今后一个时期是推进东北老工业基地全面振兴的关键时期，东北振兴要牢固树立并切实贯彻创新、协调、绿色、开放、共享的新理念，适应和把握我国经济进入新常态的趋势性特征，发扬前辈闯关东的精神，努力推动形成新一轮东北振兴的势头。用新的发展理念推进形成东北地区新的发展动力。中共十八届五中全会提出的五大发展理念，是新一轮东北振兴的方向指引，只要我们抓住新一轮发展的重大历史机遇，着力破解体制性、机制性和结构性矛盾，依靠创新驱动、转型发展，新的发展动力是会形成的。完善体制机制是治本之策，要继续深化国有企业改革，真正确立企业主体地位，增强企业内在活力、市场竞争力、发展引领力。突出发展民营经济，着力在融资、用地、减负等方面加快完善配套政策。继续推动简政放权，确保权力下放到位。现代农业发展是东北振兴的一个重要方面。要加快构建现代农业产业体系、生产体系、经营体系，着力提高农业生产规模化、集约化、专业化、标准化水平和可持续发展能力，使现代农业成为东北振兴的重要产业支撑。要学会尊重市场、热爱市场、拼闯市场、引领市场。如今，东北地区市场经济的总体氛围还不够浓厚，人们闯市场的意识还不够强烈，市场经济的关口还没有真正迈过。需要谦虚地、真诚地向广东、江浙地区的民营经济学习。另外，东北地区市场环境也有许多令人不满意的地方。只有把欠缺的市场经济意识恶补上，东北地区才能够走上振兴之路。民生改善是衡量东北老工业基地振兴成功的重要标准。抓民生也是抓发展。要坚持把保障和改善民生作为推动东北振兴的出发点和落脚点，推动经济社会持续健康发展。要加大民生的投入，坚决守住民生的底线，防止经济下行压力传导到民生领域。

当前，东北地区资源型城市是保障和改善民生的重点领域。进一步完善对资源枯竭城市财政转移支付制度，支持资源枯竭城市、独立工矿区等加快解决社会民生和生态环境方面的历史遗留问题。生态环境也是民生。牢固树立绿色发展理念，坚决摒弃损害甚至破坏生态环境的发展模式和做法，继续实施退牧还草工程，保护重点湿地，开展生态和环境综合治理工程，完善对重点生态功能区的补偿机制。把新的发展理念设计进对领导干部的考核之中。科学合理的政绩考核，能够引导领导干部增强带动振兴发展的职责意识。从政绩考核导向、考核评价指标、政绩考核内容、责任追究等多个方面，提高政绩考核的合理性。通过考核，让中央的要求、新的理念真正落实到东北振兴实践中去。要允许干部因地制宜探索，鼓励地方创新，鼓励干部敢作、敢为、敢担当，让真正想干敢干和会干的干部脱颖而出。

第五节　坚持建设现代化经济体系推动经济高质量发展

中共十九大报告指出，我国社会主要矛盾已经转化为人民日益增长的美好生活需要和不平衡不充分的发展之间的矛盾。这是事关全局的历史性变化，充分反映了以习近平同志为核心的党中央坚持以人民为中心的发展观作为逻辑起点，科学把握我国经济社会发展的历史新方位，从党和国家社会主义事业发展的全面布局出发,以马克思主义哲学基本原理深刻分析我国现阶段的基本国情,为我国经济高质量发展提供了根本遵循、现实依据、思想指南。明确了我国经济由大到强的总目标,就是要满足人民日益增长的美好生活需要。可以说,国有企业混合所有制改革的最终目标与稳定经济增长、促进产业转型升级密不可分,尤其是国有企业迈向现代化应作为我国现代化经济体系建设的一支重要力量,为建设现代化经济体系提供强劲动力。在东北地区,发展中不平衡不充分的主要矛盾更加突出,要在下一步改革中更加关注主要矛盾的深刻变化,打造东北现代化经济体系的升级版。

一、聚焦社会主要矛盾变化,明确高质量发展总目标

社会主要矛盾的主要方面是"不平衡不充分的发展",深刻指出了发展中的不协调、不充分、不平衡、不可持续的问题依然突出,特别是在经济发展中:城乡之间、区域之间、不同群体之间的收入水平差距依然很大;一些资源密集型、能源消耗型产业产能过剩;高精尖产业诸如机械、电子、军工产业在技术层面的发展受到制约;大量"僵尸企业"高负债、高库存、高风险运营;人均国内生产总值依然低于世界平均水平;农业农村、生态保护、公共服务等方面的短板亟待加强;主要民生领域:就业、教育、医疗、居住、养老等方面的短板没有解决;在市场和政府、质量和数量、短期和长期、传统和创新、国内和国外这几个关乎经济发展的重大关系上,没有形成统一高效的协调机制和有效定型的政策方略。建设现代化经济体系就必须深深立足于这些现实问题,既不能调高"胃口",也不能降低预期。发展是解决我国一切问题的基础和关键,为实现这个目标,必须坚定不移地贯彻创新、协调、绿色、开放、共享的新发展理念,加快从经济大国走向经济强国的跨越式发展步伐,从经济发展以总量扩张为导向稳步转变为以经济结构的优化、经济质量的提升、经济内生性驱动,来实现宏观经济健康持续发展,也就是从"有没有"向"好不好"迈进。

我国社会主要矛盾的变化经历了一个复杂的演化过程。从党和国家发

展的历程来看，凡是能够正确认识和界定我国社会主要矛盾的时代，我们的社会主义事业建设方略就能够顺应历史发展的潮流，切合广大人民的普遍愿望，取得前所未有的成就；反之，就会出现挫折。新时代以习近平同志为核心的党中央对我国社会主要矛盾变化做出的新表述，具有重大理论价值和现实意义，对新时期我国社会主义建设事业产生了深远影响，为现代化经济体系建设提供了根本遵循，指明了前进方向。牢牢把握社会主要矛盾的变化，实现经济高质量发展，首先要把思想统一到党中央对经济工作的"一个总要求"和"一条主线"的战略部署上，"一个总要求"就是我国经济已经由高速增长阶段转向高质量增长阶段，"一条主线"就是供给侧结构性改革这条主线。建设现代化经济体系要从"不平衡不充分的发展"这个矛盾的主要方面入手，围绕稳中求进的经济工作总基调，不折不扣地执行党中央对经济工作的全面部署，为我国经济大而不强的"病症"开好药方对症下药。我们要按照建设新时代社会主义现代化强国的战略构想，完善经济高质量发展指标体系，为社会主义现代化强国目标如期实现保驾护航。

二、全面把握新时代建设现代化经济体系的内涵和特征

中共十九大描绘了建设现代化经济体系的宏伟蓝图，新时代我国社会主要矛盾的深刻变化为现代化经济体系的建设提供了根本指南。要解决主要矛盾，就要以经济建设为中心，就要靠改革开放，全面把握现代化经济体系建设的内涵与特征，推动现代化经济体系建设向纵深发展。

建设现代化经济体系，要深刻体现新发展理念；坚持质量第一、效益优先；推动质量、效益、动力变革；继续提高我国经济创新力和竞争力。具体来说，主要包含四个方面的科学内涵：一是以新发展理念为指导，客观要求现代化经济体系的构建是以创新、协调、绿色、开放和共享共同驱动的经济发展方式，是以发展成果共享为终极目标的经济体系。二是坚持质量第一、效益优先。落实这一要求，就要树立质量第一的强烈意识，在农产品、工业制成品、装备制造、工程建设、服务业等领域

提高标准，加强全面质量管理，强化知识产权保护和管理，提升竞争质量，提高劳动生产率，对新产业、新模式、新业态进行包容审慎监管，多措并举培育新动能不断发展壮大，带动传统产业改造升级。引导企业突出主业，发扬工匠精神，加强品牌建设，培育更多"百年老店"，增强核心竞争力。三是推动质量、效益、动力变革。质量变革，总体来说就是从产品和服务两方面提升质量，以国际化的产品评价体系为标准，查摆我们制造业的不足之处，以高效的绩效管理体系为标准，找准我们服务人员素质提升的要点；效率变革，先要找准以往高速增长阶段留下的问题，在超高速或者高速增长阶段，很多问题有可能被掩盖或是忽视，效率变革就是不再唯速度论英雄，真正促进产业升级转型，提高生产的投入产出率，积极参与国际竞争；动力变革，就是资源密集型、劳动密集型产业的发展方式难以为继，劳动力的数量红利要向质量红利转变，加强培养创新型人才、有创新责任的企业家、有社会责任感的社会组织。四是提高我国经济创新力和竞争力。二战以后的国际经验表明，国家在工业化早期阶段容易实现经济的高速增长，而国民基本收入水平在达到中等收入国家的水平时，往往会落入"中等收入陷阱"，经济发展陷入泥潭甚至还会倒退，这不利于经济发展的可持续性，因此只有不断地进行科技创新才能激发市场主体的活力和竞争力，充分调动人才的积极性、主动性。

习近平总书记指出，建设现代化经济体系，这是党中央从党和国家事业全局出发，着眼于实现"两个一百年"奋斗目标、顺应中国特色社会主义进入新时代的新要求做出的重大决策部署。国家强，经济体系必须强。只有形成现代化经济体系，才能更好地推进混合所有制改革，更好地顺应现代化发展潮流和赢得国际竞争主动，也才能为其他领域现代化提供有力支撑。

现代化经济体系，是由社会经济活动各个环节、各个层面、各个领域的相互关系和内在联系构成的一个有机整体，要建设创新引领、协同发展的产业体系；要建设统一开放、竞争有序的市场体系；要建设体现效率、促进公平的收入分配体系;要建设彰显优势、协调联动的城乡区域发展体系;要建设资源节约、环境友好的绿色发展体系;要建设多元平衡、安全高效的全面开放体系;要建设充分发挥市场作用、更好发挥政府作用的经济体制。

更高质量的经济发展和适度合理的经济增速,这两个特征是适应我国经济已由高速增长阶段转向高质量发展阶段的必然要求,阐明经济发展增速与经济发展质量的关系问题。要把握好这个问题,就要从唯物辩证法的角度去深入学习领会。注重经济质量的提高,并不是单纯意味着不顾经济增速而只看质量,是要用马克思主义哲学中的质量互变规律的基本原理来找准质与量之间的合理的发展程度,这个度要做到既不能追求绝对的质量而忽视了经济发展增速,也不能为了追求国内生产总值增加的速度忽视了国内生产总值增长的含金量和随之带来的各种生态问题。

良好的市场经济体制和更高效益的经济水平,这两个特征要从马克思主义哲学中的原因和结果这对范畴来理解,市场经济体制是原因,经济效益的水平是结果,建设现代化经济体系就要在市场经济体制的建设中下大力气,吸收一切人类文明发展的优秀成果,尊重市场规律和现代化经济管理机制,使市场在资源配置中起决定性作用和更好地发挥政府作用。2019年是我国改革开放 41 年重要历史性发展节点,党领导人民经历这 41 年对于市场经济的不断探索,积累了大量的宝贵经验,确立了中国特色社会主义市场经济体制并不断完善,要促进高效益的经济持续健康发展,就必须把不断完善社会主义市场经济体制这个原因研究好、贯彻好、落实好。

更高水平的城乡融合和更开放的全球分工,这两个特征要运用马克思主义哲学中对立统一规律来理解,要统筹国内国外两个大局。以国内的现实情况来看,我国目前城镇化水平虽稳步提升,城乡二元结构矛盾得到了很大缓解,但还没有彻底解决。2016 年,农村贫困人口仍有 4335 万,要从城乡二元结构对立的乡村这方面入手,提高乡村人口的生活水平,最终达到城乡趋于统一的目的。

从国外的现实情况来看,目前国际形势存在着贸易保护主义和单边主义盛行,逆全球化问题凸显,非传统安全制约着全球经济复苏等问题。我国虽然在贸易领域与国际社会存在着一系列贸易摩擦问题,但是这不能改变我国参与经济全球化的信心,不能改变全球经济化发展的大趋势。

协同发展的产业体系和更加协调的区域发展,这两个特征要运用马克思主义方法论中的重点论来深刻理解。产业体系需要产业政策的导向性指引,就目前发达国家的发展经验来看,没有一个国家可以不用有针对性的产业政策而保持其优势产业在国际竞争中的优势地位。因此,发展产业体系需要产业政策导向的支撑,就是以充分发展我国的优势产业为重点,不能平均地使用宝贵的政策资源。在区域发展上也要合理分工,重点培育区域协调发展的新动能,实现区域间合作共赢,促进产业链的优化升级,加强区域资源的合理配置和利用。

三、沿着五大路径稳步推进东北现代化经济体系建设

新时代建设现代化经济体系,需要在社会主要矛盾理论分析的基础上,采取扎实管用的政策举措和行动。习近平总书记在中共中央政治局就建设现代化经济体系进行第三次集体学习时强调,要突出抓好以下五个方面工作:一是大力发展实体经济,筑牢现代化经济体系的坚实基础;二是加快实施创新驱动发展战略,支撑现代化经济体系建设;三是积极推动城乡区域协调发展,优化现代化经济体系的空间布局;四是着力发展开放型经济,提高现代化经济体系的国际竞争力;五是深化经济体制改革,完善现代化经济体系的制度保障。新时代建设好现代化经济体系要按照党中央的战略部署有计划、有步骤地扎实推进。在发展中解决现代化经济体系建设的问题,从根本上扭转我国经济"大而不强"的整体特征,在东北地区更要发挥老工业基地的传统优势,沿着这五大路径奋发努力,提升东北经济的创造力和竞争力。

这五个方面的实践路径逻辑严密、互为支撑、缺一不可,充分体现了五大发展理念的核心内涵,不仅在理论上升华了现代化经济体系的战略高度,也在实践上找出了务实可行的实施路径。

1. 实体经济的重要性

不能再让我国经济"脱实向虚"的趋势肆意蔓延。发展实体经济,难点就在于能不能发展好新型制造产业。要处理好传统产业和创新引领的关系,使市场在资源配置中起决定性作用和更好地发挥政府作用。2018年,李克强总理所做的政府工作报告也强调了:"坚持把发展经济着力点放在实体经济上,继续抓好'三去一降一补',大力简政减税减费,不断优化营商环境,进一步激发市场主体活力,提升经济发展质量。"因此,一方面应该尊重产业发展创新的客观市场规律,不是一味封杀传统产业,而是促进传统产业的有序竞争,实现产业发展的自我升级和重构再造。另一方面要发挥政府这双"看得见的手"的有力作用,在市场机制作用不利而带来市场环境恶化的时候,积极主动地阻止行业垄断、外部不经济、信息不对称等负面因素的发生,引导产业发展持续、健康、有活力和创造力。

2. 重视创新驱动发展战略

科学的本质是创新,创新的关键在人才,人才的成长靠教育。经济乃至全社会能否健康持续发展就在于人才培养能否以创新为本、人才队伍能否选拔得当。实施创新驱动发展战略,需要现代化人才队伍的有力支撑,如果没有足够的人才资源作为潜在力量,创新引领的后发优势就无从谈起。归根到底,人是市场经济中最活跃的元素,经济体系的现代化不仅需要经济专业人才,更需要深层次、全方位、各方面的专业人才队伍。在人才的培养上,应积极探索世界主要发达国家人才培养的经验,加强国内高校同国际知名高校的联动,积极探索联合培养的新模式。

3. 积极推动城乡区域协调发展

实施区域协调发展战略是建设现代化经济体系的内在要求。我国幅员辽阔,经济发展水平自西向东渐次呈现由低到高的明显阶梯化不均衡。这是市场经济发展到一定阶段在宏观表现出的客观事实规律。必须坚定不移地贯彻新发展理念,统筹布局西部大开发、东北振兴、中部崛起、沿海率先发展。政策制定适度倾斜,尤其要把协调发展、绿色发展、共享发展摆在突出位置。区域协调想走出一条新路,需要继续推动新型城镇化建设释放红利，平衡区域发展的不均等，弥合城乡二元结构对于经济发展的割裂效应。

4. 着力发展开放型经济

中共十八大开启了新时代，我国与世界的关系发生了巨大的历史性变革，开放型经济的基础条件和交流模式逐渐演变，对外开放形势出现许多新情况、新特征、新问题，需要进一步与时俱进的思想来指导和引领。"一带一路"倡议是新时代对于我国对外开放这一基本国策具体建设路径的顶层设计。以习近平同志为核心的党中央敏锐地洞察到了新时代开放再扩大中出现的这一系列基本问题，坚持以马克思主义世界观和方法论为根本，深入思考经济基础和上层建筑之间的矛盾运动关系，以强烈的政治担当、鲜明的人民立场、坚定的开放决心、非凡的外交智慧，将我国同世界的繁荣稳定更加紧密地联系在一起。实践证明，改革开放的步伐每向前推进一次，我们的社会主义事业建设就会取得空前的发展，中国特色社会主义理论创新就会获得巨大的成就，人民的生活水平就会得到稳步的提升。

5. 深化经济体制改革

深化经济体制改革的重点是建立现代产权制度，关键就在于是否公平保障了人民的合法财产不受侵犯，既要保护好劳动所得，又要依法保护人民的财产性收入享受同样待遇，实现生产要素的合理使用，维护市场的竞争机制。加快建立以增加知识价值为导向的分配政策，增强对科研人员的知识产权保护，充分发挥知识产权对科技创新和成果转化的激励作用。深化经济体制改革的另一个重点是完善要素市场的建设，应以打破劳动力市场的机制弊端为主要抓手，深化户籍制度改革，杜绝身份和性别歧视，积极顺应新产业、新业态的用工变化，促进劳动力在城乡之间的自由流动。

第六章

东北振兴与混合所有制改革

西方经济发达国家混合所有制改革实践与经验

混合所有制改革是中共十八届三中全会确定的国有企业改革方向之一，国有企业混合所有制改革迎来热潮。改革开放以来，国有企业改革一直是经济体制改革的重点和难点，仍然存在国有企业产权制度不完善、国资监管制度不完备、部分国有企业效率低效益差等诸多问题。经过多年的理论研究和实践摸索，混合所有制经济已逐渐发育成了我国基本经济制度重要实现形式。2013年11月，中共十八届三中全会提出，要进一步深化国有企业改革，发展混合所有制经济。2015年《政府工作报告》进一步明确要有序发展混合所有制经济。由此，借鉴美国、日本等发达国家国有企业改革的经验和教训，能够为我国正在推进的国有企业混合所有制改革提供些许制度借鉴与参考。

第一节　西方经济发达国家混合所有制改革实践和经验

一、美国

美国经济推崇市场经济和公司治理，但混合经济在美国历史和现在都有独特且重要的地位。在美国历史早期，政府持股私人企业的做法十分常见，之后刻意取消并严格控制政府对企业的所有权。

在18世纪末19世纪初，美国政府常作为国内银行、铁路、运河等行业企业的股东，有权任命董事，但不行使其表决权来干涉职业经理人的日常经营。19世纪中期，为了明确财政责任，大多数州宪法都禁止政府持有私人公司的股份。通过持有股票所有权、土地补助、政府贷款补贴方式，实验了少数混合所有制改革，如美国第二银行、联合太平洋铁路局。20世纪，国际出现了国有化浪潮，美国的态度是反对国有化，并在1945年制定了《政府公司管理法案》，抵制大萧条后政府持股公司形式的扩散。该法案旨在限制国有企业的组建并稳固已有的国有企业责任制，要求成立新的国有企业需要得到国会的特别批准。截至1990年，美国政府资助企业（GSES）的官方数量为6397家，主要目的是弥补市场失灵，方式是提供政府隐性担保。代表机构如房利美和房地美，由联邦政府授权，享有免除国家和地方所得税等法定特权，旨在推动房地产行业发展。2008年金融危机后，掀起了以政府救市为特征的国有化浪潮，美国政府对通用汽车、花旗银行、美国国际集团国有化，主要目的是使停摆的金融市场重新启动，进而推动企业从市场上获得融资。在市场恢复运转，企业运营正常后，政府选择尽可能快地退出，目的是遏制政治干扰的风险，具体救助方式也是根据企业性质和情况选择不同的方案。

二、日本

在日本，国有企业被称为"公营企业"，既包括中央政府出资设立的企业，也包括地方政府出资设立的企业，地方国有企业一般被称为"地方公营企业"。日本公营企业在二战之后快速发展，到20世纪70年代中期已达到114家。20世纪70年代，西方发达国家掀起的"非国有化"潮流深深影响了日本。同时，国有企业的低效暴露出诸多弊端，促使日本政府开始推行国有企业改革的探索实践。这时适逢诞生了"混合寡头理论"，"混合寡头"是指一个市场同时存在数量有限的国有、民营以及外资企业，不同市场主体"混合"在一起进行不完全竞争。这种混合经济模式就是以民营经济为基础而又不乏政府干预的市场经济，既强调市场的调节作用，也重视政府的合意干预。在混合寡头理论指导下，20世纪80年代初，日本国内掀起了主要以日本国有铁道事业体、日本电信电话株式会社、日本烟草公司、北陆电力公司等为代表的大型国有企业混合所有制改革潮，主要目标是通过混入民间资本，提高原本低效的董事会、管理层效率，从而提升亏损严重的国企经营绩效。

日本改革的途径是对国有企业进行股份公司化改造，一部分国有企业实行国有和私有的混合，另一部分国有企业则彻底完全转为私有。而在实行混合所有制的企业中，大部分企业最终走上了完全私有。日本公营企业在改造为股份有限公司之后一般表现为两种样态：一是成为政府持股的股份有限公司（以日本电信电话株式会社和日本国有铁道事业体这两家公社改革为代表）；二是成为不受《地方公营企业法》约束的完全私有化的股份有限公司。可见，日本进行的公营企业改革，针对公营企业不同性质和类型，采取了不同改革模式。但从日本公营企业改革的目标和最终方向来看，其改革的终极目标是实现私有化。

三、法国

法国是一个中央集权的国家，与其他西方国家相比，在市场经济发展中较多使用国家宏观调控手段，形成了较为完善的混合所有制经济模式，国有经济占据重要地位。

20世纪40年代至60年代，二战之后，法国政府开始大规模的国有化运动，将煤矿、汽车、航空等传统行业和银行等金融大企业收归国有，控制经济领域的核心部门，国民经济从二战前私有资本占主导转变为国有资本与私人企业并重、国有资本带动私营企业发展的格局。

20世纪70年代至80年代，石油危机使西方资本主义由高速增长变成持续衰退，新自由主义盛行，法国政府从管理主义过渡到自由和竞争经济模式，但收效并不明显。

20世纪80年代之后，法国总统密特朗政府上台，放弃了经济自由化政策，实行"法国式社会主义"，推行新一轮的国有化。国有化和自由化在法国经济史上交替进行，形成了法国现代经济体制的特色：国家力量是主力，通过各种经济政策推动经济发展；自由化的市场调节限制国家的力量，更优化地配置资源，促进经济增长。

四、英国

第二次世界大战到 20 世纪 70 年代，英国的国有企业达到鼎盛，战争期间采用经济控制和管理体制，战后执政党实行国有化政策，英国国有企业固定资产占其国内生产总值比例高达 30%，但经营效益不佳，亏损面日益扩大。1979 年，英国政府推行"小政府、大社会"模式，对国有企业进行私有化改革，旨在提高国有企业效率和服务质量，扩大资产所有权在英国人口中的分布，而不是从出售国有资产中获取最大化的财政收益。改革的方式主要有业务出售、管理层和员工持股、授予特许权、股票上市。为了防止国有资产流失，英国政府在国有股减持上遵循"先盈利再出售"原则，先证券化盈利部门如英国石油、英国电信，再通过裁员等手段改善亏损的国有企业。出售国有资本前政府成立独立委员会，选派金融、法律、财务、证券等方面的专家对国有资产和运行状况进行评估，防止资产价格被低估。改革之后，企业活力大增，英国政府获得收入和税收等财政来源，改变了政府补贴企业的局面。

五、西方经济发达国家混合所有制改革经验

1. 多样化国有资本参与方式，实现国有资产保值增值

一是购买股份。政府购买或者通过控股企业购买私人企业的股份，将原来的单纯私营企业转变为公私合营企业，例如，意大利最大的国家控股公司伊里公司，通过购买私人企业的股票，使国有股份逐渐渗入到私营企业中，控制了国内许多重要行业和领域的发展。美国国有资本在购买私人企业股份时，通常选择不具有表决权的优先股，排除隧道挖掘、直接干预和经营企业的风险，实现国有资产保值和增值的目标。

二是作为贷款、赠款或债务担保的债权人或第三方。美国政府相当于债权人，定期收回成本和利息，而不参与企业日常经营。企业有动力提早还清本利，政府则有动力行使监督权。

2. 建立科学制衡的内部治理机制和良好的外部制度环境

一是国有资本切实履行监督而非管理职能，对非公益性质的国有企业尽可能少地参与企业日常经营。法国国有企业实行的是董事会领导下的经理负责制。董事会是企业的最高决策机构，董事会由国家代表、经济学家代表和职工代表三方组成。德国的国有企业分为两类，一类是按照公法建立，以完成社会公共服务为主要任务的国有企业，国家对此类企业实行直接经营和管理的方法。另一类是按照私法建立，以营利为主要目标的国有企业，国家按照股份的多少参与企业的管理，按照市场规则运作，不享受政府特殊政策。美国采取单一制，不单独设立监事会，由独立董事担任监事职能。政府常作为不具有表决权的优先股股东，派驻人员进入董事会，不参与企业的日常经营决策，但对关键事务具有投票权。二是建立严格的信息披露制度，通过对混合所有制企业信息披露的监管，掌握企业运营的基本情况。通过立法保证投资者合法权益，如美国建立了完善的宪法、联邦法律、各州立法，一旦发现企业不法行为，美国政府会代表社会大众利益发起集体诉讼。

3. 混合所有制改革的两种实现途径，私有化和国有化交替进行

私有化主要有三条路径：一是通过向社会公众发行股票，出售政府的不动产，将国有资产出售给私人部门；二是针对由国家垄断的基础设施产业放松管制，引入竞争机制；三是签约让出，通过特许投标、签订合同等形式吸引私人企业提供公共服务。战后西方主要资本主义国家国有化途径主要是国家直接投资、对私有企业实行国有化、国家参股。政府往往在市场不景气时"国进民退"，大量持股私有企业，而在企业恢复元气后选择"国退民进"，政府预先约定退出机制。

4. 混合所有制改革要结合国家经济制度、经济发展阶段、企业所在行业等因素，最终目的是促进经济增长、增强企业活力

在英、法、德、美等西方主要资本主义国家，国有企业或混合所有制企业主要集中在一般基础性工业和服务管理性行业上，主要包括邮政、通信、铁路、钢铁、矿业、供水、煤气、电力等行业领域。因为前期投入

大、风险高、回报周期长，私人企业往往不愿进入。国有资本的进入可以为私有企业的发展奠定公共基础设施和提高良好的服务。比如，德国国内的基础设施几乎全是由国家投资经营，国家投资经营着全国的铁路、邮电的99%，港口设施、供水企业的95%，以及电力、内河航运、城市运输和公路运输的80%。在基础设施网络构建完成后，私人资本开始进入运营等领域。

第二节　美国克莱斯勒公司混合所有制改革案例分析

一、克莱斯勒公司介绍

克莱斯勒公司在近百年的历史中，起起伏伏，经历了两次政府救助和多次公司并购重组，折射出美国汽车产业和世界传统行业的发展历程。

克莱斯勒公司成立于1925年，是美国第三大汽车制造企业，其汽车销售额在全世界汽车公司中名列第九。1936—1949年，曾一度超过福特汽车公司，成为美国第二大汽车公司，但20世纪50至60年代初，生产处于滑坡期，60年代中期，公司经过改组稳住阵脚。1974年以后，克莱斯勒公司的业务又走下坡路，1978年出现严重的亏损，1980年濒临破产。最后，由于政府给予15亿美元的联邦贷款保证，才使克莱斯勒汽车公司免于倒闭。这是第一次混合所有制改革，由于资金注入缓解了流动性问题，公司1982年扭亏为盈，开始新一轮的发展。1998年，戴姆勒·奔驰和克莱斯勒达成"平等合并"的协议，成立戴姆勒·克莱斯勒汽车公司，戴姆勒·奔驰公司占有新公司股份的57%，克莱斯勒公司则占有43%，双方快速且愉快地达成合并协议，但是将一家豪华汽车企业与一个大众品牌合并在一起存在定位不清的错误，开发、生产、市场和销售的战略都有所不同。同时德国和美国在文化和管理方式截然不同的情况下犯了一个幼稚的错误。这桩被称为"大象婚姻"的结合未能缔造一个成功的全球汽车集团，全球性战略联盟宣告失败。2009年，陷入困境的克莱斯勒公司发表声明宣布申请破产保护。2009年6月10日，克莱斯勒集团有限责任公司和菲亚特集团宣布，双方最终完成了全球性战略联盟的缔结。克莱斯勒的股份40%，其次才是20%的菲亚特。

二、两次混合所有制改革主要措施

历史上，克莱斯勒经历了两次混合所有制改革，主要是政府通过债务担保和直接注资的形式为陷入困境的公司提供流动性支持，在公司转危为安的时候，政府撤出资金并获取一定收益，一是确保纳税人的利益不遭受损害，二是避免系统性重要企业经营不善或恶性倒闭后带来的社会动荡，三是在企业进行战略性转型时提供协助。

1. 1979年政府提供债务担保

此次的混合所有制改革，主要是政府根据1979年《克莱斯勒公司贷款担保法》，提供最多15亿美元的贷款担保。借款方借款，由政府作为第三方进行担保。如果借款方违约，贷款担保在融资中由政府担保人履行借款人债务的承诺。担保可以是有限的或无限的，政府担保人只负责部分或全部债务。第一次对克莱斯勒公司的救助是在1979年底进行的，主要采用债务担保模式，而不是直接注资。因为1979年正值第二次石油危机，美国经济陷入衰退，但债务和股票市场却在运行。

首先，由财政部长，美联储主席和总审计长组成克莱斯勒公司贷款担保委员会，劳工和交通部部长作为非投票成员。提供贷款担保要求克莱斯勒公司满足适当条件，包括但不局限于节能计划、发展计划和融资计划，同时还要评估公司的偿还贷款能力，才可以根据该法进行贷款担保。为了保护各种债权人权益，保留对资产销售、大额合同和股息的限制和否决权，克莱斯勒每年需要缴纳不低于 0.5% 的担保费。

2. 2008 年破产重组，政府注资并提供信贷额度

此次破产重组，联邦政府在先前提供 40 亿美元的紧急贷款的基础上追加 80 亿美元资金，在重组后的克莱斯勒公司中持有 8% 的股份，并在董事会中安插了 4 名新董事，目的主要是推动公司战略转变。

2008 年，受房市泡沫破裂、次贷危机恶化、油价高企的冲击，美国经济停滞，汽车市场出现萎缩，汽车销量跌至 1998 年以来最低水平。高耗能的美国车系受到性价比更加优良的日系冲击，美国三大车企出现了不同程度的危机。福特基本状况良好，汽车本身的产品结构和销售业绩尚好，并且比较稳定；通用体量庞大，背负高达 300 亿美元的巨额债务和更庞大的福利负担，如果通用重组失败，只能进入清算，这将在整个底特律、美国汽车产业甚至全球引起巨大震动。率先让三大汽车制造商中体量相对较小的克莱斯勒进行破产重组，风险和成本相对可控，可以绝对排除克莱斯勒被最终清算或被分拆拍卖的可能性。

2008 年 12 月，为了阻止汽车产业的崩溃给金融体系和实体经济产生的负面影响，财政部决定从"不良资产救助计划"中抽出资金向通用和克莱斯勒两家公司提供临时贷款，政府以股东的身份参与其重建，成立新克莱斯勒。在"汽车产业融资项目"计划下，美国政府向美国汽车行业提供的资金数为 810 亿美元，通用得到 500 亿美元，克莱斯勒得到 140 亿美元，相关的汽车金融公司获得 170 亿美元。

在克莱斯勒公司现金流出现问题后，政府一开始并没有选择提供资金帮助，而是以破产重组为条件。为了支持克莱斯勒的破产重组计划，美国政府宣布为其重组及重组完成后提供贷款和信贷额度，以帮助克莱斯勒重新成为全球汽车市场的有力竞争者。作为传统产业的老牌大企业，福利支出负担重，每年的利润难以负担庞大债务的利息支出，因此出现船大难掉头的问题。当时克莱斯勒公司面临福利支出庞大和 65 亿美元的债务问题。福利支出因为工会即将成为重组后公司的大股东而暂时解决，但债务问题的谈判因为对冲基金的反对而失败。而通过破产程序，可以排除干扰因素摆脱沉重的债务,实现重组,进而在最短的时间内通过引进菲亚特"战略投资者",帮助克莱斯勒摆脱困境,实现重生。由于绝大多数的债权银行已经同意了债务重组协议,少数对冲基金只能接受多方达成的协议。

第三节 美国花旗集团混合所有制改革案例分析

一、美国花旗集团公司介绍

花旗集团是一家集商业银行、投资银行、保险、共同基金、证券交易等诸多金融服务业务于一身的国际金融集团,是美国老牌的金融帝国,为100多个国家2亿多位顾客服务。在2008年金融危机遭遇重创,2008年5月花旗银行的股价从270美元跌至2009年3月的9.7美元,2010年5月上升至50美元。根据2008年经济危机时的数据,花旗银行在2009年3月的市值是55.96亿美元,缩水98%,全球银行业市值排名跌至第184位。2009年6月,花旗集团被剔出道琼斯工业平均指数成分股。后美国政府注资450亿美元,并为其3000亿美元作为资产担保,美国政府和花旗银行达成股权转让协议,政府控股花旗34%的股份。

二、混合所有制改革背景

2008年3月贝尔·斯登公司破产,9月雷曼兄弟公司破产,随后美林证券被迫出售,房利美、房地美濒临破产被政府接管并提供担保,美国国际集团陷入困境并获得紧急财政援助,这一系列事件导致股市暴跌,全球范围信贷冻结,危机变得更为深重。为了应对金融危机,各国政府开展救助,10月美国国会通过财政部提交的《紧急经济稳定法案》。根据该法案,美国政府对私有企业的股份进行前所未有的收购，美国政府成为美国一些大型企业的控股股东，如花旗集团。2010年底，财政部出售花旗集团股票及相关认股权证，至此财政部已不再拥有花旗集团的任何股权并且获得部分收益，有关企业已经全部回归私有制。

三、《紧急经济稳定法案》——混合所有制改革法律依据

《紧急经济稳定法案》核心问题是资产救助计划（Troubled Asset Relief Program，TARP），旨在通过创建一个不良资产市场，终止价格下跌和破产的恶性循环。这是继美国总统罗斯福"新政"后，美国政府对金融市场最大程度的介入。当时市场的主要挑战是存在大量不良资产，投资者无法定价并且不愿投资。但这些资产从长期来看，是有需要且有投资价值的资产。当时市场的波动性是由多种不确定性而导致，金融放松管制、金融衍生品产品泛滥加上市场恐慌造成了类似明斯基时刻的流动性冻结。金融危机已经影响到信用市场，并对美国和全球的实体经济产生影响。美国政府必须向市场注入流动性，恢复美国信用市场、金融市场、流动性市场的正常运转，让停滞的经济重新运作起来。

救援资金的主要来源是美国政府发债融资，鼓励国家、机构等各类本土和外国投资者，财政部在内部组建金融稳定办公室实施救市计划。

四、美国银行国有化——混合所有制改革的实质

花旗集团"国有化"可以迅速帮助银行完成损失确定和注入资本金，直接恢复银行的正常放贷功能。复苏需要经历3个阶段：损失确认、资本金注入和信贷创造。美国股市和经济大幅反转需要美国金融机构企稳，银行业是本次危机的源头，也是最需要解决的问题。所以，美国政府选择了金融系统的重要机构、银行的代表——花旗集团，进行国有化。

五、花旗集团混合所有制改革重要措施

在花旗集团的混合所有制改革进程中，或者严格地说是国有化进程

中，政府实施干预主要有以下特点。

1. 混合所有制改革有法律依据，政府是否提供、如何提供、资金如何使用都有可以参照的准则

2008年，美国前财长保尔森提出《紧急经济稳定法案》（以下简称《稳定法案》），随后经国会辩论经过听证程序获得批准，由小布什总统签字生效。根据法案，美国财政部被授权购买、保证、持有和出售特定的金融票据，主要是在2008年3月14日之前发行的与抵押贷款相关的金融产品。在计划的7000亿美元中，2500亿美元可以立即使用，其余经美国总统和财政部长要求，国会审核后使用。

2. 按照市场机制以最低价格购买资产，确保纳税人长期利益得到保障

购买问题资产的核心原则是财政部尽可能使救助计划盈利，而不是产生亏损。因此，采用何种价格收购、何时退出至关重要，要在最大限度上减少对纳税人的长期损害，扩大对纳税人和联邦政府的资产回报率。为了防止政府强行以低价收购破坏美国经济的核心价值，即经济活动应按市场机制运作，财政部在实施计划时应通过市场机制，尊重并利用市场的价格发现功能。《稳定法案》要求财政部通过"拍买"的方式，利用市场来确定问题资产的购买价格，如通过反向竞标，由参与计划的金融机构报卖出价，出价低者得标，财政部持有至问题资产价格恢复到正常水平后再出售；如无法确定某问题资产的市场价格，那么财政部也可以直接购买。

3. 多机构配合，利用多种手段对政府资金进行监管，防止资金的不恰当使用

成立了金融稳定监管委员会、问题资产救助计划特殊总检察长、国会监督组等监管组织，并与财政部、总审计长等现存机构相互协作、共同监督，以确保《稳定法案》的救助措施执行到位。金融稳定监管委员会包括美联储主席、证券和交易委员会主席、联邦房屋信贷机构总经理和住房与城市发展部部长，主要职责是监督财政部按照《稳定法案》执行计划，提出合理建议，报告不当行为等。特殊总检察长实施、监督并协调财政部对问题资产的购买、管理、处置及调查等事项，还将周期性地向国会递交有关财政部活动的报告。国会监督专家组负责调查金融市场和监管体系的全面状况，以及问题资产救助计划的实际效用。专家组成员由国会参众院的少数党和多数党领导指定，每30天向国会报告，并在2009年1月20日前上交监管改革报告。总审计长承担监督职责，如对问题资产救助计划进行持续监督，每60天向国会进行例行报告，审计问题资产救助计划的财务报告、内部控制报告等。

4. 在"目标投资项目"和"资本购买项目"下，主要手段是美国政府购买花旗集团资产

2008年10月，美国财政部实施了"资本购买项目"，救助48个州的707家金融机构，共获得了2050亿美元资本金援助。主要目的是在市场窖藏资本时对金融机构补充必要的资本。针对花旗集团的救助，虽然"资本购买项目"没规定金融机构赎回资金的成本，但金融机构必须要偿还资金，并按年率5%支付的本金，100亿美元的红利，财政部在退出时出售花旗集团普通股获利30亿美元，出售权证获利80亿美元。2008年12月，美国财政部设立"目标投资项目"给予财政部必要的灵活方法，即个案处理的方式，向美国主要金融机构提供额外或新的资金，以阻止全社会对主要金融机构丧失信心。在该项目下，花旗银行获得200亿美元的投资资助，并按年利率8%给予财政部分配红利。2009年12月，花旗集团全部偿还了本金，并向财政部支付了30亿美元的红利和认股权证。

5. 采用有限投票权股、预先约定退出模式，降低对公司日常管理的干涉

有限投票权股指上市公司发行投票权股比普通股低的股票，通常用来减少相关股东的控制权。有限投票股票对董事会和公司管理层有利，公司可以向有限投票股东筹集资金，同时减少其对公司的控制。而预先约定退出，是指在股东购买股份时双方就约定好未来何时出售股票，以及要退回的股权数额和退回形式。

2008年，美国财政部以TARP资金购买的优先股交换得到花旗集团的有限投票权股，并最终持有花旗集团34%的股份，并同意了两项规定。一是限制其投票权，政府同意在日常事务中与其他股东享有同等比例的投票权,但保留对董事选举和重大公司交易的投票权(包括选举或撤销董事,修改公司章程以及销售政策)。二是财政部承诺在10年内将公司股票出售。花旗集团力求尽早摆脱与政府参与相关的限制,增强作为微观层面上市场主体的经营灵活度。财政部希望尽快出售其股票,了结投资获利,减少对经济活动的干涉。

6. 资助具有一系列限制条件,如限制对被救助机构高管的薪酬和雇用

只要美国联邦政府收购了某机构3亿美元及以上的问题资产,则该机构首席执行官、首席财务官以及收入位列第三高管人员的薪酬税收抵扣额度将从100万美元降至50万美元。如果高管离职,上述被救助机构高管须缴纳非退休离职金20%的消费税,同时禁止"金色降落伞计划",即企业被兼并或破产等情况下给予高额离职金的安排。

第四节 日本电报电话公司(NTT)混合所有制改革案例分析

一、日本电报电话公司简介

日本电报电话公司的前身是1952年成立的日本电信电话株式会社,日本政府为全额出资的特殊法人,公司的英文名称为Nippon Telegraph and Telephone Public Corporation,简称为NTT。

自株式会社创建以来,由于依托NTT研究所及对其研究成果的技术转让方面的成功经验,公司得到了迅速发展。现在公司几乎覆盖了所有的信息和电信技术,包括各类开发研究及咨询服务,新产品的销售,基于最新技术的系统及网络集成服务等方面。公司宗旨是利用拥有的超群的人力和技术资源来为世界的光明未来做贡献。

NTT通信公司是日本电报电话公司（NTT）的子公司。日本电报电话公司是全世界最大的电信公司之一。NTT通信公司为全世界，特别是亚太地区的消费者、企业和政府提供高品质、技术先进的网络管理服务、安全服务和解决方案。其世界一流的主干网络，结合遍布世界各地的合作伙伴公司网络，可提供与200多个国家的通信服务。NTT通信集团在亚太地区、欧洲和美洲地区共拥有34个公司。

二、混合所有制改革主要措施

将国有企业改制为公司并不是日本国有企业改革的最终目的。为此，在国有企业公司制完成之后，日本政府还将国有企业的股份在证券市场上进行出售，使企业按照市场配置资源决定公司的生产经营，以此来提高企业的生产效率。在证券市场上出售股份，使得公司股票的价格按照市场规律最大限度地反映公司的当前价值和未来发展趋势。在日本电信电话株式会社改制为股份公司后，日本电信电话股份公司在东京证券交易所、大阪证券交易所等证券市场上市，通过证券市场，日本政府先后多次出售了其所持有的日本电信电话股份公司的股票。通过证券市场出售股票，使股票的价格通过市场机制最大限度地真实反映公司价值，也能够有效预防国有资产出售时发生流失。同时，广大社会公众也能够通过证券市场来购买改制后的国有公司的股票，也能够有效避免国有资产在转让中暗箱操作、侵占国有财产情况的发生。

为使国有企业改革能够顺利推进，在改革之初，日本政府就针对企业的情况颁布相应的法律，对国有企业改革的基本事项进行了具体规定，使国有企业改革的每一步都有法可依。1984年12月，日本政府通过《日本电信电话股份公司法》《电信通讯事业法》和《相关法律整备法》3个法案，分别确定了电话、电讯业务私有化改革的时间表和基本措施。同时，通过制定关于日本电信电话股份公司等的法律，规定政府的最低持股份额、政府的监管职能以及外国投资者的最高持股份额等，为实行混合所有制的日本电信电话股份公司的经营、管理提供法律依据和保障。

日本对特定企业采取混合所有制，其目的是平衡、解决涉及公共安全利益的公司在维护公共利益和提高企业效率之间的矛盾。1985年，民营化之后的NTT通过加强运营管理和改善通信设施，提高了通信业务水平，并推出各种优质的服务，为用户创造出更加方便、快捷的信息通信环境。

三、改革经验

1. 渐进有序式改革

鉴于改革的复杂性和多重相关性，日本在对电信电话株式会社等国有企业进行改革时采取了渐进展开、系统推进的方式。在对国有公司进行股份制改革，改组为股份公司后再出售国有股份。第一步在股份制改造阶段，即国有企业改革初期，通过股份公司改革将所有权与经营权进行分离，并引入竞争机制，以提高公司经营效益，改变公司财务日益恶化的趋势。第二步在条件成熟之际，将股份化的国有企业的股票放置证券市场出售，实现国家所有到私有或者混合所有的转化。而对涉及公共利益、国计民生的企业，日本通过立法明确规定政府对公司的监管权或者国家持股的最低比例。如《日本电信电话股份公司法》要求政府至少须持有日本电信电话股份公司三分之一以上的股份。

2. 混合所有在涉及公共利益国有企业中的运用

对涉及公共利益的国有企业，日本也采取不同的改革方式，一种方式是完全私有，另一种方式是采取了混合所有。对日本电信电话公司，日本政府采取了混合所有的方式，一方面允许社会公众甚至是外国投资者持有电信电话公司的股份，另一方面又通过法律明确规定国家持有公司股份不得低于三分之一，以确保政府在公司中拥有相对的持股优势。通过法律对国有股比例的强制性规定，政府能够确保在涉及公共服务和信息安全的领域，对公司进行直接干预。而在此类公司中引入私人投资者甚至外国投资者，能够确保公司按照市场规律进行运作，提高经营效率。

第五节 日本烟草公司（JT）混合所有制改革案例分析

一、日本烟草公司（JT）简介

日本烟草公司（JT）是目前日本唯一的烟草专卖公司，是世界第三大跨国烟草公司，其前身是由日本大藏省经营的日本专卖公社，成立于1904年。日本烟草公司通过将骆驼、云斯顿、沙龙和柔和七星建成海外业务的国际性旗舰品牌，并通过开发能够满足全球客户要求的优质新品牌，加强公司的业务基础。日本烟草公司资本约1000亿日元，从业职员4万多人，在近80年的专卖制度和35年国家公司的经营中，建立了较为完善的组织机构。公司通过这一机构控制着全国的烟草种植、烟叶收购与加工、原材料的分配调拨、卷烟生产、烟草制品的销售、科学研究及烟草制品的进出口等工作。随着体制的改革，为更有效地经营烟草制品，扩大经营范围和适应国际竞争形势，日本烟草公司对其本社的组织机构作了相应的调整与充实。公司以烟草事业为核心业务，此外还包括医药、食品、农业、不动产以及工程技术等方面。2018年12月，世界品牌实验室发布2018世界品牌五百强榜单，日本烟草排名第385位。

二、混合所有制改革主要措施

20世纪80年代中期推动日本烟草公司进行改革的原因主要包括以下三个方面：

一是日本烟草公司的发展战略目标是要成为全球化、多元化经营、长期稳定增长的跨国公司。为实现这一目标，公司需要更多资源。二是由于日本烟草种植面积逐年缩小，烟叶的产量质量远不能满足卷烟生产需要，约有 1/3 的烟叶原料需要从美国等国进口。三是日本政府对欧美各大烟草公司的产品采取限制的方针，引起一些国家的不满，强烈要求开放卷烟市场。

在此背景下，日本政府取消了具有一百多年历史的烟草专卖制度，并颁布《日本烟草公司法》，对日本烟草公司实行混合所有制改造，于 1985 年 4 月 1 日正式将日本专卖公社转为民营企业，改名为"日本烟草产业股份公司"。改革的主要内容是从产权制度上将日本烟草公司由特殊法人企业改造成规范的股份制公司，进行民营化改革，重建政府与日本烟草公司的关系，授予日本烟草公司更大的经营自主权。同时，按照规范的股份制建立起法人治理结构，并根据日本烟草公司大规模、跨行业的特点，实行事业部制，对公司总部的职能机构和事业部进行了多次大规模的调整和重组，建立起现代化大公司的运作模式。这一系列变化与改革，为日本烟草公司的发展奠定了制度性基础。

日本国会于 2002 年 4 月通过了《日本烟草公司法》修正案，修正案降低了日本政府对日本烟草公司持股要求，由原来规定政府至少持有全部股份的 2/3 改变成至少持有原始股 1/2 的规定；同时，允许日本烟草公司发行新股票，但总量不得超过 100 万股。新修正案下，日本烟草公司获得了改变股权结构，减少政府控制，增强经营自主权更大的操作空间。为适应业务变化和市场竞争需要，日本烟草公司通过调整精简董事会、健全行政执行系统、建立高级专家咨询委员会、实行基于业绩的薪酬激励制度和经理管理系统，努力提高公司高中层管理与运行效率。

如今，日本烟草公司的国际市场涵盖世界 120 多个国家和地区，已成为产业布局合理、纵贯上下游的全球性企业，既成为日本企业国际化发展的样板，又成为世界各国烟草产业国际化发展的经典案例。

三、改革经验

1. 依法渐进

日本于 1985 年 4 月正式取消烟草专卖制度，但其烟草产业经营管理体制与有关政策的改革总体上是逐渐推进的。比如，在对日本烟草公司实行民营化改革上，1985 年将其改组成股份制公司。改造后的前 9 年政府一直掌握其全部股权；到 1994 年、1996 年才分两次出售了 1/3 的股份，现在政府还一直掌控 2/3 的股份。未来还可能出售一部分股份，但法律规定国家仍须控股。这与苏联及东欧、中亚、西欧一些国家对烟草工业实行"一步到位"的民营化改革方式不同。这种渐进式改革思路，使得市场竞争力度更强，经济主体主动性更强，改革过程更稳妥。通过一系列的变化与改革，日本的经济增长和企业竞争力都有了较大提升。

2. 政企分开塑造规范的管制主体和管制对象

具有明确的产权关系和完善的内部治理结构的企业，才是市场的真正竞争主体。因此，必须依法加大企业产权制度改革的力度。对于烟草企业的非垄断性业务环节，应逐步降低甚至取消行业的进入门槛，大力引入民间资本和国际资本，实现竞争主体的多元化。而引入资本的最佳途径是现有企业的股份化改造，形成所有者与经营者相互制衡、激励与监督的有效结合的治理机制。烟草行业的管理功能与企业经营职能应彻底分开。我国的国家烟草专卖局作为规制者和行业主管部门，在立法、执法过程中常常轻视消费者和非辖区企业的利益，使受规制行业的资源配置效率惊人的低下。因此，必须实施政企分开的改革，塑造规范的管制主体，实行政企分开，关键是政资分开。

第七章

东北振兴与混合所有制改革

国内经济发达地区混合所有制改革实践与经验

第一节 国内经济发达地区混合所有制改革实践与经验

一、浙江省混合所有制改革实践与经验

改革开放以来，由于国有企业改革的深化、乡镇企业的出现，外资规模的形成和民营经济的快速发展，浙江省混合所有制经济的发展拥有了前所未有的机遇。股份制、股份合作制、合资经济等混合所有制经济模式迅速发展，共同促进了浙江省经济的持续快速发展。到2017年底，浙江省有8家集团入选中国企业五百强，其中物产中大集团连续七年入选世界五百强。

1. 典型企业情况介绍

浙江物产中大集团股份有限公司（以下简称"物产中大"），前身为浙江省物资局，1996年改制为集团公司，是浙江省首家完成混合所有制改革、实现整体上市的省属特大型国有控股企业。物产中大作为我国大型大宗商品流通服务集成商，主营业务覆盖了多个领域的商品流通。

2014年，物产中大包括汽车、房地产在内的多项业务收入下滑，造成主营业务毛利率并不乐观。同时受到贸易环境低迷影响，传统业务增长乏力。基于这样的经营背景，物产中大进行了混合所有制改革，引入了非国有经济股权，从而提升了集团总体的融资能力。

2. 典型企业混合所有制改革历程

物产中大的混合所有制改革历程主要经历了产权制度改革、集团整体上市和"二次混合所有制改革"三大阶段。

产权制度改革：1996 年，浙江省政府将公司国有股权转让给浙江中大集团控股有限公司（以下简称"中大控股"）。这次股权转让使得中大控股成为物产中大的控股股东。1998 年，物产中大率先试行产权制度改革，构建起"扶优、活小、拓新"的思路，目的是促进混合所有制改革，以产权多元化为目标促进体制改革，推动建立起以绩效为中心的分配激励制度。2003 年，物产中大完成了下属会员公司制度转型，实施了管理层和员工持股计划，基本形成了国有资产、集体、民营企业、个人等多种所有制共存的模式。

集团整体上市：2014 年 10 月 13 日，物产中大启动整体上市计划。在此期间，物产中大通过发行股份购买资产和筹集配套资金的方式并购了浙江地产集团。物产集团持股比例变更为 31.12%。2015 年 1 月 27 日，浙江省人民政府国有资产监督管理委员会将 62% 的股权划分转让给国有企业，并将其余 38% 的股份转让给浙江交投集团。2015 年 2 月，物产中大向天堂硅谷融源、中植鑫荞等 9 家机构非公开发行股份募集资金，上限为 26.29 亿元。2015 年 7 月，经证监会重组委审核批准，物产中大吸收合并其控股方（物产集团），成为浙江省第一家完成混合所有制改革并实现整体上市的国有企业。改革完成后，物产中大焕发出无限生机，自 2004 年至 2015 年的 12 年间，物产中大收入复合增长率 18.85%，利润总额复合增长率 17.61%，净资产复合增长率为 22.09%，已从中国企业五百强跃升至世界五百强。

推进"二次混合所有制改革"：2016 年，物产中大启动了"二次混合所有制改革"，为公司带来了新的活力和新动力。物产中大的"二次混合所有制改革"主要内容包括人才机制，投资主体股权多元化以及相关公司股权结构的动态调整。通过探索建立"深化改革混合所有制基金""持股中心"和员工持股"下翻上"机制，有效解决物产中大的权力和责任不匹配、内部管理不规范、管理权力不受限制、监管不到位等问题，真正激发了员工的"再创业"热情。

3. 混合所有制改革经验总结

（1）改变原有观念，关注市场化进程。浙江国有企业改革始终坚持具体问题具体分析，充分认识国有企业混合所有制改革的过程是企业市场化的过程。对国有企业的行业性质、市场地位、规模、业绩等因素进行准确的定位，符合国有企业的使命和战略要求。交易价格符合资本市场的公允价值。改革过程中的合作伙伴选择、尽职调查、评估、谈判、签订协议、资产移交、后评估等所有环节均没有缺位。更重要的是，浙江混合所有制改革做到了坚持党的领导，收紧制度的笼子，防止国有资产流失。

（2）公司机制创新改革。国有企业混合所有制改革，"混"是前提也是开始，"合"是关键更是难点。认识到这一要点的浙江国有企业混合所有制改革，重视解决公司内部的各种代理问题，规范了不同要素所有者与权益之间的关系。着重解决两个基本问题：一方面是激励问题，鼓励管理者和员工共同努力，提高企业效率；另一方面，确保运营商选择出最有能力的人成为业务经理。混合所有制改革过程中要积极总结、探索和创新具有中国特色现代企业制度和公司治理结构，结合功能定位审慎推进集团公司、母公司层面的产权改革，减少管理层级和幅度；外派监事会应当适应改革要求，继续充分保持发挥制度优势。

（3）推进资本证券化，鼓励多种上市方式。上市是促进市场化改革和产权多元化的最佳途径之一。如物产中大经过重组、整合、剥离后，获得了更为充分的省属国有企业上市的条件。在"混合变更"过程中，不同类型的企业集团可以选择不同的整体上市方法。对于业务多元化的产业投资集团，第一步先推动业务板块上市，巩固竞争力，间接实现整体上市；当时机成熟时，仍然可以推进集团总部的上市，实现双重资本化的目标。

（4）完善公司治理机制，调动改革积极性和创造力。混合所有制改革必须充分调动国有资本与非国有资本参与改革的积极性和创造性，实现不同所有制经济的优势互补与融合发展，进而实现资源的有效配置和生产要素的最优化组合，改进治理结构，完善运营机制。浙江省在混合所有制改革中，一方面动员所有利益相关者参与和推动改革，确保各方公平分配利益和发言权；另一方面，完善公司治理机制，对经营管理者按照分类分层的原则进行选聘、考核和激励，从而充分调动业务经理和核心员工的积极性。

二、上海市混合所有制改革实践与经验

在国有企业改革的实施进度上，上海市一直相对领先，混合所有制改革特色鲜明。2014年起，上海市持续发力，大力推进混合所有制改革，提出除国家政策明确必须保持国有独资外的其余国有企业，要在3—5年内实现混合所有制改革目标，完成股权多元化变革。从上海市国有企业混合所有制改革案例来看，上海市推进混合所有制的成功经验是整合资源，让"国有体制"与"市场机制"充分结合。在确保国有资本主导地位不动摇的同时，发挥混合所有制的灵活性、市场化优势。为了实现股权结构多元化，上海市将员工持股作为混合所有制改革的突破口。

1. **典型企业情况介绍**

上海国际港务（集团）股份有限公司。上海国际港务（集团）股份有限公司，简称上港集团，是中国最大的港口集团，位列世界最大港口集团之列，其母港上海港的集装箱吞吐量已经连续六年位居全球首位。上港集团业务领域范围极广，涵盖港口装卸、港口物流、港口服务及港口商业地产，核心主业为码头管理及经营。在坚持不懈地改革创新中，上港集团逐步形成了完整的港口产业链，服务辐射区间不断扩大，既拥有支线运输、集卡运输及引航、驳运和仓储服务，还拥有国际邮轮、港口信息咨询、港口设施租赁等相关港口服务。

绿地集团。绿地集团成立于1992年。它的前身是上海市绿地总公司，由上海市农业委员会、上海市建设委员会下属企业出资2000万元成立，属于100%控股的国有企业。1997年，绿地迎来了第一次变革。成立绿地职工持股会，投资3020.43万元，最终获得绿地18.88%的股份。至此，绿地集团成为一家股份制企业。截至目前，绿地集团已经成长为上海市国有控股特大型企业集团。绿地集团在发展房地产主营业务的同时，将业务范围延伸至酒店、能源、金融等多个产业。

2. **典型企业混合所有制改革历程**

上海国际港务（集团）股份有限公司。在国有企业混合所有制改革

中，上港集团主动出击抓住机遇，从三个层面展开改革蓝图：一是集团层面的改革。2003年，上港集团积极推进政企分离；2005年，上港集团推动集团股份制重大改革；2006年，上港集团正式挂牌实现整体上市；2015年，上港集团积极谋划员工持股激励方案，这是国有企业改革中最大规模的混合所有制改革实验。经过这一轮改革，上海市国资委在上港集团的持股比例下调为30%左右。二是投资企业的改革。1993年，上港集团主动与和记黄埔合资；2003年，上港集团推动核心资产上市，放眼海内外寻求不同资本属性的优秀战略投资者，最终与外地国有企业、外资企业及民营资本成功达成合作。合作完成上海外高桥一、四、五期码头建设及罗泾矿石码头建设。同时，还布局沿江港口武汉、重庆、长沙等，进行战略投资。三是员工持股改革。2014年，为了推动混合所有制改革步伐，上港集团在多轮谋划之后采用员工持股与定增结合的改革方式。同年11月，上港集团以每股4.33元的价格向集团2014年度员工定向增发4.2亿股，参与员工持股计划的总人数为16082人，所筹资金用于偿还上港集团银行贷款。

绿地集团。绿地集团的快速发展与其混合所有制改革的成功密不可分。绿地集团的改革之路分为两步：第一步，引入战略投资者。2013年，绿地集团为了引进战略投资者，实施增资扩股，同时，稀释职工的持股比例，下调国有股比例，最终引进5家战略投资者。第二步，构建"金三角"股份结构。在引入战略投资者之后，绿地集团的股权结构已经发生了显著变化。2014年，绿地集团继续发力，由管理层43人出资10万元成立上海格林兰投资管理有限公司，之后，该公司与绿地的职工持股会签署了吸收合并协议。绿地集团通过混合国有资本和社会资本，最终形成了不同资本相互促进、共同发展的"金三角"股份结构。其中，上海格林兰投资（职工持股会）持股最多，占总股本28.83%；上海国资委旗下三家国有企业共持股20.58%，其他股东持股24.92%。

3. 混合所有制改革经验总结

上海市的混合所有制改革可以用三个"三"来概括：

第一个"三"是立足宏观视角实现三个结合。一是在进行国资布局调整与混合所有制改革的同时,将其与开放性的市场化重组充分结合;二是在推动国资有序流动的同时,将其与国资存量的高效利用相结合;三是在推动国有企业法人治理结构完善的同时,将其与现代企业制度的建立相结合。

第二个"三"是把好三道操作关卡。第一道关是科学决策关,在混合所有制改革方案酝酿过程中严格把关,确保方案的科学性、合理性和前瞻性;第二道关是审计评估关,在改革方案决策后做好审计评估,确保方案切实可行;第三道关是市场交易关,在最后临门一脚时做好把关,确保市场交易有序进行。

第三个"三"是坚持三条路径。上海市本轮国有企业混合所有制改革主要走了三条路径,第一条即以推动整体上市和核心资产上市实现混合所有制改革,先后有 16 家国有企业通过此路径实现混合所有制改革。第二条是通过引入社会资本,将国有企业混合所有制改革与开放性的市场化重组联合。上海建科院混合所有制改革中就有两家民营企业参与,民营资本的持股达到 15%。第三条是试行混合所有制员工持股。上港、上汽集团都采用了此条路径,取得了改革的成功。员工持股改革,简单地说,员工可以更便利地投资自己公司的股票,将员工利益和企业利益更紧密地捆绑在一起,从而发挥主观能动性。

三、山东省混合所有制改革实践与经验

山东省推进混合所有制改革是其全面深化国有企业改革大思路中的重要内容,与划转国有资本充实社保基金、改组组建两类公司、市场化选聘经营管理者等改革举措相互配合、协调推进。混合所有制改革目的是,结合山东省国有资源优势和战略投资者机制优势,实现优势互补、产生协同效应、促进体制机制创新。

1. 典型企业情况介绍

(1) 山东省交通运输集团有限公司。山东省交通运输集团有限公司,简称山东交运,成立于 1989 年,是交通运输部确定的重点联系企业,被国

家发展改革委、省经信委确定为发展物流的重点扶持企业。在进行混合所有制改革之前，山东交运是山东省国有资产监督管理委员会全资拥有的省级国有企业，在山东交通运输业中占有突出地位。

（2）鲁北集团。鲁北集团前身是 1977 年 8 月筹建的乌苏硫酸厂，经山东省工商行政管理局批准，1995 年更名为山东鲁北企业集团公司，是国有控股大型化工企业集团，拥有 6000 名员工，近 200 亿元资产，横跨化工、建材、电力、轻工、有色金属等行业，年销售收入 120 亿元。

2. 典型企业混合所有制改革历程

（1）山东省交通运输集团有限公司。受高铁发展的剧烈冲击，作为山东交运的客运主营业务持续下滑。在市场的洪流中，山东交运先人一步，按照"存量+增量，转增同步"的原则，以三种形式进行了混合所有制改革：一种是股权转让方式。改革前，山东交运为山东国惠投资有限公司（国惠投资）二级公司，其持有山东交运 70% 股权，山东省社会保障基金理事会持有 30% 股权。2016 年起山东交运经过两次股权划转，山东交运注册资本变更为 6.8 亿元。一种是增资扩股方式。山东交运的 1.39 亿元增资被分为两个部分，增资扩股的公告中要求战略投资者至少具备一项物流、旅游、网约车、汽车售后服务等行业优势资源与投资运营经验，方能参与认购其中的 6237.57 万元的份额。一种是员工持股方式。改革中员工持股平台依据与战略投资者同股同价原则，认购山东交运 1.39 亿元增资中的 7754.34 万元。改革完成后，山东交运形成了"国有资本+战投+骨干员工"共同持股模式。从 2014 年到 2017 年，山东交运通过混合所有制改革引进先进管理理念和产业配套资源，并同步实施员工持股，实现了企业的内外兼修，加快企业转型升级进程。社会资本中成功引入了多家具有产业协同效应和行业领先优势的投资者，主要包括 ProLogis、首汽约车（团队）、建信投资、长城资本、尚信资本、山东国赢等，逐步形成以客运为主业的大规模发展趋势，以物流、旅游、网络车辆和售后服务为主导产业。

（2）鲁北集团。鲁北集团的两次混合所有制改革都采取了增资扩股的形式。第一次：2016 年 3 月，鲁北集团采用增资扩股的方式，通过公开征集引入战略投资者。2016年7月，杭州锦江集团通过增资6.04亿元持有鲁北集团44.5%的股份，成为鲁北集团第二大股东。锦江集团进入鲁北集团后，对该集团的产业进行了优化。另一出资人鲁北高新区则持股55.5%。鲁北集团企业性质从国有独资转变为国有控股。通过第一次混合所有制改革，鲁北集团改善了自身的战略规划能力、经营状况和融资能力。2018年9月，鲁北集团计划启动第二次混合所有制改革。此次改革将在现有股权架构的基础上，同样进行增资扩股，增资比例约20%，增资金额超过3.39亿元，新进股东成为鲁北集团的第三大股东。在第一次改革成功的基础上，鲁北集团第二次改革重点延伸至产业链布局、产业结构的领域，提高综合实力，进一步提升其在经营、管理、信誉、融资环境等方面的经营能力。混合所有制改革后鲁北集团盈利能力持续向好，2017年的营业收入、利润均达到历史最好水平。混合所有制改革提升了鲁北集团的企业信誉度，进一步改善了融资环境，降低了企业融资成本。

3. 混合所有制改革经验总结

作为国有企业国资大省，山东省国有企业混合所有制改革呈现出制度设计起步时间早、落实任务进展快、探索创新步伐稳的显著特点，突破了一些关键性政策问题，推动落地了一些创新性举措，形成一批可复制、可推广的经验。

因企制宜，实施混合所有制改革。山东国有企业混合所有制改革尊重基层创新精神，鼓励企业根据自身实际、一企一策制定改革方案。同时，山东省国资委在不过度干预企业具体工作的前提下，进行以下三方面的工作：一是定期调研企业情况，以掌握改革进度；二是及时发现问题，协助企业优化改革方案；三是督促健全责任落实机制，要求推进改革工作做到五个明确：明确总体目标、明确改革事项、明确具体举措、明确责任主体、明确考核奖惩。

优先引入战略投资者。山东省提供的明确政策导向，较好地引导了混合所有制改革企业正确选择投资者。比如，山东交运进行增资扩股时，就要求认领增资股份的投资者具有行业优势资源与投资运营经验。结合企业自身特点,有目的性地引入战略投资者,能够与企业形成协同效应,起到弥补企业发展短板,提升企业核心竞争力的效果。

建立混合所有制改革的标杆企业。山东省国有企业混合所有制改革试点企业共有58家,改革进程中这些企业相互提供改革方案与经验。如山东交运集团的混合所有制改革计划设计了一系列关键的解决方案,包括股权制定、员工持股、资产剥离、改革后的公司治理模式以及土地资产处置,为其他企业提供了具有较强代表性与示范性的可借鉴、可参考的样本。

资产证券化。资产证券化能够借助资本市场的规范及约束机制,促进国有企业混合所有制改革,其推进的重要目标有海外、境内资本市场以及新三板市场。山东省混合所有制改革企业围绕资产证券化做了大量工作,主要包括两大方面:一方面是引导企业培植后备资源库;二是鼓励企业以围绕结构调整、新旧动能转换为重大目标去培植新的企业。

第二节 中国建材集团混合所有制改革案例分析

作为混合所有制的试点企业,中国建材集团无疑是混合所有制改革中国有企业的先行者。它以多样的方式发展了混合所有制经济,并已成为混合所有制经济中最典型和最充分的代表。

一、中国建材集团有限公司概况

2003年,中国建材集团有限公司(以下简称"中国建材集团")成为国务院国有资产监督管理委员会直接监管的央企。中国建材集团是中国最大的综合性建材集团,集科研、生产、流通于一体。目前,它已发展成为一个控股型集团公司，实施市场化运作，并有着规范的治理和科学的管理。在央企中，中国建材集团拥有实施混合所有制的良好基础，具有较为优越的发展条件。其自发探索的混合所有制改革的力度大、成效显著。

二、中国建材集团的混合所有制改革进程

1. 兼并重组路径——以水泥板块为例

通过资本市场筹集资金，中国建材集团建立了中联水泥、南方水泥、北方水泥和西南水泥等水泥公司。在市场化趋势中，探索了一条融合国有企业和民营企业发展的道路，并逐步将其归纳为以下五大内涵：股权多元化，规范的公司制和法人治理结构，职业经理人制度，内部市场化机制，依照市场规则开展企业运营。同时依照市场规则开展企业运营，在不断的市场化进程中，中国建材集团通过社会资本和私人资本的不断"混合"获得了包容性增长。

2. 民营企业参与上市路径——以玻璃纤维板块为例

中国巨石股份有限公司（以下简称"中国巨石"）是中国建材集团玻璃纤维板块的上市公司。它是中国新材料行业中早期进入资本市场的规模较大的公司之一。中国巨石的混合所有制改革经历了混合所有制企业的建立—中国巨石上市—子公司巨石集团引进外国投资者—中国建材集团对实现中国的巨石控股—子公司巨石集团引入战略投资者—重大资产重组六个历程。中国巨石以其自有股份换取了外界战略投资股份和外资机构在巨石集团的股权，使得民营资本从子公司层面上升到上市母公司层面。在进一步理顺公司治理结构的同时，中国巨石建立健全公司治理独立管理制度，进一步实现了股东利益的统一。

3. 员工持股路径——以南京凯盛为例

在中国，员工持股在理论和实践上仍处于探索阶段，南京凯盛便是其中的先行者和领导者。自2001年成立以来，南京凯盛国际工程有限公司（以下简称"南京凯盛"）只用了十多年，就已从一家单一业务的设计院发展成为一家具有业务多元化和产业链一体化的企业，拥有900多名员工。

公司最困难的是公司的早期开拓时期，在业务开始前七年中，持股员工没有分红，所有资金都用作公司的发展资金。在南京凯盛成立初期，它的主要资本集中体现为人力资本。自2003年以来，南京凯盛已经基本实现了员工持股。国有资本进入后，南京凯盛得到了中国建材集团的支持，内部员工持股机制重振了民营股权投资的活力。内部员工持股机制有效地将员工的个人利益与公司的整体利益联系起来，从而实现了长期激励。

在中国建材集团发展过程中，主营业务发展迅速，盈利能力不断提升，走出了一条极具特色的混合所有制改革发展道路——资本运营、联合重组、管理整合和集成创新相结合的发展道路。截至2015年底，中国建筑材料年水泥产量达4.07亿吨；石膏板年产量达14.46亿平方米；商品混凝土销量达到7120万立方米；玻璃纤维销量106万吨；风电叶片的年生产能力增至15000件。

三、中国建材集团混合所有制改革经验

1. 因企施策，一企一策

不同企业应结合自身特点选择实现股权层面混合所有制改革，实现国有资本与民营资本融合。成熟一个再推进一个，从而保证改革规范有序地进行。不同的企业有不同的行业背景、市场规律，中国建材集团混合所有制改革充分考虑了各种因素。民营企业振石集团有限公司缺乏发展所需的大量资金。1998年，中国建材集团联合民营企业振石公司发起成立中国巨石，以其为上市主体登陆资本市场。一方面，募集大量资金用于扩大经营；另一方面，持续降低国有资本持股比例，还引入民营资本和外资，在保障国资控股基础上，最大限度地实现企业资本多元化。南京凯盛是一家人才资本和技术要素贡献占比较高企业，通过对企业经营业绩和持续发展有直接或较大影响的科研人员、经营管理人员和业务骨干等持股，使得员工的利益与股东利益一致，有利于员工为企业的发展付出更多的努力，具有很好的激励效果，将员工与企业效益捆绑在一起，以提高公司盈利水平，是一个双赢的举措。

2. 注重引入真实自然人股东，提高公司治理效果

中国建材集团在混合所有制改革中，实现所有者到位，形成了股东会—董事会—经理层的委托代理格局，注重给予民营企业话语权，形成了规范治理结构，努力实现进一步的政企分开、所有权和经营权分离。同时，进一步明确了股东大会、董事会、监事会、经理层的职责，推动发展了各负其责、相互制约的格局，这有利于董事会代表国有资本股东、社会资本股东的利益。同时，丰富了监事会的成员构成。此外，注重聘用培养职业经理人。

3. 引入市场化机制，提升管理水平

中国建材集团混合所有制改革努力打破行政管制，从而建立起市场化的运行和管理方法。一些民营企业家在混合所有制改革中带着股份参与进来，使得所有者实现真正到位。内部的天然监督的实现，可以从底层上确保现代企业制度的实现。在改革中，中国建材集团提出了"央企市营"这一概念：股权多元化；规范的公司制和法人治理结构；职业经理人制度；内部市场化机制；依照市场规则开展企业运营。

4. 与国有资本资源互补，奠定支撑基础

中国巨石发展成为世界领先的企业，离不开国有资本支持。中国巨石的发展壮大，与混合所有制息息相关。民营企业巨石集团通过混合所有制改革，与中国建材集团等共同设立了中国巨石，在产业发展上，不仅获得了政策方面的支持，还通过上市募集资金，在资本市场获得了大量可供公司发展的资金支持。中国巨石发展借助了国有企业资本雄厚、技术发展支持度高的优势。

5. 建立经理人选聘市场化以及考核激励制度

中国建材集团依照市场化这一规律，在混合所有制改革中，冲破传统国有企业体制机制，建立了经理人选聘市场化以及经理人考核与激励制度，从而从亦官亦商的高管身份向职业经理人和企业家方向转变。这样的制度有益于职业经理人的成长，促进其提升专业水平，提高业务能力，使其迅速成为真正的职业经理人，提升公司业务水平。

6. 通过多种方式进行激励，增强员工积极性与归属性

混合所有制国有企业强调市场化的经理人考核与激励制度，员工不再领取行政体系下的工资，而是根据能力、业务而发放薪酬及奖金等。员工持股可使部分员工获得高额回报，从而激发了员工的工作热情与动力，绑定员工的一部分现实利益与企业未来长远效益，员工积极性被充分调动，员工的企业归属感加强，带动企业更加快速发展。

第三节 中国医药集团混合所有制改革案例分析

1998年11月，中国医药（集团）公司、中国医药工业公司、中国医疗器械工业公司、中国医药对外贸易总公司与原国家医药管理局脱钩。这4家企业以中国医药（集团）公司为核心，合并组建了一家新的大型国有企业，更名为"中国医药集团总公司"，划归央企工委直接管理。2017年12月，在完成公司制改革之后，国药集团正式更名为中国医药集团有限公司。

一、中国医药集团概况

21世纪初，由于上下游企业间资金的时间错配，我国医药流通企业普遍面临资金困境，国药集团也不例外。受政企脱钩影响，大部分优势资源被划归分配给地方，国药集团拥有的资源十分有限。这一时期，国药集团在国内市场占有率极低，还不到1%。与当时市场上活跃的跨国公司及民营企业相比，国药集团竞争优势薄弱。为摆脱生存压力，国药集团大胆探索体制机制，在充分竞争的环境中走出了一条快速发展的道路。

二、中国医药集团的混合所有制改革进程

1. A 股上市,依托资本市场开启混合所有制改革

2002 年,为充分适应市场竞争和解决发展资金问题,国药集团作为主发起人,以特殊药品等优质核心业务经营成立了"国药股份"。2002 年 11 月,国药股份成功在 A 股上市,为下一步市场拓展及时提供了资金支持。以此为转折点,国药集团开始运作一系列收购活动。

2. 非公资本"引进来",盘活存续资产

为最大限度地盘活存续资产,国药集团做出引入战略投资者的重大决定。2003 年,国药集团与当时正在寻求规模扩张的复星医药一拍即合,建立合作关系,双方组建国药控股。此后的 2003—2008 年,国药集团实现了销售收入 582%、净利润 5986% 的增长,成为国内医药流通第一品牌,为日后实现药品流通业务和物流网络全国覆盖及海外上市奠定了坚实的基础。2014 年,国药集团在国药器材公司改革中再次复制这一经验,深入扩大混合所有制改革"战果"。

3. 央企联合重组,建立国内医药大健康产业链

从 2009 年开始,国药集团瞄准上游产业链,寻求全面布局。在国资委的支持下,国药集团与同为央企的中国生物技术集团联合重组,并在 2010 年成功将上海医药工业研究院、中国出国人员服务总公司并入国药集团。至此,一年多时间,国药集团完成央企"四合一"重组,国药集团也成为国内医药大健康产业链最全的企业,开启跨越式发展新征程。

4. 采用"央企市营"模式,建立遍布全国的国药网

2009 年 9 月,国药集团推动国药控股在香港上市,成功融资 100 亿港币,为国药集团医药商业流通板块的持续快速发展提供了动力。国药控股上市后,在原有重点地区将市场做强的基础上,对全国范围的医药流通资源逐步进行兼并重组。采用"央企市营"模式,即"红帽子(进入央企)"加股权的混合所有制模式,给创始人留 30% 的股权。这种模式受到许多药企欢迎,使得国药集团实现了全国医药分销市场的全覆盖,建立起遍布全

国的国药网。

5. 成立"中国医药工业研究总院",加大医药研发

在混合所有制改革过程中,国药集团意识到医药研发能力对于企业发展的重要性。为提高医药研发能力,国药集团于2010年11月,重组上海医药工业研究院、四川抗菌素工业研究院,并以上海医药工业研究院为主成立"中国医药工业研究总院"。研究总院成立之后,着力打造科技创新平台,促进基础研究、应用研究到成果产业化的一体化,国药集团的医药研发能力得到显著提升,科技成果丰硕。先后在2010年和2011年连续向两家海外跨国公司出口两项技术,售价分别达到1000万美元和600万美元。

6. 非公资本"走出去",推动行业整合

在"引进"非公资本的同时,国药集团也主动出击,尝试"走出去"与非公资本主动"混合"。2013年,为提升集团中药板块的市场竞争力,实现整个产业链的发展,国药集团开始投资入股民营企业,盈天医药(已更名为中国中药)成为国药集团的重组对象。重组完成之后,国药集团又继续布局,先后投资并购同济堂、天江药业等。投资并购带来的协同效应,使国药集团中药板块存在的业务短板得到弥补,也有力地推动了医药行业的整合步伐。数据对比显示:2012—2016年,中国中药总资产和营业收入年复合增长率分别达82.01%、58.63%,中国中药迅速成长为我国中药行业的龙头。

《国资报告》统计数据显示,经过十多年的混合所有制改革,到2017年,国药集团已经拥有660家混合所有制企业。这些混合所有制企业占国药集团企业总数的比重已经超过90%,为国药集团创造的营业收入和利润等贡献率业已超过85%。同时,国药集团的营业收入已经增长近3000亿元,并以近1000亿港元的市值位列全球医药商业企业第4位。在世界五百强企业中,国药集团名列第199位。

三、中国医药集团混合所有制改革经验

1. 多种形式"混"合非公资本，实现股权多样化

国药集团通过"混"而非"合"，引入民间资本，吸收外部优势，完善自身不足，民营企业入股既改善了国有企业治理机制，又解决了政企划分不明确对经营的影响，实现了绩效增长。国药集团混合非公资本，采用"引进来"与"走出去"并举方式，既积极引入战略投资者，让非公资本作为新鲜"血液"注入传统国有企业中，又主动出击寻求与非公资本"混合"，最终实现股权多样化。

2. 转变体制机制，重混合更重融合

一是坚持相互认同、自愿合作。国药集团发展混合所有制不是搞"拉郎配"，而是自愿开展合作，合作的前提是双方的相互尊重、相互认同。国药集团秉承了"发展战略认同、资本层面协同、经营理念一致、管理团队精干"的原则，高度重视与非公资本合作方在企业发展战略和管理文化上的协同性。双方取得相互认可，达成共识，为并购后的企业顺利进行管理整合和文化融合扫清了思想障碍。二是把民营企业当"战友"，采用弹性持股机制。国药集团在混合所有制改革中，坚持"把民营企业当作'战友'而不是'陪衬'"。在投资并购地方民营企业时，国药集团在确保控股地位的前提下采取弹性持股机制，或是留给民营股东一定比例的股权，或是通过交叉持股的方式，将一部分国有股权置换民营股东股权。在民营股东和民营企业人才的去留上，采用有能力、有干劲、有业绩继续留用的人性化方式，并发展其成为职业经理人。这样稳定了重组后的企业，将民营股东利益和企业利益紧密结合在一起，使企业发展充满内在动力。三是保证各股权资本话语权，建立董事会运作制度。国药集团深知各方融合对混合效果与质量的影响，为了让各方"拧成一股绳"，国药集团给予各股权基本决策话语权，让各方享有平等参与决策的权利。同时，为了快速响应市场，国药集团建立董事会运作制度。通过制定董事会议事规则、董事履职程序等，明确董事会运作流程及董事职责，确保董事会决策质量、效率及后期

的落实。

3. 高度重视公众资本作用，推动企业赴境外上市

国药集团高度重视公众资本对放大国有资本功能、规范企业运营、提升经营管理水平的重要作用。一方面，对具备条件的企业，国药集团大力助推其赴境内外上市；另一方面，在确保国有控制力的前提下，国药集团推动上市公司开展多种方式的股权融资，形成以业绩增长推动市值提升，以市值管理助力持续融资，以募集资金驱动企业发展的良性循环。

4. 重视人力资本激励，调动全员积极性和创造性

国药集团高度注重人力资本激励，加大按管理、知识、技术等要素参与分配的力度，对核心人才、技术骨干等实施多种中长期和短期激励方式。在国务院国资委的批准和支持下，国药集团采用限制性股票激励制度。将中长期优秀业绩作为员工可以获得激励收入的先决条件。构建基于时间约束、绩效约束、持有约束三个维度的考核约束机制，最大限度地调动集团内部员工的积极性。

第四节 国家开发投资公司混合所有制改革案例分析

一、国家开发投资公司简介

国家开发投资集团有限公司（简称"国投"）成立于1995年5月5日，是央企中唯一的投资控股公司，也是首批国有资本投资公司改革试点单位。国投注册资本338亿元，截至2018年末，资产总额5840亿元，员工约4.5万人。2018年集团完成合并收入1358亿元，利润193亿元。国投目前主要有四大战略业务单元,分别是基础产业、前瞻性战略性产业、金融及服务业和国际业务。基础产业重点发展以电力为主的能源产业,以路、港为主的交通产业以及战略性稀缺性矿产资源开发业务。前瞻性战略性产业推动基金投资与控股投资融合联动,重点发展健康养老、先进制造业、生物能源、大数据和互联网+、生物医药、城市环保等产业。金融及服务业发展证券、银行、证券基金、信托、保险、担保、期货、财务公司、融资租赁等金融业务,稳妥开展工程设计、资产管理、咨询、物业等其他业务。国际业务重点开展境外直接投资、国际工程承包、国际贸易等业务。

经过20多年的探索与实践,国投逐步形成了"股权投资—股权管理—股权经营"和"资产经营与资本经营相结合"的独特运作模式,即资本投入获得股权、股权管理提升企业价值、股权转让或股权经营分红获得收益,从而实现国有资产的保值增值。

国投实行母子公司管理体制,国投总部设有9个职能部门、1个中心、国投直属党委、中国投资协会国有投资委员会办公室;全资及控股子公司17家;拥有三级以上全资和控股投资企业145家,其中8家控股上市公司:国投电力(600886.SH)、国投中鲁(600962.SH)、国投资本(600061.SH)、中成股份(000151.SZ)、亚普股份(603013.SH)、神州高铁(000008.SZ)、华联国际(00969.HK)、中新果业 Zhongxin Fruit(ZHOU),形成了在资本市场有一定影响力的"国投"品牌。

二、混合所有制改革历程

2014年7月14日,国资委在央企启动"四项改革"试点,国投集团成为第一批改组国有资本投资公司试点单位,探索"管资本"为主的国有资产监管模式。2014年12月,国资委批复了《国家开发投资公司改组国有资本投资公司试点方案》。根据方案要求,国投集团在未来3—5年实现基础产业和前瞻性战略性产业,国有资本占集团国有资本70%以上比重。2015年1月19日,国投信托有限公司以增资扩股的方式正式引入泰康人寿和江苏悦达集团有限公司两方战略投资者,出让45%股权,国投信托更名为国投泰康信托。国投信托的注册资本金由人民币12.048亿元增加至人民币21.905亿元，净资产突破48亿元，可支持信托资产规模达3500亿元。增资后，泰康人寿保险股份有限公司、泰康资产管理有限责任公司合计持股35%，江苏悦达资产管理有限公司持股10%。至此，国投信托实现了股权结构的多元化，由国有全资企业转变为混合所有制企业。

国投的试点改革在起步发展阶段，实现从"以管企业为主"转变为"以管资本为主"，提出了"四试一加强"的改革试点举措。第一，试方向：解决国有企业到底做什么的问题。第二，试机制：解决怎么做的问题，建立市场化、有活力的体制机制。第三，试管理：解决怎么管的问题，提出"小总部、大产业"的管理思路。第四，试监督：解决怎么监督的问题。加强党建：国投探索出一条适合国有企业加强党建的卓越党建管理模式。

随着试点改革进入全面深化、巩固提高的阶段，国投提出了加强与政府部门、国资监管机构统筹联动，实现创新突破的举措。一是进一步理顺政府、国资监管机构和国有资本投资公司的关系。二是完善国有资本投资公司试点改革的配套政策。健全国有资产监管法律法规体系，出台配套法规。三是发挥好国有资本投资公司市场化专业化运作平台作用。四是注重混合所有制企业形成股权上的制衡机制，调动各类资本主体的积极性，激发企业发展动力和活力。同时，牢牢抓住国有资产保值增值这个核心，形成有效制衡的公司治理结构及以资本为纽带的"你中有我、我中有你"的利益共同体。中共十八大以来的五年间，其资产增长了55%以上，利润增长了近60%，实现了国投80%以上的资产都是混合所有制。

三、混合所有制改革经验

1. 管理体制和经营机制改革

大胆突破传统模式、体制、管理方式，探索出一条适应市场、激发活力、管理有效、监督到位的管理体制和经营机制。一是在增量项目投资中积极发展混合所有制企业，通过控股、参股、引资等不同方式，与非国有企业合作实现股权多元化。二是引入战略投资者，将存量投资企业改造为混合所有制企业，并支持具备条件的企业改制上市。三是利用基金模式探索混合所有制的实现形式。国投集团通过调整控股比例放大国有资本影响力的同时，通过基金投资模式带动社会资本，发挥了国有资本的带动力。

2. 改善企业资本结构

充分发挥国有资本的控制力、影响力和带动力，改善企业资本结构，放大国有资本杠杆作用。通过控股、参股、基金等投资方式，与多种经济成分合作，用少量国有资本引导和带动大量的社会资本进入国家需要和鼓励发展的产业和重点区域。国投公司每投 1 元钱可以引领、聚集各类社会资金 3.2 元。通过资本优化配置，国投集团资本保值增值率达 110% 以上，实现了国有资本投资公司的资本经营功能。

3. 供给侧结构性改革

有所取舍、有进有退，以供给侧结构性改革为抓手，不断调整优化业务结构，提高资源配置效率。2003 年以来，国投通过市场化机制退出不符合发展方向和落后、过剩产能项目 1787 个，回收资金 280 亿元，全部投向国家重点发展的行业和区域，尤其是前瞻性战略性产业。

4. 公司治理结构改革

公司治理结构改革立足于解决政府干预问题和委托—代理关系产生的治理结构问题，使产权明晰，政企分开，政资分开，实现投资主体多元化相互监督与制衡。

第五节　云南白药集团混合所有制改革案例分析

一、云南白药集团股份有限公司简介

云南白药创制于1902年，股票简称：云南白药，股票代码：SZ000538。云南白药集团的前身为云南白药厂，成立于1971年6月。1993年5月进行现代企业制度改革，成立云南白药实业股份有限公司，1993年12月于深交所上市，1996年10月公司更名为云南白药集团股份有限公司。而云南白药控股（简称白药控股）拥有云南白药集团41.52%的股权，白药控股的前身是云南医药集团有限公司，1996年成立，2009年更名为云南白药控股有限公司，其旗下拥有云南白药集团股份有限公司等4家控股或全资子公司及多家联营公司。2010年起公司实施"新白药、大健康"产业战略，从中成药企业逐步发展成为我国大健康产业领军企业之一。

云南白药集团采取事业部制，主营业务清晰，主要分为药品、健康品、中药资源和医药物流四大板块。1999—2018年，公司营业收入从2.32亿元跃升至267.08亿元，增长超过115倍，目前注册资本约33.3亿元。"云南白药"是云南成长性最好、最具投资价值的国有企业，而云南白药控股有限公司作为上市公司云南白药集团的控股股东，也一直分享"云南白药"的发展红利。2018年12月21日，云南白药位列2018胡润品牌榜第42位，医疗健康业第一位，最具价值中国大健康品牌TOP10，连续10年入围榜单。

二、混合所有制改革历程

2016年12月28日，云南省国资委、新华都实业集团股份有限公司、云南白药控股有限公司在昆明签订了《股权合作协议》，通过完全增资的形式引入新华都实业集团股份有限公司作为云南白药控股有限公司的战略投资人，新华都向云南白药控股增资253.7亿元，获得白药控股50%股权，云南省国资委持股比例降至50%，这标志着白药控股由国有独资变为混合所有制企业。

2017年3月16日，增资事项完成，云南省国资委与新华都各持白药控股50%股权，白药控股持有上市公司云南白药41.52%的股份，白药控股的注册资本由15亿元变更为30亿元。与此同时，白药控股与新华都共同达成"去行政化"协议，即"买断"云南白药高管的行政性职级，使具有"行政职位"和"经营职位"双重身份的国有企业高管成为彻底的职业经理人。

2017年6月6日，引进第三方投资者江苏鱼跃科技发展有限公司，增资56.38亿元。2017年6月20日，云南省国资委、新华都和江苏鱼跃分别持有白药控股45%、45%、10%股份。三方约定持有的白药控股股份锁定6年。公司董事呈现"2+2+1"的新格局，即云南省国资委和新华都各在白药控股中派两名董事，而江苏鱼跃派一名董事。

2017年6月28日，完成增资的工商变更，白药控股和云南白药均变更为无实际控制人企业，注册资本由30亿元变更为33.3亿元。

2018年11月28日，云南白药集团公告了《关于回购公司股份以实施员工持股计划的回购报告书》，公司以集中竞价或法律法规允许的方式回购公司股份，用于员工持股计划。

2019年4月24日，云南白药集团发布公告《中国国际金融股份有限公司关于公司吸收合并云南白药控股有限公司暨关联交易之独立财务顾问报告（修订稿）》。本次交易由白药控股定向减资和吸收合并两个部分组成。交易完成后，云南白药为存续方，承继及承接白药控股的全部资产、负债、合同及其他一切权利与义务，白药控股注销法人资格，白药控股持有的上市公司股份被注销，云南省国资委、新华都及江苏鱼跃将成为上市公司的股东。此次交易前后，云南白药股东的持股情况如下：

表 7-5-1　云南白药吸收合并前后股东持股变化情况

股东名称	本次交易前		本次交易后（不考虑现金选择权）	
	持股数量（股）	持股比例	持股数量（股）	持股比例
白药控股	432426597	41.52%	–	–
云南省国资委	–	–	321160222	25.14%
新华都及其一致行动人	45259186	4.35%	321160222	25.14%
江苏鱼跃	–	–	71368938	5.59%
其他股东	563713935	54.13%	563713935	44.13%
总股本	1041399718	100.00%	1277403317	100.00%

数据来源：云南白药集团股份有限公司官网

云南白药的混合所有制改革，围绕"新白药，大健康"战略，产业结构进一步优化，其相关举措为：一是在经营管理方面，实现混合所有制改革，从外到内激发市场化活力，实现自身的突破。白药控股自2016年起盈利能力一直呈高位下滑趋势，发展遭遇瓶颈。实行混合所有制改革后，公司资本充足，资源优化，更有利于其探索在精准医疗、基因检测等大健康新兴业务领域布局的可能性。二是在人力资源管理方面，"去行政化"是亮点。公司董事、监事和高级管理人员均采取市场化原则聘任制，任何人都不具有行政级别。云南省国资委所提名的董事也是通过市场化方式选聘的经济管理领域专业人才。三是在公司三会及信息披露方面，严格按照相关法律法规履行信息披露义务。从上市公司治理的角度，董事会、监事会、股东会规范运作，投资者关系管理全方位立体通畅沟通。

云南白药实行一系列的混合所有制改革举措后，2018年公司实现营业收入267.08亿元，较上年同期的243.15亿元净增23.94亿元，增幅9.84%；实现利润总额38.26亿元，较上年同期的36.22亿元净增2.04亿元，增幅

5.64%；归属于上市公司股东的净利润 33.07 亿元，较上年同期的 31.45 亿元增长 1.62 亿元，增幅为 5.14%，实现了产品能级提升、业务资源整合和发展动力集聚。

三、混合所有制改革经验

1. 着力吸收整合、优化配置资源，不断增强公司核心竞争能力

一是在资金方面，采取完全增发的方式引入战略投资者，新华都增资 253.7 亿元，江苏鱼跃增资 56.38 亿元，并给战略投资人设定了 6 年的股权锁定期，在资本市场上是一次大胆的尝试，确保了企业发展资金的长期稳定，使白药控股能撬动千亿以上的资金储备去整合全国医药健康产业的优质资源。二是引入零售起家的新华都，对其拓展销售渠道、对接下游市场大有裨益。三是引入作为中国医疗影像和家用医疗领域龙头民营企业的江苏鱼跃，它和白药控股在销售渠道上有较强的重合性和互补性，在业务上不存在直接竞争且与白药控股具有较强的产业协同效应。四是混合所有制改革后云南白药反向吸收合并控股股东白药控股。

2. 推进民营资本"实质性"进入，实现体制机制的市场化转变，形成均衡的多元化股权结构

从混合所有制改革三方资本力量对比来看，江苏鱼跃的入局，使得白药控股整体上的民营资本力量将大于国资力量，但特别约定江苏鱼跃在任何情况下不得成为云南省国资委、新华都的一致行动人，这意味着民营资本或是国营资本都不能通过拉帮结派的方式获得企业的控制权，江苏鱼跃在其中起到了平衡的作用。在这样的股权结构里，任何一方包括任何一个股东及企业的经营者，都处在一种被制衡的状态中，股权结构合理。

3. 建立市场化的治理结构，推出独树一帜的"去行政化"机制

2016 年 12 月 28 日，白药控股混合所有制改革事项交易完成后，白药控股与新华都共同达成"去行政化"协议，即"买断"云南白药高管的行政性职级，使具有"行政职位"和"经营职位"双重身份的国有企业高管成为彻底的职业经理人。公司董监高管的聘任由原先的行政任命转变为按市场化原则遴选,高管都不再保留省属国有企业领导身份和职级待遇,其薪酬采取市场化方式考核。职业经理人薪酬待遇与市场接轨,与国有企业高管的行政工资制度不同,不受股东单位工资总额限制,形成市场化用人、薪酬与考核体系,这是对原有国有企业体制下治理和激励机制改革的一次大胆尝试。建议东北地区相关国有企业可根据实际情况借鉴云南白药的"去行政化"机制,激发企业活力。

4. 完善员工激励机制,积极推进员工持股计划。

2018年11月28日起,云南白药配合吸收合并同步推出员工持股计划,由上市公司采用集中竞价、大宗交易及法律法规允许的方式从二级市场回购不超过2000万股社会公众股,并在股份回购完成后实施员工持股计划。员工持股计划将实现公司与核心团队长远利益的有效绑定,维持核心团队长期稳定,向资本市场传递对公司未来发展的信心。

第六节 中信集团混合所有制改革案例分析

一、中信集团简介

中国中信集团有限公司(原中国国际信托投资公司)由荣毅仁先生于1979年创办。2002年,中国国际信托投资公司进行体制改革,更名为中国中信集团公司,成为国家授权投资机构。2011年,中国中信集团公司整体改制为国有独资公司,更名为中国中信集团有限公司(简称中信集团),并发起设立了中国中信股份有限公司(简称中信股份)。2014年8月,中信集团将中信股份100%股权注入香港上市公司中信泰富,实现了境外整体上市。目前中信已发展成为一家金融服务与实业投资并举的大型综合性跨国企业集团。其中，金融涉及银行、证券、信托、保险、基金、资产管理等行业和领域；实业涉及房地产、工程承包、资源能源、基础设施、机械制造、信息产业、环保、文化出版、通用航空、现代农业、医疗健康等60多个行业和领域，在全球拥有15家公众上市公司。截至2018年12月31日，中信股份的总资产达港币76607亿元，营业收入为港币5333亿元，归属于普通股股东的净利润为港币502亿元。

中信泰富在香港上市，同时为恒生指数成分股之一。1987年，中国国际信托投资公司（现为中信集团）创办了在香港的全资子公司——中信（香港）集团有限公司。20世纪90年代初期，中信香港购入了在港拥有数个物业并于联交所上市的富泰发展49%的权益。1991年泰富更名为中信泰富，同年中信泰富投资于香港最大型的贸易及汽车分销商大昌行，并于1992年实现了全面收购。20世纪90年代末，中信泰富已成为拥有多元化业务的综合企业，横跨多个领域。21世纪初，中信泰富又加大其于中国内地房地产的投资和开发，立足于上海辐射全国多个地区。中信泰富的三大主营业务特钢、铁矿开采以及房地产占总资产的比例超过70%。中信集团增购港币25亿元的股本，从而使得对于中信泰富的股权增至57.51%。

二、混合所有制改革历程

2014年8月，中信集团在香港上市的子公司中信泰富以现金及配售新股（代价股份）形式收购中信股份100%股权，交易对价约人民币2269亿元（约合2865亿港元）。一部分对价通过以13.48港元/股向中信集团指定的全资子公司（中信盛荣有限公司及中信盛星有限公司）发行新股支付（1770亿元），另一部分以向社会投资者配售新股所筹集的现金以及其他内部资源支付（499亿元）。8月27日，中信泰富更名为中信股份（新中信），实现了中信集团的境外整体上市。此前财政部保持对中信集团100%控股，即对中信股份亦是100%控股，本次上市后，财政部持股比例减持至70%左右。

在整个混合所有制改革并赴港上市过程中，新中信成功引入了境内外共 27 家投资者，投资者结构呈现多元化，包括社保基金等 11 家国有大型机构、主权财富基金淡马锡和卡塔尔投资局等 13 家境外机构，以及腾讯、泛海、雅戈尔等国内民营企业，上市后中信股份的公众持股比例约为 25%。

2015 年 1 月，在中国香港完成整体上市后 5 个月，中信集团又以发行中信股份可转债优先股以及出售股份的方式"走出去"，引入泰国正大集团和日本伊藤忠作为战略投资者，实现三者跨行业、跨地区的战略合作，开启中信国际化战略的旅程。2015 年，中信集团出售 20% 的股份给外资企业。其将公司资产公开挂牌，通过市场竞价的方式吸引民间资金，共计 78.18 亿元。值得关注的是，中信集团拿出拥有稀缺电信牌照的中信网络 49% 股权进行混合所有制改革，此次混合所有制改革从集团层面的资本运作，进入到垂直化的子集团的业务整合。除了挂牌转让中信网络股权外，2017 年 11 月 25 日，中信集团将所持在重庆地区的三条高速公路公司股权集中挂牌出售，挂牌价合计约 28 亿元。此前，中信集团还陆续将中信期货有限公司和青岛特种钢铁有限公司股权挂牌。

除了将资本引进来，也将资本流入市场，参与到其他国有企业的混合所有制改革中去。2017 年 1 月 5 日，中信银行与百度公司（福建百度博瑞网络科技有限公司）在北京市筹建中信百信银行股份有限公司（简称百信银行），双方作为百信银行的发起人，入股比例分别为 70%、30%，百信银行将以独立法人形式开展直销银行业务。2017 年 8 月 24 日，中信证券作为被引入的战略投资者参与到中国黄金集团旗下中金珠宝混合所有制改革中。2018 年 1 月 17 日，中信集团旗下现代农业投资公司中信农业基金，以出资入股的方式投资北京首农股份有限公司，投资总额达 20 多亿元。

中信集团的混合所有制改革基于自身的特点，成功引入了多名战略投资者，采用上市模式完成其混合所有制改革，形成国有资本、民营资本、外资资本并存的混合所有制股权结构，其整体在中国香港上市，不仅是响应国有企业改革的号召，同时也提升了市场竞争力、扩大国际知名度，使企业在战略布局、品牌形象、流通渠道、资源整合方面有了更多的机会，成为大型国有企业混合所有制改革的新标杆。截至 2018 年 12 月 31 日，中信股份的总资产达港币 76607 亿元，比 2017 年净增港币 1400 亿元，营业收入为港币 5333 亿元，比 2017 年净增港币 828 亿元，归属于普通股股东的净利润为港币 502 亿元，比 2017 年净增港币 63 亿元。

三、混合所有制改革经验

1. 采用整体上市的模式进行混合所有制改革，拓宽融资渠道，形成多元化的股权结构

整体上市时共有 27 位机构投资人参与认购配售股份。上市 5 个月后，又引入泰国正大与日本伊藤忠两家战略投资者，中信股份进一步获得了亚太地区及全球的业务机会。而作为两家战略投资者各持股 50% 成立的合营企业正大光明，持有中信股份 20% 的股份，使得中信股份股权更加多样化和国际化。另外，中信集团此次"走出去"在中国香港整体上市，既可以尽快熟悉、学习国际先进经验，也可以借此机会在更加成熟、更加规范的市场机制中提升自身的国际化竞争水平。

2. 公司治理结构由"双元制"改为"一元制"，形成混合资本相互制衡、共同发挥作用的治理结构

上市暨混合所有制改革后，公司由董事会、监事会并存的双元制公司治理结构改为一元制治理结构，监事会被取消，实行决策、执行、监督机构"三而合一"的董事会制度。董事会分设执行董事与非执行董事，独立和非独立的非执行董事与执行董事相互制衡。独立的非执行董事实际上弥补了监事会的监督职能。

3. 构建四个层面三道防线的内部控制与风险管理防范体系，使混合企业内控管理更加严密

四个层面包括董事会、管理层和若干委员会、风险管理职能部门、成员单位，三道防线包括各层级业务经营部门的第一道防线、各层级风险管理职能部门的第二道防线以及由各层级内部审计部门或专门审计岗组成的第三道防线，并在集团内部从横、纵两个维度建立了较严密的立体防控体系。

4. 以集团控股的方式来运作，形成业务协同效益，发挥综合互补优势

混合所有制改革前中信集团对中信银行、中信证券等分拆上市，监管机构的严格规定使母公司难以发挥业务协同。改革整体上市后，中信集团是以集团控股的方式来运作，子公司整合之后，减少了关联交易，提高了业务效率和资产配置能力，实现了分业经营，便于集团监管。同时集团公司可以对各个子公司的业务开展良好的综合管理，将有特色、看上去关联度不高的业务形成协同效益，发挥综合优势。中信集团混合所有制改革后涉及金融与实业众多领域，各个产业受行业经济周期波动的影响不同，相互之间可以形成互补，能够在一定程度上减少市场风险带来的影响，从而变大变强。

第七节　中国联通混合所有制改革案例分析

一、中国联通简介

中国联合网络通信集团有限公司（简称"中国联通"）于 2009 年 1 月 6 日在原中国网通和原中国联通的基础上合并组建而成，在国内 31 个省（自治区、直辖市）和境外多个国家和地区设有分支机构，是中国唯一一家在美国纽约、中国香港、上海三地同时上市的电信运营企业，连续十年入选世界五百强企业，在 2018 年《财富》世界五百强中位列第 273 位。

中国联通主营固定通信业务，移动通信业务，国内、国际通信设施服务业务，卫星国际专线业务、数据通信业务、网络接入业务和各类电信增值业务，与通信信息业务相关的系统集成业务等。在运营方面，中国联通 2018 年移动出账用户净增 3087 万户，同比提升 51.8%，总数达 3.2 亿，其中 4G 用户净增 4505 万户,总数达 2.2 亿,4G 用户市场份额同比提高 1.3 个百分点;数据流量收入达 1055.82 亿元,同比增长 13.2%,占通信服务收入的 40%。根据 2018 年三大运营商财报,三家运营商通信服务收入市场份额分别为中国移动 52%,中国电信 27%,中国联通 21%,其中中国联通营业收入达 2909 亿元。

二、混合所有制改革历程

根据公开资料整理,中国联通的混合所有制改革主要经历了三个阶段:

第一阶段,正式启动阶段。2016 年 9 月 28 日,中国联通被列入国家第一批混合所有制改革试点企业名单,随后其通过增发股份引进民间资本正式进行混合所有制改革。截至 2017 年 8 月 16 日,中国联通混合所有制改革融资 780 亿元,引入 13 家战略投资者,联通集团持有 A 股公司股份由 62.74% 降为 36.67%,战略投资者持有股份为 35.19%,开创了"同步实现国有股权多元化和非国有股权多元化"的混合所有制改革新模式。具体混合所有制改革前后持股变化情况如下:

表 7-7-1　联通 A 股公司(600050 CH)混合所有制改革前后股权结构表

股东名称	改革前持股比例	改革后持股比例
联通集团公司	62.74%	36.67%
战略投资者	—	35.19%
员工股权激励	—	2.73%
公众股东	37.25%	25.41%
其他发起人	0.01%	—
总股本	100.00%	100.00%

资料来源:根据公开数据进行整理

第二阶段,股改激励阶段。2017 年 8 月 20 日,中国联通正式公告实行限制性股票激励计划,向核心员工授予约 8.5 亿股限制性股票,价格为每股人民币 3.79 元。首期共向 7752 名管理骨干及核心人才授予联通 A 股公司股票7.94亿股。此次中国联通实施的限制性股票激励计划强化激励与约束的统一。一是业绩条件苛刻，付出才有收获。基于对混合所有制改革后发展前景的信心，公司对未来三年设定很高的业绩增长目标，突出刚性约束，并与限制性股票解锁挂钩。二是五年分期解锁，绑定长期回报。本次激励计划设置了长达24个月的禁售期和36个月的解锁期。三是合理预留股权，用于授予本次混合所有制改革后公司引入的在IP、IT、创新业务等领域具有专长的新员工，吸引优秀人才。

第三阶段，融合发展阶段。双方实现资源整合，优势互补，业务协同发展。2017年5月9日，中国联通联合阿里钉钉推出"钉钉卡"，联手为4300万中小企业提供完美的移动办公解决方案。2017年10月20日，中国联通分别与腾讯、阿里巴巴集团在云计算、网络服务等方面展开深度合作。2018年1月31日，中国联通与阿里巴巴共同打造中国大型企业"公开、透明、阳光、高效"资产交易平台，中国联通成为第一家注册入驻阿里拍卖平台的央企。2018年6月26日，中国联通与京东集团签署"京东便利店"项目战略合作协议，联通成为入驻"京东便利店"的首家电信运营商合作伙伴。2018年8月3日，中国联通和阿里巴巴联手成立了云粒智慧科技有限公司，推出了中国联通在政务领域打造的两项最新产品——"智慧政务大脑"与"生态环境大脑"，成功实现数据化转型。2019年3月1日，联通与腾讯针对旅游板块，合资成立了"云景文旅"。2019年3月8日，联通混合所有制改革又出创新，重磅发布政企精品网、云联网、SD—WAN智选专线三大创新产品，满足客户自助办理、按需提速、业务监控等需求。

混合所有制改革后，中国联通经营业绩持续显著改善，2018年全年营业收入达人民币2909亿元，服务收入人民币2637亿元，同比增长5.9%，领先于行业平均3.0%的增幅；税前利润超预期，达到人民币131亿元，本公司权益持有者应占盈利达到人民币102亿元，同比增长458%。收入和利润的大幅提升说明了混合所有制改革较为成功。

三、混合所有制改革经验

1. 积极引进多元战略投资主体,加大开放合作力度

本次混合所有制改革引入了四类战略投资者,包括大型互联网公司、垂直行业领先公司、具备雄厚实力的金融企业和产业集团、国内领先的产业基金。电信运营商过去是民营资本无法涉足的自然垄断行业,此次大比例引入民营资本实行股权多元化是国有企业分类改革在产权上的一个根本突破。对于中国联通而言,百度、阿里、腾讯、京东等战略投资者不仅拥有强大的资金实力,入股带来的资金可满足企业投资需求,同时更具有先进的技术、广阔的市场以及成熟的管理,且在行业地位、资产规模、资产质量、经营业绩和声誉等方面具有绝对优势,可获取协同效应,大大增强了中国联通的竞争力。

2. 构建了"三会一体"的董事会结构,形成相对稳定的决策和制衡机制

联通董事会按照6:4:5的比例进行分配,其中6是国有,4是民营企业,而5是独立董事。混合所有制改革后,中国联通的董事会人数从7人扩大到13人。民营企业战略投资者的董事会席位占非独立董事的50%。此次混合所有制改革将民营资本和职工股东引进三会一层,减少有关部门对公司治理的干预,形成相对稳定的决策和制衡机制。

3. 以市场化改革导入互联网基因,实现运营商网络和互联网应用充分融合

混合所有制改革后,中国联通强化了市场洗礼的互联网思维,加强与改革合作伙伴、行业龙头公司的业务合作和资本合作,持续推进经营的互联网化转型,借助与互联网公司深化2I2C(面向互联网面向消费者)业务合作,推进线上线下全触点统一运营,在渠道佣金和手机补贴双降的情况下,移动业务实现持续良好增长,2I2C用户达9400万户。值得一提的是,中国联通入驻"京东便利店",并在"掌柜宝"APP上线提供通信服务,中国联通的号卡、宽带等各项业务均将以商品形式全面进入京东便利店供

应链体系,双方共同开启了"深层次合作、多方赋能"的创新零售合作新模式。

4. 优化公司治理结构及机制设计,深化人才机制体制改革,激活国有企业运作效率

一是瘦身健体、精简机构。这是中国联通推进混合所有制改革企业内部改革的"第一刀",打造"小管理、大操作、强协同"组织架构,促进公司运作效率提升。混合所有制改革中,各级管理人员首聘的退出率达14.3%。党组管理的干部则保持每年高于1.5%的常态化退出比例,同时,推进员工退出机制,退出"不能干事"和"干不成事"的人,近两年退出员工均达1%。2017年底,中国联通总部层面,部门数量由过去的27个减少为18个,人员编制由1787人减少为865人。全国省级公司管理人员精减率为9.8%。二是推行以激发基层活力为目的的划小承包改革,实施联通内部"双创"。公司建立微组织,竞争性选拔"小CEO"进行承包,从大公司回归到创业公司,实施收入毛利考核及增量收益分享,实现责权利一致,搞活激励分配。截至2018年前三季度,有14.4万员工进入2.4万个划小承包单元,选拔产生1.7万个小CEO。2018年,中国联通劳动生产率提升14%。三是针对中高级管理人员以及管理骨干、技术骨干等高价值创造群体推出了迄今为止A股上市公司授予人员最多、激励规模最大的核心员工持股计划。建立以员工持股、激励约束、考核制度三方结合的中长期激励机制,通过员工股票激励计划的实施,进一步放大股权激励效果,促进股东利益、公司发展和员工利益共同提升。

第八章

东北振兴与混合所有制改革

积极推进混合所有制改革的重点举措

第一节　强化混合所有制相关理论研究与探索

发展和完善我国社会主义基本经济制度的一项重要内容，就是所有制改革，这也是经济体制改革所要解决的核心问题。随着中国特色社会主义进入新时代，经济体制改革进入全面改革、深度改革的新阶段，而从某种程度上，国有企业改革则是经济体制改革最难啃的"硬骨头"，承担着攻坚克难、加速破冰、综合推进的新目标、新任务。2013年11月12日，中共十八届三中全会通过的《中共中央关于全面深化改革若干重大问题的决定》指出："国有资本、集体资本、非公有资本等交叉持股、相互融合的混合所有制经济，是基本经济制度的重要实现形式。"混合所有制改革作为国有企业改革的重要方向，是对我国所有制结构的重新定位，要开展相关理论内涵和实现形式的深入探索和研究，以明确总体思路，统一思想认识，对混合所有制改革实践予以有力的指导。

一、继续加强对混合所有制改革基本理论的研究

1. 加强对所有制改革基本理论的研究

中国社会主义改革开放和现代化建设的总设计师邓小平将社会主义的本质表述为"解放生产力，发展生产力，消灭剥削，消除两极分化，最终实现共同富裕"，他认为，"社会主义原则，第一是发展生产，第二是共同致富"。坚持和完善我国社会主义基本经济制度，是习近平新时代中国特色社会主义思想的重要内容之一。《中共中央关于全面深化改革若干重大问题的决定》指出："公有制为主体、多种所有制经济共同发展的基本经济制度，是中国特色社会主义制度的重要支柱，也是社会主义市场经济体制的

根基。"根据解放和发展生产力的要求，必须坚持和完善公有制为主体、多种所有制经济共同发展的基本经济制度，要继续调整和完善所有制结构，探索公有制多元化的具体形式，在公有制基础上推进混合所有制改革。

国有资本、集体资本、非公有资本等交叉持股、相互融合的混合所有制经济，是基本经济制度的重要实现形式。推进混合所有制改革，需要继续加强对"什么是混合所有制""为什么要搞混合所有制改革"等重大基本问题的研究，厘清对混合所有制的基本认知、基本判断，实现理论自洽，为混合所有制改革提供坚实的理论基础和理论依据。多年以来，理论界对于如何把握好混合所有制的内涵、性质、地位和作用，以及混合所有制改革的目的、依据和实现形式等诸多问题，进行了大量富有成效的探索和研究，形成了大量理论研究成果。然而，对于混合所有制改革，目前社会上无论是在理论认知层面，还是在实践操作层面，都还有不少认识上的分歧，还存在一些认知误区甚至错误的观点。

围绕混合所有制改革，有关的争论从来就没有停止过。如著名学者常修泽（2017年）就曾指出，"也有两种截然对立但都否定混合所有制经济的观点，一种认为，搞混合所有制经济是稀释和削弱国有经济，是'动摇国本'，搞所谓'全盘私有化'；另一种则认为，搞混合所有制经济是'吞并民营经济'，搞'新的公私合营运动'，是'试图恢复国有经济的一统天下'等等"。前者把发展混合所有制经济理解为由非公有制经济单向混合公有制经济，让私人资本控股国有资本；后者典型的当数"私营经济离场论"，认为私营经济已完成协助公有经济发展的任务，应逐渐离场，从而引发了舆论的强烈关注和激烈争论。近几年，我国经济进入新常态，实施供给侧结构性改革，民营经济承担了巨大的压力，许多规模较小、抵御风险能力弱的中小微企业面临着生死存亡的考验，一些上市民营企业纷纷寻求国资收购，一时间"国进民退""私有制消亡""与民争利"的论调又甚嚣尘上。

上述这些认识误区，有的源于认识不清、观念僵化，也有的是为了混淆视听、故意为之。为澄清错误认识，营造有利于推进混合所有制改革的舆论环境，必须旗帜鲜明地进行理论上的澄清。正如习近平总书记所指出的，我们强调把公有制经济巩固好、发展好，同鼓励、支持、引导非公有制经济发展不是对立的，而是有机统一的。公有制经济、非公有制经济应该相辅相成、相得益彰，而不是相互排斥、相互抵消。理论研究需要转向更深层次的思考和探索：在中国特色社会主义新时代，如何推动所有制改革，完善社会主义基本经济制度？如何通过混合所有制改革调整和优化公有制结构及国有经济布局结构，激发国有企业活力和效率？怎样促进各种所有制经济共同发展？怎样更好地支持民营经济的发展，充分发挥民营经济的作用？我国改革开放的过程，实际上就是不断解放思想，冲破旧观念的束缚，在同错误思潮斗争中探索中国特色社会主义道路的过程。对于混合所有制的理论探索，就要触及改革的实质，打破对公有制纯而又纯的理解，冲破市场经济姓"公"姓"私"的束缚。厘清关于混合所有制的这些基本理论问题，有助于坚持"两个毫不动摇"，在深化改革的过程中消除不同的意见，增进各方的共识，更好地指导混合所有制改革的实践，避免再出现类似的认识误区，走不必要的弯路。

图8-1-1 ——兄弟！就等你了！ 画/范军

图片来源：蒋和立.解决民营经济难题才是王道［EB/OL］

二、深化国有资产管理体制改革相关理论研究

国有企业究竟是政府的一部分,还是独立的市场主体,这个问题一直困扰着国有企业改革。国有企业理论的研究核心无非是两个问题:第一,国家或政府为什么要建立国有企业?第二,国家或政府如何治理国有企业?深化国有资产管理体制改革,主要应从这两个方面展开相关理论的研究。

国有企业的功能定位和角色冲突。2015年12月,国务院国资委、财政部、国家发展改革委联合印发的《关于国有企业功能界定与分类的指导意见》,根据主营业务和核心业务范围,立足国有资本的战略定位和发展目标,将国有企业界定为公益类、商业类。不同类型的国有企业承担不同的功能定位和主要目标,不同类型的企业应承担国有经济的不同的定位,建立适应市场要求的经营机制,开展经营活动。根据上述分类和功能定位,公益类企业和主业处于关系国家安全、国民经济命脉的重要行业和关键领域、主要承担重大专项任务的商业类国有企业,由于要服务国家战略,主动履行社会责任,不可避免地会在生产经营中面临"营利性"与"公益性"的诉求冲突。东北地区国有企业在经济中占有较大比重,辽宁、吉林和黑龙江三省国有资产在工业企业中的平均占比为53.2%,主要分布在能源、军工、装备制造等涉及国家安全和国民经济命脉行业,承担着很多特殊的社会责任,但大多数企业效益不佳。深化国有企业改革,必须充分考虑国有企业的功能定位及其角色冲突因素。如何科学界定国有企业的功能和运行机制,避免或减少上述冲突,是国企改革理论研究中的一个难点。

国有资产管理体制。政府与市场的关系问题一直是经济体制改革的主线。在混合所有制改革过程中政府究竟应当充当什么样的角色,发挥怎样的作用?其中,应重点厘清政府与国有企业之间的产权关系,明确政府权力的边界,如何创新政府对国有资产管理的"放权""限权""分权",为政企分开、政事分开和建立国有资本授权经营体制提供理论依据和支撑。近年来,东北地区国有经济管理体制深层次、结构性矛盾显现,国有企业出现持续大面积亏损和破产局面,经济形势恶化,国有企业成为解决东北地区经济发

展问题的关键。但国有企业问题的解决并不能仅靠政府以及央企的加大投入，根本出路还是在于国有企业改革。其中，最重要的两个关键抓手一个是混合所有制改革，另一个就是兼并重组。推动国有资产管理体制由"管人管事管资产"转向"管资本"，是国有企业改革必然的趋势和要求。

图 8-1-2

图片来源：国资报告：东北国企突围 [EB/OL]. 国务院国有资产监督管理委员会网站，http://www.sasac.gov.cn/n2588025/n2588164/n4437287/c9644391/content.html, 2018-09-30

三、积极推进高标准市场经济体制研究

推动"竞争中性"理论创新。"竞争中性"（Competitive Neutrality），最早起源于澳大利亚国内经济改革，1995年澳大利亚正式实施，2009年经济合作与发展组织（OECD）采纳了该原则。2012年，OECD阐释了"竞争中性"原则，它指的是一个市场上的所有经营主体，在经营与竞争的过程中，无论其所有制如何，均不存在过度的、不适当的竞争优势或劣势。其实，尽管一直没有使用"竞争中性"这个概念，我国从20世纪90年代开始的国企公司化改革就一直在推行"竞争中性"准则。然而，在实践中"竞争中性"原则并没有得到很好地推行，这一方面是观念和体制问题，另一方面也是相关理论研究还不够深入。

2019年4月，中共中央办公厅、国务院办公厅印发《关于促进中小企业健康发展的指导意见》，其中提到"按照竞争中性原则，打造公平便捷营商环境，进一步激发中小企业活力和发展动力"。这是把"竞争中性"原则作为中国特色社会主义发展的有机部分来推行的，是全面深化改革的一个重大举措。如何理解中国特色社会主义市场经济环境下的"竞争中性"及其重大意义，以及如何在混合所有制改革顶层设计和推进实施中贯彻这一原则，相关研究还需要继续进行深入探讨。

加强混合所有制经济的中外比较研究。混合所有制最早来源于20世纪六七十年代西方国家对传统资本主义自由放任经济模式的改良理论——"混合经济"论，指的是以私人经济为主的市场经济加入了国家干预调控。加强中国特色社会主义混合所有制经济与资本主义混合所有制经济的比较研究，借鉴其发展经验教训和发展模式，完善中国特色社会主义混合所有制经济发展模式。

四、积极开展推进混合所有制改革路径方式的探索

2014年3月9日，习近平总书记在参加十二届全国人大二次会议安徽代表团审议时强调，对于发展混合所有制经济，基本政策已经明确，关键是细则，成败也在细则。在对混合所有制经济和混合所有制改革取得共识之后，如何推进实施混合所有制改革就成为重中之重，其中需要重点研究混合所有制的形式、推进路径、混合所有制企业中国有成分的监管以及混合所有制改革的法律依据和法律规范等问题。

1. 混合所有制的形式及股份制

目前，混合所有制改革仍处于试点和探索阶段，首先应明确的是混合所有制以何种形式混合的问题。混合所有制企业是多种所有制经济成分的混合，无论是以何种方式混合，混合后的企业都要确立企业的产权制度，并进一步决定企业的组织形式和经营机制。在现代经济体系中，有限责任公司和股份制公司是最普遍采用的公司制企业形式，而股份制公司是混合所有制的主要形式，是适应我国现阶段所有制结构、在改革开放中形成的

特殊形态的股份制，是被证明了的行之有效的公有制的实现形式。

2. 深入探讨混合所有制改革推进路径和方式

如何推进混合所有制改革，《国务院关于国有企业发展混合所有制经济的意见》（国发〔2015〕54号）明确了"分类""分层"推进国有企业混合所有制改革的原则，但在具体实施中还需要进一步研究不同类型、不同层面的国有企业改革的路径和方式。如何针对充分竞争行业、重要行业和关键领域、自然垄断行业和公益性等不同类型的国有企业，设计适合各类国有企业各自的特点和具体情况的实施方案；如何在子公司层面有序推进、集团公司层面探索推进和地方层面从实际出发推进混合所有制改革；怎样进一步深化重点领域混合所有制改革试点；怎样建立促进民营企业积极参与混合所有制改革的政策与运行机制；怎样促进产权变革与体制创新相结合等。

3. 推动政府规制理论和监管创新

混合所有制改革的一大前提，就是要正确界定政府和市场的关系。长期以来，对于国有企业来说，政府是一只"闲不住的手"，要推进混合所有制改革，就要调整乃至限制政府这只手的边界和职能。然而，界定政府权力边界并不意味着政府从此对混合所有制改革企业不闻不问、"一混了之"。对于混合所有制改革后的国有企业，还要深入研究如何进一步明确国有资产监管重点，在混合所有制经济领域如何推动政府规制的理论和实践创新，运用市场机制和市场化手段调节"市场失灵"，调整市场主体的行为，创新监管方式和监管手段。另外，还要研究如何防止混合所有制经济中国有资产的流失的问题。

4. 加强混合所有制法律规范研究

现代市场经济是法制经济，市场主体的一切经济活动和行为都要接受法律的调整，都要适应法律规范的要求。中共十八届三中全会后，中央和地方政府先后制定出台了推进混合所有制一系列相关的政策和法律法规。但在实施过程中，混合所有制改革的法律法规还需要继续系统完善，混合所有制改革过程中还存在产权界定、价格评估和交易规则，员工持股相关法律依据以及企业和员工利益保障等诸多法律问题，都要在推进混合所有制改革过程中加以研究和明确。

五、深入开展混合所有制企业治理体系理论研究

《国务院关于国有企业发展混合所有制经济的意见》提出，深化国有企业混合所有制改革，推动完善现代企业制度，健全企业法人治理结构；提高国有资本配置和运行效率，优化国有经济布局，增强国有经济活力、控制力、影响力和抗风险能力，主动适应和引领经济发展新常态；促进国有企业转换经营机制，放大国有资本功能，实现国有资产保值增值，实现各种所有制资本取长补短、相互促进、共同发展，夯实社会主义基本经济制度的微观基础。重要的是，通过深入推进混合所有制改革优化体制机制，切实强化激励增强活力，实现混合所有制改革企业高质量发展。

要实现高质量发展，就要切实改变以前混合所有制改革"只混不合""只混不改"的倾向，通过混合所有制改革真正建立现代企业治理体系，规范企业经营和管理。这就需要加强现代企业制度和公司治理相关理论的研究，包括：股权结构、公司治理架构和决策机制，民营资本进入与退出机制，员工持股方案设计与实施，企业薪酬制度和激励机制，企业家身份和激励，企业职工身份转换和安置流动，坚持党的领导与完善企业治理体系的关系，等等。通过理论研究，探索建立符合中国国情、具有中国特色的混合所有制企业治理体系，促进企业步入高质量发展轨道。

第二节 牢牢把握两个重点：产业开放和产权开放

推进混合所有制改革，首先要明确"从哪儿混"，即选择哪些产业和领域作为突破口，针对不同类型产业领域的性质和特点，分类推进国有企业

混合所有制改革。其次,要解决"跟谁混"的问题,即确定混合的对象。混合所有制的本质内涵,就是国有资本、集体资本、非公有资本等交叉持股、相互融合,指明了混合所有制必须是不同产权性质的资本相互开放、相互融合。因此,发展混合所有制经济的路径,要牢牢把握住"产业开放"和"产权开放"两个重点环节。

一、以破除垄断为重点,分类推进国有经济产业开放

产业开放,需要界定从哪些产业和领域启动开放,如何开放。根据国务院分类推进国有企业混合所有制改革的部署,国有企业按所处行业和领域分为三种类型,分类推进混合所有制改革。一是主业处于充分竞争行业和领域的商业类国有企业,要稳妥推进;二是主业处于重要行业和关键领域的商业类国有企业,要有效探索;三是公益类国有企业,要引导其规范开展。上述三类国有企业,所处行业领域不同,实施混合所有制改革的条件和开放的难易程度不同,推进混合所有制改革的示范意义也不同。推进产业开放,重点是以破除垄断为主攻方向,加大开放力度,在垄断性领域(重点领域)发展混合所有制经济,促进民营资本以多种方式进入垄断性行业。

破除垄断,必须消除"所有制歧视"和市场进入壁垒,建立公平的市场准入制度和平等竞争机制,废除不合理和歧视性的准入退出条件,切实放宽市场准入,着力营造多种所有制经济公平竞争的市场环境,吸引和推动民间资本参与垄断行业混合所有制改革。根据《国务院关于国有企业发展混合所有制经济的意见》,对主业处于关系国家安全、国民经济命脉的重要行业和关键领域、主要承担重大专项任务的商业类国有企业,要保持国有资本控股地位,支持非国有资本参股;对自然垄断行业,实行以政企分开、政资分开、特许经营、政府监管为主要内容的改革,根据不同行业特点实行网运分开、放开竞争性业务。实际操作中,国家层面也是首先在重要行业和关键领域着手,探索开展国有企业混合所有制改革试点,并逐步扩大试点领域和试点企业数量。据国家发展改革委提供的信息,截至2018

年10月，已开展三批共50家混合所有制改革试点，这三批试点主要集中在少数重要领域，数量较少。2019年拟启动开展第四批混合所有制改革试点工作，试点数量将超过100家企业，试点选择不局限于重要领域企业，也包括具有较强示范意义的充分竞争领域企业。

东北地区是我国老工业基地，长期以来国有经济一直占有较高的比重，且效率低下，与之对应的是，民营经济活力不足，发展不充分。尽快开启产业开放的大门，加速推进混合所有制改革已刻不容缓。国家发展改革委2016年发布的《关于推进东北地区民营经济发展改革的指导意见》中提出：鼓励民营企业进入法律、法规未明确禁止的领域，取消股比、经营范围等限制，切实降低准入门槛，打破区域行政壁垒。推出一批鼓励民营企业和民间资本参与的重大工程和重大项目，在招标投标、政府采购、用地指标等方面对民营企业一视同仁。近几年，东北在推进国有企业混合所有制改革方面改革力度很大，也收到了很好的效果，如长期亏损的东北制药通过混合所有制改革调动员工积极性，实现了逆势反转。但在实际推进过程中也存在一些问题，有的实施混合所有制改革的国有企业本身就经营不善甚至是亏损，民资参与混合所有制改革的预期收益不高。如中石油近两年陆续转让辽河、克拉玛依等多个油田的部分股权，但这些油田大多是边缘的、亏损的。另外，在部分垄断领域如石油、电力、铁路、民航、电信、军工等，民间资本的准入门槛依然较高，民营企业入股的难度并没有明显降低。

与先进兄弟省市相比，东北地区国有企业的混合所有制改革在进度和幅度上都有明显差距。针对上述存在的问题，东北地区在混合所有制改革中推进产业开放，应尽可能地开放竞争性业务，首先推动竞争性强而不是经营差或陷入困境的国有企业进行混合所有制改革。同时结合分类改革，切实降低准入门槛，吸引鼓励民资在不同层次上进入国资垄断行业。

二、破除各种障碍，推动国有经济产权开放

混合所有制是公正的市场经济新体制的产权基础。混合所有制改革就

是要在社会公平和市场经济兼容的基础上，推动国有企业产权开放，实现国有资本、集体资本、非公有资本等交叉持股、相互融合，打破国有股权"一股独大"局面，形成产权多元化的混合所有制企业，真正建立产权主体多元化、治理体系现代化的企业制度。

经济学家常修泽建议，推进产权开放要注重"国、民、外、内，四线联动"，即推动实现国有资本、民营资本、外商资本，以及企业内部职工的股本四种资本融合。第一条线，瞄准现有国有企业，让民、外、内各类资本与国有资本融合；第二条线，立足于现有民营企业，让国、外、内资本与民营资本融合；第三条线，立足于现有外资企业，让国、民、内资本与外商资本融合；第四条线，基于企业员工，实行员工持股。

当前，东北国有企业混合所有制改革在产权方面面临一些事实上的障碍和阻力，主要是股权障碍、观念障碍和舆论障碍。股权障碍主要是指国有股"一股独大"的现象，严重制约了混合所有制改革的进程。对于混合所有制改革的投资者而言，国有企业一股独大，既造成企业股权结构和治理结构的扭曲，也不利于吸引民间资本参股和企业员工持股。以辽宁沈阳为例，截至2018年8月，国有独资334户，国有全资114户，国有控股50户。民营企业参与国有企业混合所有制改革，基本上只能做中小股东，导致参与国有企业混合所有制改革动力不足。

观念障碍源于实际参与各方对混合所有制改革的认知和利益考量。虽然政府和理论界极力推动混合所有制改革，但真正进入实施阶段时，国有企业、民营企业和国有企业员工基于自身的身份角色，各自有不同的认知、态度和利益诉求。一是国有企业面对混合所有制改革态度谨慎，尤其是国有企业领导人担心混合所有制改革造成国有资产流失或失去企业控制权，从而承担政治责任和法律责任；二是民营企业对参与混合所有制改革存在不小的疑虑和担忧，如资本权益能否得到保障，在企业治理中能否得到公平对待，是否有话语权等；三是国有企业员工对于自身身份和权益的忧虑，担心改革后就不是国有企业员工身份了，会被分流下岗安置而失去利益保障等。

舆论障碍来自于各类媒体上关于东北投资环境的负面评价，如"投资不过山海关"等论调和"雪乡宰客"事件等，以及一些关于东北形象的非理性言论。有关调查显示，受访的外省市投资者有70%以上表示不愿投资东北，本地企业也表示不乐观，已成为东北地区国有企业改革的巨大舆论阻力。

图 8-2-1

图片来源：国资报告：东北国企突围 [EB/OL]. 国务院国有资产监督管理委员会网站

为加快推动国有企业产权开放，就要破除上述各种障碍，首要的是从混合所有制改革的股权结构和治理结构入手，遵循市场规律和企业实际，逐步调整优化股权比例，改善企业内部治理结构。其中关键是要做到平等保护产权，确保同股同权。2019年4月有国家发展改革委人士表示，国有企业混合所有制改革要"形成'三三三'的骨架结构，不能一股独大，至少要有3个，形成均衡的架构。同时，要有社会资本。不同资本各占30%，形成均衡机制"。通过科学合理的股权结构设计，优化混合所有制改革企业的治理结构和管理制度，打消各方的疑虑和担忧，扭转社会上对混合所有制改革和东北形象的认知与评价，切实破除混合所有制改革的观念障碍和舆论障碍。

第三节 完善国有企业混合所有制改革实现的体制机制改革

我国40多年改革开放的历史进程中,国有企业与国有资产管理体制一直是改革的核心问题之一。改革开放以来,随着以公有制为主体、多种所有制并存的基本经济制度的建立,政府在经济管理职能中的角色出现了冲突。一方面,政府是游戏规则的制定者即"裁判";另一方面,政府又是国有资产的出资人代表即"运动员",面对多种所有制形式的企业,客观上要求政府的公共管理职能与国有资产管理职能分开。国有企业存在的问题不仅仅在企业自身,更在于国有资产管理体制,在于不合理的管理体制和违背市场规律的管理方式。在这种体制机制下,国有企业资源的分配主要由政府各部门所掌握,不能通过市场自主配置资源,企业缺少活力和适应市场的能力。因此,国有企业改革的核心命题实际就是国有资产的管理体制机制的问题。加快推进国有企业混合所有制改革,前提是要深化国有资产管理体制机制改革。

中共十九大报告指出,要完善各类国有资产管理体制,改革国有资本授权经营体制,加快国有经济布局优化、结构调整、战略性重组,促进国有资产保值增值,推动国有资本做强做优做大,有效防止国有资产流失;深化国有企业改革,发展混合所有制经济,培育具有全球竞争力的世界一流企业。为新时代深化国有企业改革、发展混合所有制经济指明了方向、提供了根本遵循。2015年10月印发的《国务院关于改革和完善国有资产管理体制的若干意见》指出,尊重市场经济规律和企业发展规律,正确处理好政府与市场的关系,以管资本为主加强国有资产监管,改革国有资本授权经营体制，真正确立国有企业的市场主体地位，推进国有资产监管机构职能转变，适应市场化、现代化、国际化新形势和经济发展新常态，不断增强国有经济活力、控制力、影响力和抗风险能力。

由此可见，国有资产管理体制改革的目的，就是使国有企业真正作为市场主体参与市场竞争。在国有企业改革"1+N"的政策体系支持下，要从深化国有资产管理体制机制改革入手，切实推动国资监管机构职能转变，改进监管方式和手段，实现国资监管由"管人管事管资产"向"管资本"转变。

一、推进国有资产监管机构职能转变和监管方式改变

在30多年的实践探索中，我国国有资产监管机构经过多次机构改革和职能调整，持续探索完善国有资产监管体制机制。但从国有资产监管体制机制来看，政企不分、政资不分，国有资产监督机制尚不健全，国有资产监管中越位、缺位、错位等问题依然存在，成为国有资产管理体制改革的最大掣肘。

国有资产监管机构职责不清、定位不准，是导致政企不分最主要的原因之一。国有资产管理体制改革，必须从根本上解决这一问题，从体制上明确界定国有资产管理的职能界限。2015年11月，国务院印发的《国务院关于改革和完善国有资产管理体制的若干意见》，对国有资产管理机构的职责进行重大调整。2017年5月，国务院国资委公布《国务院国资委以管资本为主推进职能转变方案》，明确了职能转变的具体内容。根据《意见》和《方案》要求，应着力推动国有资产监管机构职责在以下三个方面的转变：

其一，以管资本为主，根据授权代表本级人民政府对监管企业依法履行出资人职责，该放的依法放开，切实增强企业活力，提高国有资本运营效率。强化三项管资本职能，即完善规划投资监管、调整优化国有资本布局、瞄准价值链中高端，推动国有资本向基础性、平台性、引领性领域集中，更好地发挥国有经济的主导作用；突出国有资本运营，强化国有资本的形态管理，推动国有资本优化配置；强化激励约束，进一步发挥考核分

配对企业发展的导向作用。

其二，科学界定国有资产出资人监管的边界，专司国有资产监管，不行使政府公共管理职能，不干预企业自主经营权。健全规范国有资本运作、防止国有资产流失的监管制度，着力强化当期和事中监督，并严格落实责任。精简监管事项，制定监管权力清单、责任清单和负面清单，取消、下放、授权一批监管事项，移交"三供一业"、企业办教育办医疗等社会公共管理事项，为国有企业成为真正的市场主体创造制度环境和条件。

其三，适应新的职责和职能，改进国有资产监管方式和手段。对于国有资产的监督管理，要改变过去行政化、指令性的管理方式，切实减少出资人审批核准事项，更多运用法治化、市场化的监管方式，打造事前规范制度、事中加强监控、事后强化问责的监管体系。把该管的科学地管好，严格防止国有资产流失，确保国有资产保值增值。

东北三省响应中共中央、国务院号召，积极探索混合所有制改革的路径，努力实现由"管资产"向"管资本"转变，着力搭建符合自身特色的国有资本投资运营格局，做强做优做大国有资本，激发国有企业活力，全面推进国有企业混合所有制改革。如辽宁省十三届人大常委会第十二次会议于2019年7月30日表决通过《辽宁省企业国有资产监督管理条例》，明确了以管资本为主的国有资产管理体制，加强了国有企业党的建设，完善了企业管理者选用机制和分类分层管理制度，突出了境外国有资产监管，建立了改革容错机制等。辽宁、吉林和黑龙江三省先后发布《以管资本为主推进职能转变实施方案》，推进国有资产监督管理机构职能转变，调整优化监管职能和方式，进一步提高国有资本运营和配置效率。辽宁省沈阳市对国有资本投资运营公司进行授权，着力构建"市国资委—国有资本投资运营公司—国有企业"三级架构管理体制，搭建"3+1+N"国有资本投资运营格局，推进由"管资产"向"管资本"转变。

二、改革国有资本授权经营体制

中共十九大明确提出，要完善各类国有资产管理体制，改革国有资本授权经营体制。2019年4月，国务院印发《改革国有资本授权经营体制方案》，要求以管资本为主加强国有资产监管，切实转变出资人代表机构职能和履职方式，实现授权与监管相结合、放活与管好相统一，切实保障国有资本规范有序运行，促进国有资本做强做优做大，不断增强国有经济活力、控制力、影响力和抗风险能力，培育具有全球竞争力的世界一流企业。

深化国有资本授权经营体制改革的一项主要任务，就是构建国有资本投资、运营主体，即确定"谁来授、授给谁"。《国务院关于推进国有资本投资、运营公司改革试点的实施意见》（国发〔2018〕23号）明确，改组组建国有资本投资、运营公司，构建国有资本投资、运营主体，按照国有资产监管机构授予出资人职责和政府直接授予出资人职责两种模式开展国有资本投资、运营公司试点，明确了国有资产授权经营这一委托—代理行为的双方主体。通过国有资本授权经营，实现国有资本所有权与企业经营权分离，应由企业自主经营决策的事项将依法归位于企业，推动国有资本的市场化运作。

国有资本投资运营公司本身不从事生产经营，而是以资本为纽带、以产权为基础，开展国有资本的市场化运作，对所持股企业按照规范的法人治理结构管理。采取以战略目标和财务效益为主的管控模式，进一步打造市场化运作的专业平台，在国有经济战略性重组和布局结构的优化当中发挥更大的作用。加强企业行权能力建设，指导推动国有企业进一步完善公司治理体系，强化基础管理，优化集团管控，确保各项授权放权接得住、行得稳。

按照原国务院发展研究中心党组书记、副主任陈清泰的描述，所谓管资本就是改革经营性国有资产的实现形式，由实物形态的国有企业专项价值形态转为可以用财务语言清晰界定、有良好流动性、可以进入市场运作的国有资本。在国有资本投资运营机构代替实体企业成为国资委新的监管对象后，经过"国有投资运营机构的隔离"，国资委与实体企业"不再有直接产权关系，也无权穿越投资运营机构干预其投资的公司，政企分开顺理成章"。

三、建立科学的资产评估机制和定价机制

混合所有制改革涉及相关各方交叉持股和资产融合，资产评估机制和定价机制是敏感问题和难点问题，也是保障不同参与主体合法权益的关键所在。资产或项目的估值必须公平，既防止国有资产流失，又防止非公有资本权益受损。这就要求建立科学的资产评估和定价机制，形成明确的规范、制定严格的程序，对资产估值和股权融合后的企业运营做出制度性安排。

《国务院关于国有企业发展混合所有制经济的意见》明确提出，要健全国有资产定价机制。按照公开公平公正原则，完善国有资产交易方式，严格规范国有资产登记、转让、清算、退出等程序和交易行为。通过产权、股权、证券市场发展和合理确定资产价格，发挥专业化中介机构作用，借助多种市场化定价手段，完善资产定价机制，实施信息公开，加强社会监督，防止出现内部人控制、利益输送造成国有资产流失。

在混合所有制改革中，一方面，要严格执行现有的资产评估和定价政策，对资产进行评估定价时要根据不同的资产类型采用相应的评估方法，如重置成本法、收益现值法和市场价值法等，优先参考市场价格，并以资产评估为基础进行定价。另一方面，要规范资产评估定价的运作，引入专业资产评估机制，基于"市场导向"评估确定资产的市场价值。还要对资产评估和定价过程进一步加强监管。监管重点是建立让市场发挥决定性作用的制度框架，最有效率的监管是让国有资产在最有效率的产权交易市场中交易。

1. 健全多层次资本市场

成熟的资本市场是吸引民间资本参与国企改革，实现要素的合理配置，保证国有资产布局加快调整的重要渠道。要健全多层次资本市场，发展完善场内市场（包括主板市场、创业板、新三板、科创板和区域股权交易市场等），加快建立规则统一、交易规范的场外市场，建立信用体系，完善信息披露制度、加强资本市场的规范管理，进一步完善市场在投融资、

定价、并购重组等方面的功能，为国有企业混合所有制改革提供公平、公开、公正的交易平台。

2. 积极推进 PPP 模式

政府和社会资本合作（PPP）模式是民间资本参与公共投资的重要渠道。鉴于东北地区长期重工业基地定位和经济社会发展短板，鼓励社会资本投资或参股基础设施、公用事业、公共服务等领域，尤其是医疗、养老、教育等民生领域的 PPP 项目。优化政府投资方式，通过投资补助、基金注资、担保补贴、贷款贴息等，优先支持引入社会资本的项目。

3. 加快完善相关法律法规

混合所有制改革涉及国有资产监管、产权保护、资本交易和资本市场、资产评估定价、员工持股等诸多环节，关系到众多投资者的重大利益，实施的有效性、合法性需要健全的法律法规作为制度保障，实施过程需要严格的监督。一是要对国有股权持股比例和股权结构安排做出法律上的规定。按照分类推进国有企业混合所有制改革的部署，对少数负面清单领域尤其是特殊功能的领域应继续保持国有独资，涉及国家安全和国计民生领域仍然保持国资绝对控股，关系国民经济命脉的重要行业和关键领域实行国资相对控股，充分竞争领域国有资本可参股或部分退出。二是要完善国有资产监管体系的相关法律规定。要完善法律规定，加快构建公平透明、权责清晰、手段完善的配套法律制度，依法加强对改革过程中产权交易、资产评估定价、企业治理等环节的监管，形成公平透明、权责清晰、手段完善的新型监管体系，提升改革的合法性、合规性和透明度。三是强化市场公平竞争的法律环境。消除各种市场垄断和市场歧视现象，在鼓励业务创新同时，坚决查处各类打压竞争对手、排挤竞争、限制竞争等不正当竞争行为，为混合所有制改革提供一个公平公正的市场环境。

4. 始终坚持和加强党的领导

中共十九大报告明确指出，中国特色社会主义最本质的特征是中国共产党领导，中国特色社会主义制度的最大优势是中国共产党领导。在国有资本管理体制机制改革全过程中，必须把加强党的领导和完善公司治理统一起来，始终坚持和加强党对国有企业政治领导、思想领导、组织领导，充分发挥各级党组织的领导核心和政治核心作用，发挥国有企业党组织的领导作用，健全完善党建工作责任制，落实党建工作主体责任，为国有企业改革发展提供坚强有力的政治保证、组织保证和人才支撑，保证混合所有制改革的正常顺利进行。

延伸阅读：地方国有企业混合所有制改革图鉴"东北篇"

- **混合所有制改革政策及推动**

自2004年首次提出"振兴东北"战略以来，中央针对东北地区出台了一系列的支持政策。

2016年，中央发布了《中共中央 国务院关于全面振兴东北地区等老工业基地的若干意见》，做出了新一轮的战略部署。

中央发布的配套政策《关于推进东北地区民营经济发展改革的指导意见》和《国务院关于深入推进实施新一轮东北振兴战略加快推动东北地区经济企稳向好若干重要举措的意见》中均对混合所有制改革做出了部署。

文件中提出鼓励民营企业通过多种形式参与国有企业混合所有制改革，引导东北的央企加大与当地企业合作。发改委还发布了东北三省与江浙粤三地对口合作实施方案以及多个城市间的合作方案。

国务院国企改革领导小组专门出台了《加快推进东北地区国有企业改革专项工作方案》，这是中共十八大以来出台的第一个区域性国企改革专项文件。

辽宁省、吉林省和黑龙江省也均出台了推动国有企业混合所有制改革指导意见。辽宁计划到2020年省属企业混合所有制改革比重达70%以上，2018年年底省属企业混合所有制改革比例达51%。沈阳计划2020年全市70%以上国有企业实现混合所有制改革，2018年年底的混合所有制改革率为54.8%。

- **部分省市推动混合所有制改革的举措**

辽宁省：

2019年6月，在国有企业混合所有制改革项目及产业合作意向沟通会上推介94个混合所有制改革项目，包括省属企业52个，市属企业42个。

2018年8月，在2018年中国民企五百强峰会上，向民营企业推17个混合所有制改革项目。

2018年8月，推出省属国有企业混合所有制改革首批48个项目。

2016年12月，辽宁省7家省属核心国有企业在沈阳产权交易所向全社会征集战略投资者,全面推进混合所有制改革。

黑龙江省:

2019年4月,黑龙江省8家国有企业股权挂牌招商。

2017年9月,哈尔滨市公布首批60家国有企业混合所有制改革名单。2018年2月,公布了第二批企业名单,共有企业49家。

·混合所有制改革特点、案例及展望

从全国范围看,东北地区非上市国有企业的混合所有制改革高度活跃,与央企、外资和民营企业开展了全方位的合作。

东北地区央企众多,央企自身的混合所有制改革以及央地企业的合作成为当地混合所有制改革的一大看点。

总部位于吉林省的一汽集团下属多家子公司开展了混合所有制改革。2018年下半年,一汽集团旗下零部件子公司一汽富维、富奥股份、启明信息等相继宣布推进混合所有制改革。2019年7月,一汽吉林宣布将通过增资扩股的形式进行混合所有制改革。

2017年4月,哈电集团混合所有制改革方案获发改委批复,根据方案,哈电集团积极推进与GE的合资合作。其他央企也积极参与东北地方国有企业的混合所有制改革。招商局入股辽宁港口集团,华润与辽宁健康产业集团开展战略合作,国投整合吉林酒精集团等均是央地合作的典型案例。

大型民营企业在东北地区的混合所有制改革中发挥着重要的作用。

辽宁省方大集团通过集中竞价、定增认购等方式在2018年7月成为东北制药的控股股东。方大集团还参与了北方重工的破产重整、参与了中兴商业集团的混合所有制改革,均成为第一大股东。

辽宁省的混合所有制改革步伐较大,本钢集团、中天证券、城乡建设集团、环保集团等多家竞争领域的一级企业集团在集团层面通过增资扩股和股权转让进行混合所有制改革。

黑龙江省、吉林省的混合所有制改革主要集中在集团的二、三级子公司层面。2019年4月,哈尔滨东北水电设备制造公司等8家国有企业公开进行股权"挂牌"招商,主要方式是减持国有股、转让控股权、整体退出等。哈尔滨市公布的首批60家国有企业混合所有制改革名单中,二、三级企业占比高达93%。

·地方国有企业A股、H股上市

地区	市场	新增上市公司家数	募集资金(亿元)	上市公司及募集资金(亿元)
吉林	A股	1	3	长白山(3)

注:数据源为Wind。地方国企上市公司指实际控制人为地方国资委或地方国企集团的上市公司。统计时间为2014年1月1日至2019年7月17日。募集资金单位:A股为亿人民币,H股为亿港元。

· A股上市地方国企增发实施

增发目的	地区	上市公司及募集资金（亿元）
整体上市	黑龙江	哈投股份（98.3）
	辽宁	红阳能源（59.9）
引入战略投资者	吉林	吉林化纤（9）
融资收购其他资产	吉林	吉林森工（16.9）
	辽宁	时代万恒（3.5）
配套融资	吉林	吉林森工（4.2）
	黑龙江	哈投股份（4.2）
	辽宁	哈投股份（50）
项目融资	吉林	吉林高速（4.5）、长春燃气（5.3）、亚泰集团（30.5）、吉林化纤（17.2）
	辽宁	本钢板材（40）、时代万恒（8）、辽宁成大（14+8.6）
	黑龙江	龙建股份（4.7）

注：数据源为Wind。本表列示2014年1月1日—2019年7月17日期间增发目的为"整体上市""引入战略投资者""融资收购其他资产""配套融资"和"项目融资"的案例。

（节选自：地方国有企业混改图鉴"东北篇"，财富号—产权大数据，http://caifuhao.eastmoney.com/news/20190916170911522548070，2019—9—16.）

第四节 完善民营企业混合所有制改革实现的体制机制改革

一、民营企业进行混合所有制改革的动力和现实障碍

1.经济下行和去杠杆带来的经营困难和资金链紧张

随着我国经济进入新常态和实施供给侧结构性改革，在经济下行和大力去杠杆的压力下，原来主要依靠人口红利、资源消耗等粗放型方式发展

的民营企业整体上陷入了经营困境和债务泥潭。长期以来，我国金融体制环境方面对民营企业的融资限制还没有完全消除，尤其是银根收紧等金融监管措施，使民营企业受到了较大的冲击。融资难、融资贵的环境下，许多民营企业高比例质押股票，近几年又因股市大幅下跌面临爆仓的风险，无奈之下只好向国有企业寻求救助。

2. 家族治理模式的困境

民营企业的发展大都采用家族模式，虽然家族模式在企业发展早期和成长期发挥了积极作用，但也存在着一定的限制，主要体现在资源融入、发展规模与范围、公司治理等方面。由于家族模式这些限制，民营企业要想发展壮大，就必须通过混合所有制改革，引入国有资本，改变股权结构，消除家族模式的不利影响，建立起适应市场经济要求的现代企业制度。

3. 国有企业改革带来的机遇

国有企业改革以市场化为导向，从公有制走向混合所有制，实现国有资本市场化运作，这给了民营企业一个难得的机遇。通过混合所有制改革，引入国有资本，民营企业可以增强实力，拓宽战略发展空间，实现企业的转型升级。

二、完善体制机制，推进民营企业混合所有制改革

东北地区的民营经济活力不足，发展不充分，大多对政府有较强的依附性，是东北经济发展的短板，应通过体制性引导扶持，让东北地区成为我国混合所有制经济发展的试验区，帮助民营经济通过混合所有制改革增强活力，摆脱依附，加快发展。

1. 以市场化方式推进国有资本参与民营企业混合所有制改革

积极发挥国资监管和绩效考核导向作用，鼓励和引导国有资本以市场化方式参与民营企业混合所有制改革，通过投资入股、联合投资、并购重组等多种方式入股优质的民营企业。发挥国有资本投资、运营公司的资本运作平台作用，与非国有企业进行股权融合、战略合作、资源整合。在公共服务、高新技术、生态环境保护和战略性产业等重点领域，引导国有企

业借助各级资本市场寻找民营企业投资，以市场选择为前提，以资本为纽带，通过控制权转让来完成"民营企业的混合所有制改革"，对发展潜力大、成长性强的非国有企业进行股权投资。在股权投资过程中，要完善国有企业投资决策体制，提升投资决策科学化水平，制定严格的股权投资制度和操作程序，规范投资对象的选择、资金使用的监督、投资效益的考核、投资资金的退出等一系列与股权投资相关的重要行为，强化交易主体和交易过程监管，防止暗箱操作、低价贱卖、利益输送、化公为私、逃废债务，杜绝国有资产流失。

2. 构建"亲""清"新型政商关系，公平对待民营企业

持续深化"放管服"改革，完善政策执行方式，提升政策执行力，大力构建"亲""清"新型政商关系。消除不同所有制企业在法律上和政策上的差别待遇，一律视为权责同等的市场主体，在公平的前提下让民营企业平等使用生产要素、公平参与市场竞争、同等受到法律保护。依法保障企业家的合法权益，保护企业家人身和财产安全，给民营企业家吃上"定心丸"，稳定民营企业家预期。建立健全政府和民营企业交流制度与沟通平台，制定公布政商交往正面清单和负面清单，增强对领导干部与民营企业家交往的行为标准考核。

3. 推动民营企业建立健全现代企业制度

支持国有资本与非国有资本共同设立股权投资基金，参与民营企业改制重组，引导民营企业进行股份制改革，优化股权结构和企业治理架构，建立健全现代企业制度，强化内部激励约束机制，实现企业治理机制专业化和产权结构多元化。

第五节 分类推进"员工持股"的政策设计与实施

股权激励和员工持股是混合所有制改革的重要形式之一。混合所有制改革企业员工持股的目的是要建立收益共享、风险共担的长效激励约束机制，保持核心人才队伍的稳定性，增强企业活力，完善公司治理机制。员工持股涉及股权变动以及企业人事劳动和薪酬制度改革，必须遵循完善制度、市场运作、严格程序、规范操作的原则，宜改则改，分类推进。

从混合所有制改革企业所处行业的性质和人力资本状况角度考虑，资源型、重资产型的企业仍难以开展，主要依靠人力资本和创造性劳动的企业更适合实行员工持股。2015年9月，国务院印发的《国务院关于国有企业发展混合所有制经济的意见》提出，可在以下三类企业优先开展员工持股试点：一是人力资本和技术要素贡献占比较高的转制科研院所。二是高新技术企业。三是科技服务型企业。对试点企业条件、持股员工范围、员工出资方式、入股价格、持股比例、股权结构、持股方式等做出明确规定，另外，对员工股权流转、股权分红、破产重整和清算也做出了相关规定。

一、制定出台员工持股相关法律法规和政策

贯彻落实《国务院关于国有企业发展混合所有制经济的意见》《关于国有控股混合所有制企业开展员工持股试点的意见》精神，国家层面需要协调国有资产监管机构和证券市场监管机构，制定员工持股相关法律法规。东北各省要结合实际，制定出台员工持股相关政策，规范有序开展国有控股混合所有制企业员工持股试点，积极稳妥推进国有企业混合所有制改革

员工持股，严格规范操作，防止通过员工持股变相侵吞国有资产和利益输送造成国有资产流失。

二、制定员工持股实施细则

按照上述两个《意见》要求，制定员工持股实施细则，对持股员工范围、员工出资方式、入股价格、持股比例、股权结构、持股方式等重要事项制定明确规范，保证员工持股操作程序合法合规。

1. 进一步优化企业股权结构

根据不同岗位对企业整体经营绩效的贡献合理确定持股比例，员工持股总量原则上不高于公司总股本的30%，单一员工持股比例原则上不高于总股本的1%。

2. 合理确定持股人员的范围

持股人员应为在关键岗位工作并对公司经营业绩和持续发展有直接或较大影响的科研人员、经营管理人员和业务骨干，探索在混合所有制企业有序推进管理层、技术骨干、员工采取增资扩股、出资新设等方式参与本企业改制，实行同股同权。

3. 明确入股价格和员工出资方式

通过财务审计和资产评估，确定资产价值，员工入股价格不得低于每股净资产。混合所有制改革企业为上市公司的，入股价格按证券监管有关规定确定。员工入股应主要以货币出资，也可以科技成果出资入股。

4. 选择员工持股方式

可以通过个人直接持股、资产管理计划、股权信托、有限合伙企业持股等多种方式，实现员工持股。

三、积极稳妥实施员工持股计划

国有企业混合所有制改革顺利推进的一个重要条件，就是要激发企业员工的活力。员工持股方案，就是着眼于充分激发员工的积极性，将员工、企业、股东和国资四个利益攸关方有效捆绑在一起，并实现激励机制、企业治理体系、人才发展等一系列的转变。一是要按照混合所有制企业实行员工持股试点的有关工作要求制定严密的员工持股工作实施方案,精心选取员工持股试点企业并组织实施。二是要完善相关政策,健全资产评估和方案审核程序,规范操作流程,扎实细致开展员工持股试点工作。三是建立健全股权流转和退出机制,确保员工持股公开透明,严禁暗箱操作,防止利益输送。四是积极扩大混合所有制改革试点企业范围和数量,加快研究制定重要领域混合所有制企业开展员工持股试点的相关政策,加强规范引导,加速推进国有企业混合所有制改革。

2017年12月26日,辽渔集团旗下上市公司渤海轮渡率先在国内国资体系内同时推出股权激励和员工持股计划(简称"双推"),成为国有企业混合所有制"双推"第一企。2017年7月21日,公司第一期员工持股计划购买股票已经实施完毕。2019年4月30日召开了第三届董事会第二十二次会议,审议通过了《关于延长公司第一期员工持股计划存续期的议案》,将第一期员工持股计划存续期延长至2020年5月31日。

第六节 推进混合所有制企业科学治理和高质量发展

公司治理是现代市场经济发展的必然要求,是现代企业制度的基本和核心内容。混合所有制改革的目标之一,就是要解决公司治理中的监督和激励问题,提升公司治理水平,激发企业活力,增强核心竞争力和抗风险能力,推动混合所有制经济高质量发展。

中共十八届三中全会以来,从中央到地方,国有企业混合所有制改革进程不断加快,改革领域和试点企业数量也逐步扩大。但从混合所有制改革后的企业经营和治理角度来看，相当一部分企业并未进一步推动经营机制和治理结构的"改"，存在"混多改少"甚至"只混不改"的现象。混合所有制改革本身不是目的，改革后的企业必须着力转换企业经营机制，特别是在法人治理、选人用人、强化激励等方面取得实质性进展，积极探索符合混合所有制企业实际和特点的新型治理机制，实现公司治理由行政型治理向经济型治理的根本转变。

一、减少政府干预，确立企业市场主体地位

通过国有资产管理体制改革，建立国有资本授权经营体制，实施国有资产经营放权和授权，政府不干预企业自主经营，股东不干预企业日常运营，确保董事会独立行使决策与监督职能，企业治理规范、激励约束机制到位，彻底实现政企分开、政资分开，落实和维护企业真正的市场主体地位。

二、建立现代企业制度和科学的法人治理结构

1. 优化混合所有制企业股权结构

不断优化混合所有制企业股权结构，明确各方资本进入和退出机制，不断增加外部资本的引入，努力发展各种机构投资者，促进国有企业股权结构向多元化的股东制转变，实现国有资本和非国有资本的相互监督和制衡，确保同股同权，依法保护各类股东权益，有效克服因"一股独大"造成的管理效率低下的弊端。

2. 完善混合所有制企业法人治理结构

根据《国务院关于国有企业发展混合所有制经济的意见》提出的"规范企业股东（大）会、董事会、经理层、监事会和党组织的权责关系，按章程行权，对资本监管，靠市场选人，依规则运行，形成定位清晰、权责对等、运转协调、制衡有效的法人治理结构"的要求，推动混合所有制企业建立健全现代企业制度，实现所有权和经营权分离，保护股东权益，建立灵活高效的市场化经营机制，进一步推进由行政型治理向经济型治理的

转变。

3. 重点推进董事会中心型治理架构

设计合理的董事会结构和股票投票权，不断完善董事制度和董事会运作机制。加强外部董事制度和监事会制度建设，发挥监事会和独立董事在监督方面的积极作用，改进董事考核评价办法，理顺治理流程，提升董事的履职能力。把加强党的领导和完善公司治理统一起来，充分发挥企业党组织政治核心作用，最终形成良好的公司治理机制。

4. 加强现代企业治理文化建设

在混合所有制企业中形成良好的治理文化，增强股东、董事、管理层和员工现代公司治理的理念。

三、积极推行职业经理人制度

在混合所有制企业积极推行职业经理人制度。依据市场导向的选人用人机制，以市场化方式选聘职业经理人，通过一系列规范流程和专业化考评，选聘合适的职业经理人负责企业经营。有序推动现有经营管理者与职业经理人的身份转换，对国有企业的高管进行去行政化管理，转换为职业经理人。

按照契约化管理和市场化薪酬原则，建立职业经理人激励约束机制，并探索多种方式的中长期激励机制。建立完善的职业经理人评价以及考核机制，严格职业经理人绩效考核和任期管理，加快建立退出机制。

大力发展职业经理人市场，加大培育职业经理人队伍，保证在混合所有制改革时为企业提供所需的职业经理人。

四、妥善处理好职工身份转换与安置问题

混合所有制改革过程的职工身份转换和安置涉及职工核心利益，是混合所有制改革的重点和难点之一。目前，国有企业改革基本都涉及与股权分配配套的员工"脱马甲"问题，即放弃国有企业身份，成为市场化员工。如云南白药的混合所有制改革，撤销了全体职工此前的级别和待遇。

东航物流的员工也都须与东航解除劳动合同，再与东航物流签订完全市场化的新合同，完成"脱马甲"，之后将进行市场化的薪酬分配与考核机制。

混合所有制改革方案应结合具体情况，制订符合相关规定及实际情况的员工身份转换方案，推动职工转换身份，重新建立与企业的劳动关系，做好职工与改制后企业的工作衔接，力争做到职工的补偿和改变身份后续工作有保障，维持正常的生产经营秩序。对于不符合企业岗位要求的职工，也要制定合理的安置政策，及时足额支付经济补偿金到位，并做好职业技能再培训，解除其后顾之忧。

据《辽宁日报》报道，2018年11月，中共辽宁省委办公厅、辽宁省人民政府办公厅印发《加快推进全省国资国企改革专项工作方案》，提出建立"能增能减"的薪酬分配机制。将选择具备条件的企业开展市场化选聘职业经理人试点，企业经营管理者实现聘任制和任期制，按照业绩考核办法和薪酬管理办法考核定薪，明确聘期、业绩目标及双方的责任和权利。

第九章

东北振兴与混合所有制改革

加快推进与混合所有制改革配套的改革

推动东北经济脱困向好，实现新一轮崛起振兴，事关东北地区广大群众的生活福祉，事关区域协调发展全局，事关全国经济社会发展大局。深入推进国有企业的混合所有制改革，是激发经济活力、发挥后发优势、实现新一轮东北振兴的重要抓手和强力引擎。东北各地应按照中共中央关于振兴东北的系列文件政策精神和习近平总书记关于振兴东北的重要指示要求，加大分类推进混合所有制改革，深刻把握混合所有制改革的内涵，加快完善相关配套改革，确保混合所有制改革的质量和效果。

第一节 深化财税体制改革，为企业减负赋能

"巧妇难为无米之炊。"深化东北地区国有企业改革，破解诸多历史遗留问题，走出发展困境，必然需要巨大的财力支持。这就需要创新工作思路，加大财税体制改革，更大范围筹集资金，给企业改革发展减轻负担、增添发展动力。

一、中央政府多措并举加大定向资金支持力度

1. 加大政策性资金扶持力度

一是通过中央本级一般公共预算财政转移支付支出，弥补改革相关费用缺口。中央政府应当在中央本级一般公共预算中，一方面通过专项转移支付一次性给予东北地区弥补社保缺口的资金支持；另一方面可以出台一个一般转移支付计划，对东北地区国有企业改革提供持续性支持，继而增加东北地方政府一般性财力的统筹调度力度。2019年6月6日，中共中央政治局常委、国务院总理、国务院振兴东北地区等老工业基地领导小组组长李克强主持召开领导小组会议，研究部署进一步推动东北振兴工作，会

上提出了设立东北振兴专项转移支付等政策举措，进一步加大对东北地区发展的支持。二是通过中央本级国有资本经营预算支出，给予东北老工业基地国有企业改革费用的支持。一方面，在中央国有资本经营预算中，列支部分费用，用于弥补东北老工业基地辖区内央企解决历史遗留问题的相关费用缺口；另一方面，探索建立中央国有资本经营预算的收益分享机制，实行中央国有资本经营预算向地方的转移支付制度，给予东北地区地方国有企业深化改革更大力度的资金支持。三是通过全国社会保障基金一次性划转，直接弥补东北地区的社保缺口。中央政府应当在统筹考虑东北地区社会保障资金缺口、中央对东北地区转移支付、地方财力水平以及国有企业承担能力等多方面基础上，根据地方实际，通过全国社会保障基金一次性划转，从而对东北地区社保缺口进行弥补。

2. 允许地方政府通过发行特别债券和市场化融资筹集改革所需资金

一是允许地方政府发行特殊地方债券，用于支付国企进一步深化改革的成本。新修订的《预算法》明确了地方政府在发行地方政府债券中的法律地位。东北地区各级政府可以根据本地区国有企业深化改革的现实需要，向中央政府提出发行地方政府特别债券，专门用于本辖区内国有企业改革改制的相关成本支付的特别债券。2019年9月4日，国务院第六十三次常务会议确定了加快地方政府专项债券发行使用的措施。《中共中央办公厅　国务院办公厅关于做好地方政府专项债券发行及项目配套融资工作的通知》明确指出，允许将专项债券作为符合条件的重大项目资本金。具体涉及10个领域项目：铁路、收费公路、干线机场、内河航电枢纽和港口、城市停车场、天然气管网和储气设施、城乡电网、水利、城镇污水垃圾处理、供水。东北地区的国有企业改革，在解决遗留历史问题时涉及以上领域的项目，可以探索通过发行地方政府专项债券解决。二是鼓励地方政府通过商业银行贷款而支付"三供一业"的维修改造成本。中央政府应当在政策上允许地方政府通过增加负债来支付"三供一业"的移交成本，支持东北地区以地（市）为单位主体从商业银行贷款设立"三供一业"移交基金。

3. 允许地方政府统筹安排调度用于改革的各项筹措资金

中央政府要赋予东北地区各级政府更多的自主权，在满足国家基本政策要求的前提下，提高地方政府对所有深化改革筹集到的资金包括中央政策支持资金的统筹安排，提高资金使用效率和使用效果。中央政府在赋予东北地区地方政府自主权的同时，还要依法明确地方政府承担的相应责任。

二、地方创新思路千方百计筹集改革资金

1. 盘活地方国有企业存量资产和国有股减持变现

一方面，地方国有企业应当在清理盘点闲置资产的基础上，通过产权交易市场盘活部分闲置资产；另一方面，地方国有企业可以依托成熟的证券交易市场，减持变现部分国有股权。地方政府可以制定一个国有企业改革期内国有股权减持变现的计划和预算，国有企业则要根据政府的统一计划和预算而制定本企业的国有股减持变现规划。不论是闲置资产的盘活收益还是国有股减持变现收入，都应当优先用于地方国有企业改革成本的支付，尤其要用于职工社会保障资金缺口的弥补。

2. 探索设立东北地区国有企业改革引导基金

充分发挥国有资本的杠杆作用，聚集更多的社会资本，支持国有企业的深化改革；如通过地方财政出资方式设立国有企业改革引导母基金，以母基金撬动和引导社会资本成立若干只子基金对国有大型企业、战略性新兴产业等重点领域进行投资运作；同时，要做好对改革基金风险的有效防控，使之保值增值。

3. 加大地方国有资本经营预算的征收范围与提高红利征收比例

一方面要实现国有资本经营预算征收的全覆盖；另一方面要逐年提高国有资本经营预算的征收比例，拿出地方本级国有企业部分股权转让收益和国有资本经营收益，专项用于支付必需的改革成本。

三、进行相关税费的适度减免、豁免或返还

1. 通过税收政策的调整,制定切合实际的税收减免、豁免或返还政策

例如,对东北地区资源枯竭城市和地方鼓励发展的产业减免按 15% 的税率征收企业所得税;对同一实际控制人所属的子企业之间重组免征所得税和营业税;进一步细化《国务院关于进一步优化企业兼并重组市场环境的意见》中关于完善企业所得税、土地增值税等的政策;修订完善兼并重组企业所得税特殊性税务处理的政策;在现有央企所得税国家 75%、地方 25% 的税收分成基础上,给有关地方提高 10 个百分点,以使财力较弱的地方有足够资金解决央企"三供一业"剥离问题。

2. 降低或取消国有企业深化改革过程中各类收费

一是降低企业改制、重组涉及的行政事业性及其他收费。如免收房屋产权登记费;免收供水、供气、供电等过户手续费、开户费;免收企业产权变更登记费和注销登记费;降低工商行政管理机关办理企业注册变更登记、商标变更登记费标准;降低税务、房产、土地部门办理变更手续费。二是降低与国有企业承担的社会职能有关的费用标准,对于国有企业无法承担的部分,由政府财政部门给予适当的政策支持。

第二节 深化金融体制改革,畅通投融资渠道

金融是实体经济的血脉,企业发展离不开金融机构的支持。国家应进一步加大对东北地区的金融支持力度,鼓励政策性金融、开发性金融、商业性金融机构探索支持国有企业混合所有制改革发展的有效模式,从而带动新一轮东北振兴;研究引导金融机构参与资源枯竭、产业衰退地区和独

立工矿区转型混合所有制改革实践的相关政策。推动产业资本与金融资本融合发展，允许重点装备制造企业发起设立金融租赁和融资租赁公司。

一、积极推进东北国有企业上市融资

目前，东北地区金融市场的直接金融（股市、债市融资）比例过低，上市公司偏少；间接金融（银行贷款）比例过高，金融结构不均衡。因此，应培育环境，加大促进企业上市融资的力度，为推进混合所有制改革积蓄力量。引导企业在推进境内上市的同时，加大争取境外上市的力度，改善企业的资本负债水平，抵御金融风险。政府可采取多种方式，给予适当的优惠政策，撬动企业上市的积极性。

二、发展多层次区域性现代金融市场

1. 加强东北区域性产权市场、股权市场建设

随着混合所有制改革的推进，未来在国有企业之间、国有企业与民营企业之间的并购重组活动将大量增加，要未雨绸缪提早布局，加强东北区域性产权市场、股权市场建设。国家相关管理部门可根据振兴东北的需要，给予适当的政策倾斜，增加在区域性股权交易市场转板成功的几率，从而推进东北地区的混合所有制改革、产业结构调整。

2. 探索建立发展完善大宗商品交易市场，将长春、大连等中心城市打造成为东北亚区域的大宗商品集散地

大宗商品交易市场的交易标的主要为大宗商品，从某种意义上讲，大宗商品交易市场具有相当多的金融市场属性，被称为"准期货市场"，会给当地带来巨大经济社会利益，不仅能吸引巨大的资金流，推动金融市场的发展，同时还能争取大宗商品的定价权。

3. 在边境贸易较为发达的口岸城市探索建立区域性人民币对卢布直接交易市场

吉林省、黑龙江省的一些口岸城市，例如珲春市等紧邻俄罗斯，是中国主要的对俄贸易地区，可以作为人民币对卢布直接交易的试点市场。贸

易方式主要有边境小额贸易、一般贸易、互市贸易等。设立人民币对卢布直接交易市场必须得到国家金融监管部门的批准,国家相关部门在审批上应给予一定的支持和便利,繁荣边境口岸城市金融市场,以支持新一轮东北地区振兴。

图 9-2-1

2019 年 10 月 15 日,在国家发展改革委的指导下,由中共辽宁省委、辽宁省人民政府、东北振兴金融合作机制联合主办的"金融助振兴——辽宁行动"系列活动在沈阳开幕。图片来自中国工业新闻网。

三、大力发展壮大东北地区国有金融机构

金融机构是金融市场的主体,包括银行、证券、保险、基金等。盘活、壮大东北地区的金融机构,是以市场手段促进东北经济结构转型的前提。根据东北地区目前的情况,可采取如下几项措施。

1. 成立资产管理公司,剥离地方银行不良资产,推动地方银行在香港等股票市场上市

目前,地方银行上市的一个主要障碍是不良贷款率较高,必须予以剥离。在这一过程中,国家相关部门应积极为东北地方优惠剥离不良贷款创造有利条件,目前一个可行的办法是扩大地方资产管理公司(AMC)试点范围,允许试点省、市内的各银行、信托、财务公司、金融租赁公司等金

融企业，按照有关法律、行政法规和相关规定，向经过备案公布的地方资产管理公司批量转让不良资产。东北地区的地方银行盘子大，上市后资产规模和效率一旦大幅度改观，将对东北地区金融业产生重大影响。同时，上市之后，银行成为混合所有制企业，有利于改善银行的公司治理绩效。此外，探索将一些非银行金融机构改制为混合所有制金融机构。在金融类企业混合所有制改革中，可以选择一两个非银行金融机构单位，如一汽汽车金融公司等进行试点，在总结经验的基础上，再逐步推开。

2. 筹备成立东北产业发展基金，中央财政参股注资

目前东北地区有一些亮点产业，如有轨交通业就属于明星产业，未来有望成为世界级轨道客车产业基地。随着产业的发展，轨道客车供需两端都将出现巨大的融资需求。因此，应加大资金投入，以市场化手段成立东北产业发展基金，通过基金来注入资金，参与企业治理，可以提高资金的使用效率。同时，中央财政可考虑参股注资。

3. 成立民营银行、组建新的证券公司

东北的民营银行、证券公司普遍偏少，证券公司的规模和数量排在全国的倒数几位。为了促进东北金融机构的发展，可在民营银行、证券公司牌照发放上给予东北地区适当的倾斜。

4. 成立金融控股公司，管理现省市财政部门持有的国有金融资产

设立金融控股公司，将省市财政部门持有的金融性股权注入金融控股公司，由金融控股公司管理现省市财政部门持有的国有金融资产，便于金融机构增资扩股，有利于激发金融机构的活力。

四、在东北地区探索设立"产业金融创新试验区"

在新一轮东北振兴中，对产业金融创新试验区具有现实需求。产业金融创新试验区的功能可定位为探索金融如何支持战略性新兴产业的发展以及支持东北老工业基地产业转型升级。在试验中，试验区可以运用"产业金融工程"理论指导实践，在金融机构、金融机制、金融产品、金融工具等方面，探索推动东北地区战略性新兴产业的发展以及传统装备制造业转型升级的路径。

第三节 深化行政体制改革，破除体制机制障碍

一、加快推进简政放权，深化"放管服"改革

1. 建立健全权力清单、责任清单、负面清单制度，完善清单动态管理和实施机制

东北地区要深化行政审批制度改革，大幅减少行政审批事项，凡能取消的一律取消，凡能下放的审批事项一律下放，着力简化办事流程，压缩审批时限，提高审批效率，加快推进行政审批标准化建设，最大限度缩小投资项目核准的范围。实行企业投资项目管理负面清单制度，试点市场准入负面清单制度。深入推进商事制度改革和"证照分离"改革，继续削减前置审批和不必要证照。减少对生产经营活动的许可事项，严格控制新设行政许可。加强合法性、必要性、合理性审查论证，取消不符合行政许可法规定的资质资格准入许可。深化承担行政职能的事业单位改革，推进政事分开。

2. 强化事中事后监管

探索制定东北地区统一的市场监管规则、流程和标准，健全监管责任制，推进协同监管、大数据监管和智能监管，探索实施东北地区跨区域综合监管。创新监管机制和监管方式，加强监管机构信息联通共享，建设东北地区统一的信用信息征集目录，通过全国和地区信用信息共享平台实现所有市场主体信用信息的统一归集和共享。通过国家企业信用信息系统等平台，实施企业信用信息公示。全面推行"双随机、一公开"监管，随机抽取检查对象，随机选派执法检查人员，抽取情况及查处结果及时向社会

公开。

3. 不断提升优化政府服务

推动"法治东北""信用东北"建设，建设服务型政府和法治型政府。进一步理顺政府和市场关系，着力解决政府直接配置资源、管得过多过细以及职能错位、越位、缺位、不到位等问题。加强对政府采购、招投标、政府与社会资本合作、招商引资等重点领域的政务诚信建设，对公务员诚信管理与考核、政务失信记录等方面都做出明确要求和规定。以群众和企业办事为视角，再造办事业务流程和服务程序，制定服务承诺标准；进行换位思考，注重用户体验，从群众和企业办事角度优化行政流程，打通企业投资项目审批与中介服务的"梗阻"，破解"痛点""堵点"问题，提升企业获得感和满意度。完善地方政府绩效评价体系和评估机制。研究出台优化东北地区营商环境、构建新型政商关系的专门措施。创新政府服务方式，建立健全政府购买公共服务制度，凡属事务性管理服务，原则上都要引入竞争机制向社会购买。

4. 努力打造数字政府、网上政府

推广"互联网+"，全面推进政务公开。充分利用大数据、信息化等高科技，推动"互联网+"，提升政府政务服务效率和质量，让数据多跑路，让百姓少跑腿，破解信息孤岛、部门壁垒、条块分割等历史性改革难题。积极推进东北地区政务服务系统对国务院各部门政务信息系统实现跨部门、跨层级、跨区域的整合共享。

二、探索建立国有资产管理新体制和统一的国有资产监管模式

1. 建立国有资产管理新体制

国有企业的深化改革，要求实现从管企业为主的管理体制向管资本为主的新体制转变，从着眼企业经营权改革向国有资本所有权改革转变，逐步建立"政府—经授权的市场化主体—国有企业"三个层次的国有资产管理新体制。国家是国有资本的终极所有权人和出资人，政府代表国家行使国有资本的所有权和履行出资人职能，国有资本投资公司和国有资本运营

公司是经政府授权、代表政府实现出资人各项权利的市场化主体,该两类公司代表政府进行国有资本的具体投资运营行为,在具体实践过程中,实施横向"三分开"与纵向"三分离"授权投资运营体制。横向"三分开"指的是,国有资本所有权管理职能即宏观管理、资本运营和监督评价职能的分开;纵向"三分离"指的是,国有资本所有权权能即资本所有权、出资人产权和企业经营权的分离。

2. **实现国有资产的统一监管**

主要从宏观和微观两个层面履行对国有资本所有权的监督评价职责。宏观层面主要是对国有资本所有权管理、投资运营与国家战略目标和社会使命是否吻合进行监督评价;微观层面主要是通过对国有资本投资运营是否实现了既定的经济目标,是否切实维护和实现了国有资本所有权权益进行监督评价。

3. **积极落实"管资本"的配套监管方式**

监管部门要改变观念、创新思路,在持续深入推进混合所有制改革过程中:一要清晰划定监管授权与国有企业经营权的效率边界,做好作为出资人角色对国有企业进行管理,不能随意越界;二要根据改革后经营实际需要,积极扩大授权范围,完善授权调整机制,适度放宽混合所有制改革条件限制并出台试错机制加速混合所有制改革,主动适应国有企业混合所有制改革以及改革后经营管理需要,真正实现"责、权、利"三统一;三要加强信息监控。积极借助信息平台建设,根据监管职责,不断提升国有企业监管水平,防止国有资产流失,促进国有资本保值增值。

第四节 深化国有企业改革，减轻历史负担和现实阻力

一、加快推进东北辖区内国有企业混合所有制改革

1. 立足长远，科学规划，优化东北地区国有经济战略布局

东北地区要根据中共中央、国务院统一部署，研究制定深化国有企业改革具体实施意见，明确区域产业发展规划和战略布局，按照不同国有企业功能类别推进改革，以产业转型升级为引领，改组组建国有资本投资、运营公司，扎实推进国有经济布局战略调整，创新发展一批国有企业，重组整合一批国有企业，促进国有资产保值增值。在现代农业、战略性新兴产业和现代服务业等领域创新发展一批领军企业，做优做强国有经济。在交通、能源、装备制造等重点基础设施及传统制造业领域重组整合一批国有企业，加快推动国有资本向具有核心竞争力的优势企业集中。在煤炭、钢铁等产能过剩领域建立健全优胜劣汰市场机制，有序退出过剩产能，妥善安置富余人员。通过企业兼并重组，实现产业结构布局调整和优化。同时，制定深化东北国有企业改革专项工作方案，科学合理界定国有企业功能、划分国有企业类别，实行分类改革、分类发展、分类监管、分类定责、分类考核。为贯彻落实中共中央关于新一轮东北振兴过程中国有企业混合所有制改革的各项政策部署，东北各地积极响应、迅速行动，采取相关措施，取得了积极进展。如辽宁省2018年发布《加快推进全省国资国企改革专项工作方案》，明确提出到2020年省属国企混合所有制改革面达70%以上，培育10至12家国内一流或行业先进企业集团，全省国有企业

资产总额力争突破 3.5 万亿,所有者权益突破 1.5 万亿。截至 2019 年 9 月末,辽宁省属企业及沈阳、大连市属企业混合所有制改革面分别达 53.8%、54.8%、57%。通过混合所有制改革,省属企业营收和利润连续 33 个月实现双增长。

2. 分类指导,兼容并蓄,扎实推进东北辖区内央企的混合所有制改革

辖区内央企混合所有制改革的推进,既包括中央国有资本与非国有资本的混合,也包括中央国有资本与地方国有资本的混合。要因地制宜,分类指导,多策并举。要允许辖区内央企混合所有制改革实行非国有资本控股的方式,降低资本准入门槛要求,吸引更多、更大的民营资本和外资资本加入;支持并鼓励地方国有资本和非国有资本积极参与央企的重大项目,与央企建立战略联盟,如共建产业发展园区、特许经营、合资建立新企业、签订合作协议等。

3. 立足实际,多措并举,积极推进东北地方国资国企混合所有制改革

东北的地方企业主要集中在竞争性领域和民生事业领域。一是鼓励地方国有企业积极引入各类投资者,形成股权结构多元、股东行为规范、内部约束有效、运行高效灵活的经营机制。要重点推动竞争性领域的国有资本与非国有资本的同台竞争和融合发展,充分竞争性领域国有资本,尽量

图 9-4-1 沈阳华晨宝马大东工厂,工人在生产线上装配汽车

新华社记者 潘昱龙摄

采取相当控股和参股方式；基础设施和公共公用事业领域则要积极探索引入非国有资本的多种方式，例如发行债券、购买服务、授权经营、PPP。二是尽快公布地方国有企业混合所有制改革的清单，列入改革清单的地方国有企业，要积极上报混合所有制改革的方案，要明确引入民营资本和外资资本的方式，以及改制后企业的治理结构、发展方式等。三是积极为非公经济参与混合所有制创造条件，努力消除非国有资本进入国有企业的各种壁垒。四是多管齐下，积极推进地方国有企业实行混合所有制。如：国有资本、非国有资本联合投资新建企业形成混合所有制企业；原本国有或者国有控股企业，增资扩股引入非国有资本形成混合所有制企业；原本国有或者国有控股企业公开上市，其他资本认购股份形成混合所有制企业。五是严格制定推进混合所有制改革的一些原则和基本政策。要明确相关工作规则，遵守相关流程，规范推进混合所有制改革步骤和目标，确保混合所有制改革工作全过程安全有效可持续。

4. 强化激励，分解风险，进一步健全完善员工持股方案

要支持东北地区人才资本和技术要素贡献占比较高的转制科研院所、高新技术企业和科技服务型企业通过增资扩股、出资新设等方式开展员工持股试点。不论是央企还是地方国有企业，一旦推行混合所有制后，符合条件的可实行员工持股方式，坚持依法合规、公开透明、立足增量、不动存量、同股同价、现金入股、以岗定股、动态调整等原则，明确对管理层、技术骨干股权激励，推动管理层、技术骨干、员工共同出资参与企业改制，积极推进混合所有制改革试点企业员工持股，有效实现企业与员工利益和风险绑定，强化内部激励，完善公司治理。推行员工持股的企业，应本着自愿自主、互惠共赢的原则和导向，不可强制性摊派，支持和鼓励管理层和技术骨干发挥带头作用进行持股。员工持股计划的推出，一方面要客观评价国有资产流失风险并确保国资安全，另一方面需要配套跟进相关税收政策的优惠支持，继而确保员工持股计划顺利实施，保障员工利益得以维护和实现预期升值。

二、加快传统产业转型升级，不断培育壮大战略性新兴产业

坚持多管齐下，"加减乘除"一起做，全面推进经济结构优化升级，加快构建战略性新兴产业和传统制造业并驾齐驱、现代服务业和传统服务业相互促进、信息化和工业化深度融合的产业发展新格局。

促进装备制造等优势产业提质增效。准确把握经济发展新常态下东北地区产业转型升级的战略定位，控制重化工业规模、练好内功、提高水平、深化改革，提高制造业核心竞争力，再造产业竞争新优势，努力将东北地区打造成为实施"中国制造2025"的先行区。做优做强电力装备、石化和冶金装备、重型矿山和工程机械、先进轨道交通装备、新型农机装备、航空航天装备、海洋工程装备及高技术船舶等先进装备制造业，提升重大技术装备以及核心技术与关键零部件研发制造水平，优先支持东北装备制造业走出去，推进东北装备"装备中国"走向世界。提升原材料产业精深加工水平，推进钢铁、有色、化工、建材等行业绿色改造升级，积极稳妥化解过剩产能。加快信息化和工业化深度融合，推进制造业智能化改造，促进工业互联网、云计算、大数据在企业研发设计、生产制造、经营管理、销售服务的综合集成应用。支持东北地区开展"中国制造2025"试点，提高智能制造、绿色制造、精益制造和服务型制造能力，鼓励国家重点工程优先采用国产装备，重塑东北装备竞争力，积极开拓重大装备国际市场，推动国际产能和装备制造合作。加强质量、品牌和标准建设，打造一批具有国际竞争力的产业基地和区域特色产业集群。设立老工业基地产业转型升级示范区和示范园区，促进产业向高端化、集聚化、智能化升级，研究制定支持产业衰退地区振兴发展的政策措施。

积极培育新产业新业态。大力促进产业多元化发展，努力改变许多地区（城市）"一企独大、一业独大"状况，尽快形成多点多业支撑的新格局。制定实施东北地区培育发展新兴产业行动计划，发展壮大高档数控机床、工业机器人及智能装备、燃气轮机、先进发动机、集成电路装备、卫星应用、光电子、生物医药、新材料等一批有基础、有优势、有竞争力的

新兴产业。支持沈阳、大连、长春、哈尔滨等地打造国内领先的新兴产业集群。充分发挥特色资源优势,积极支持中等城市做大做强农产品精深加工、现代中药、高性能纤维及高端石墨深加工等特色产业集群。积极支持产业结构单一地区(城市)加快转型,研究制定促进经济转型和产业多元化发展的政策措施,建立新兴产业集聚发展园区,安排中央预算内投资资金支持园区基础设施和公共平台建设。积极推进落实"互联网+"行动。依托本地实体经济积极发展电子商务、供应链物流、互联网金融等新兴业态,支持跨境电子商务发展。

大力发展以生产性服务业为重点的现代服务业。实施东北地区老工业基地服务型制造行动计划,引导和支持制造业企业从生产制造型向生产服务型转变。开展生产性服务业发展示范工作,鼓励企业分离和外包非核心业务,向价值链高端延伸。积极发展金融业,鼓励各类金融机构在东北地区设立分支机构,支持地方金融机构发展,加快建立健全多层次的资本市场,拓宽企业直接融资渠道。大力发展现代物流业,提高物流社会化、标准化、信息化、专业化水平。积极发挥冰雪、森林、草原、湖泊、湿地、边境、民俗等自然人文资源和独特气候条件优势,加快发展旅游、养老、健康、文体、休闲等产业,把东北地区建成世界知名生态休闲旅游目的地。

加快发展现代化大农业。率先构建现代农业产业体系、生产体系、经营体系,着力提高农业生产规模化、集约化、专业化、标准化水平和可持续发展能力,使现代农业成为重要的产业支撑。进一步提升国家商品粮生产核心区地位,加快实施高标准农田建设、黑土地保护等重大工程,支持开展定期深松整地、耕地质量保护与提升补贴试点,研究开展黑土地轮种试点。重点支持东北地区加快推进重大水利工程建设,完善大型灌区基础设施。探索划定粮食生产功能区,加快建设国家现代农业示范区。在稳定粮食生产、确保粮食安全的基础上,发展现代畜牧业、园艺业、水产业以及农畜产品加工和流通业,优化农业产业结构和区域布局,提高农业整体效益和竞争力。

促进区域物流一体化。充分利用东北地区沿海沿边优势和保税物流政策，大力发展国际物流产业。加强港口基础设施建设，大力发展集装箱海铁联运，提升港口综合服务能力。鼓励沿海港口功能向内陆延伸，推进内陆港建设，扩大港口吸纳腹地货源能力。加快推进同江铁路大桥、鸭绿江界河公路大桥、黑河大桥等沿边口岸基础设施建设，提升边境口岸通行能力和信息化水平。支持边境口岸发展保税物流，加强与对岸口岸协调合作，促进中外边境口岸功能的协同与能力匹配。依托满洲里、绥芬河、黑河、同江、黑山头、室韦等口岸，发展中俄沿边物流和环日本海物流；依托丹东、珲春、图们等口岸，发展中朝沿边物流；依托阿尔山、珠恩嘎达布其、二连浩特等口岸，发展中蒙沿边物流。支持黑龙江省、吉林省深入开展"借港出海"。积极推进海关特殊监管区域和保税监管场所建设，加强国际集装箱中转站、国际机场等地多式联运物流设施建设，提高国际货物的中转能力。推进内陆港、海铁联运、集装箱班列项目运作，畅通东北地区沿海沿边国际物流通道，加快发展适应国际中转、采购、加工配送、转口贸易业务要求的国际物流。加快蒙东地区与东北三省物流通道建设，加强各省区的物流合作，促进东北地区物流一体化发展。加强东北地区与其他地区的物流联系，提升陆路、海路出入关能力。鼓励东北地区物流园区建立战略联盟，实现基础设施、物流信息等资源共享。培育提高物流企业跨区域服务能力。

大力支持民营经济发展。加快转变发展理念，建立健全体制机制，支持民营经济做大做强，使民营企业成为推动发展、增强活力的重要力量。进一步放宽民间资本进入的行业和领域，促进民营经济公开公平公正参与市场竞争。支持民营企业通过多种形式参与国有企业改制重组。改善金融服务，疏通金融进入中小企业和小微企业的通道，鼓励民间资本依法合规投资入股金融法人机构，支持在东北地区兴办民营银行、消费金融公司等金融机构。壮大一批主业突出、核心竞争力强的民营企业集团和龙头企业，支持建立现代企业制度，推进民营企业公共服务平台建设。

不断提升基础设施水平。实施东北地区低标准铁路扩能改造工程，改善路网结构，提升老旧铁路速度和运力。科学规划建设快速铁路网，尽早建成京沈高铁及其联络线,研究建设东北地区东部和西部快速铁路通道。加大对东北高寒地区和交通末端干线公路建设支持力度。进一步加大对东北地区重点口岸基础设施建设支持力度。在中央预算内投资中安排资金支持东北地区面向东北亚开放合作平台基础设施建设。研究新建、扩建一批干支线机场,鼓励中外航空公司开辟至东北地区的国际航线,推进国际陆海联运、江海联运。积极推进渤海跨海通道的规划与建设前期工作,争取尽快列入建设计划、早日开工建设、早日建成使用,极大地缩短内陆地区与东北地区的交通距离,努力将东北地区打造成为我国向北开放的重要窗口和东北亚地区合作的中心枢纽,带动东北地区、环渤海经济带崛起振兴。

图 9-4-2　京沈高铁白河特大桥施工现场,预计 2020 年底全线建成通车。

新华社记者　陈晔华摄

三、抢抓机遇主动作为,积极参与国家重大战略部署

1. 积极融入"一带一路"建设发展

鼓励参与混合所有制改革企业抓住机遇,充分利用东北地区与周边国家基础设施互联互通优势,推进与周边国家和地区企业开展战略互信、经贸合作等活动,推动丝绸之路经济带建设与欧亚经济联盟、蒙古国草原之路倡议的对接,推进中蒙俄经济走廊建设,加强东北振兴与俄远东开发战

略衔接，深化毗邻地区合作。以推进中韩自贸区建设为契机，选择适宜地区建设中韩国际合作示范区，推进共建中日经济和产业合作平台。推动对欧美等国家（地区）相关合作机制和平台建设，高水平推进中德（沈阳）高端装备制造产业园建设。推进沿边重点开发开放试验区建设，推动黑瞎子岛保护与开发开放。提高边境经济合作区、跨境经济合作区发展水平。积极扩大与周边国家的边境贸易，创新边贸方式，实现边境贸易与东北腹地优势产业发展的互动，促进东北进出口贸易水平不断提高。支持有实力的企业、优势产业、骨干产品走出去，重点推进国际产能和装备制造合作，培育开放型经济新优势。

2. 积极融入京津冀、长三角等经济区的建设发展

推动东北地区国有企业充分利用国家政策和规划机遇，转变观念，创新思路，积极与京津冀、长三角地区资本和企业加强产业合作，实现资源共享、优势互补、融合发展，在技术创新、基础设施联通、产业转移承接、生态环境联合保护治理等重点领域取得突破，加强在科技研发和成果转化、能源保障、统一市场建设等领域务实合作，建立若干产业合作与创新转化平台。支持辽宁西部地区加快发展，打造对接京津冀协同发展战略

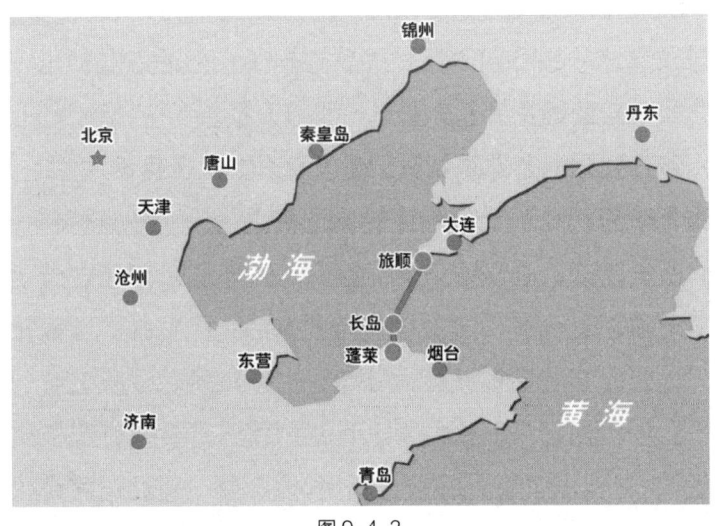

图 9-4-3

近年来，很多专家呼吁建设渤海海峡跨海通道，这将对东北地区的崛起振兴起到重要带动作用。该项目引起社会各界广泛关注和热议。图片来源于中国产业信息网。

的先行区。加强与环渤海地区的经济联系，积极推进东北地区与山东半岛经济区互动合作。支持东北地区与长江经济带、港澳台地区加强经贸投资合作。

3. 深化东北地区内部合作

完善区域合作与协同发展机制，支持省（区）毗邻地区探索合作新模式，鼓励开展协同创新，规划建设产业合作园区。加快推动东北地区通关一体化。

四、高度重视人才队伍建设，激发各类要素活力

1. 进一步加快健全完善既有激励又有约束、既讲效率又讲公平的用工用人和薪酬分配的市场化机制

完善人才激励机制，鼓励高校、科研院所和国有企业强化对科技、管理人才的激励，建立健全充分体现智力劳动价值的分配机制。东北地区高校和科研院所科技成果转化所获收益用于奖励科研负责人、骨干技术人员等重要贡献人员和团队的比例，可以提高到不低于50%。鼓励设立高校毕业生创新创业基金，通过创业本金补助、贷款补贴等方式，引导大学毕业生在本地就业创业。尊重知识、尊重人才，人尽其才、才尽其用，用待遇留人、用感情留人，给各类人才发展营造一个良好的发展环境，吸引更多优秀人才为国有企业的发展壮大贡献智慧与力量。

2. 进一步加强国有企业领导班子建设和人才队伍建设

要通过大力宣传影响社会舆论导向，树立优秀企业家榜样，发挥典型带动效应，更好地发挥企业家作用，造就一大批德才兼备、善于经营、敢于担当、甘于奉献、充满活力的优秀企业家队伍。依托职业院校、技工院校，加强东北重点产业急需技能人才培训，发展现代职业教育。国家"千人计划""万人计划"、中科院"百人计划"等人才计划，积极支持东北地区人才培养与引进。积极开展引进国外智力工作，建立国家高层次科技人才及团队柔性引进机制，鼓励东北各省（自治州、县）加大引进国外智力专项投入，集聚海外高层次创新创业人才和智力。在沈阳、大连、长春、

哈尔滨和大庆开展人才引进改革试点，建立人才引进专项基金，支持引进高层次人才。组织实施东北地区高层次人才援助计划，通过建设科技领军人才创新驱动中心等方式，带动技术、智力、管理、信息等创新要素流向东北地区。鼓励东北省级以上高新区与北京中关村、上海张江等国家自主创新示范区建立人员交流机制。有关研究认为，国有企业作为一个以营利为目的的经济组织，现有的浓厚官本位现象，阻碍了企业的长远发展和经济效益的提高，国有企业和国有公司的混合所有制改造，能否冲破行政级别的僵化模式，推进国有企业去行政化，是混合所有制改革路上亟待解决的问题。

3. 培育一批引领创新创业发展的企业家，推行职业经理人制度

充分发挥企业家在创新决策中的重要作用，建立常态化的政府与企业间创新交流咨询制度。依托知名跨国公司、国外高水平大学和境外培训机构，培育具有世界眼光、战略思维、创新精神和开拓能力的优秀企业家。借助沈阳制博会、东北亚博览会、中国—俄罗斯博览会等展会平台，以及组织参加海外展览会等方式，引导企业家参与国际合作与竞争，提高经营管理水平和国际视野。鼓励地方人民政府实施本地优秀企业家培育计划。同时，实行内部培养和外部引进相结合，畅通现有经营管理者与职业经理人身份转换通道，董事会按市场化方法选聘和管理职业经理人，合理增加市场化选聘比例，加快建立退出机制。此外，还要加大正向激励作用，抓紧研究建立容错纠错机制，为领导人员放手改革、大胆管理提供制度保证。

五、坚持以民为本，妥善解决国有企业历史遗留问题

1. 保障和改善民生

要坚持把保障和改善民生作为推动东北老工业基地振兴的出发点和落脚点，使发展成果更多更公平地惠及全体人民，让人民群众有更多获得感。加大民生建设资金投入，全力解决好人民群众关心的教育、就业、收入、社保、医疗卫生、食品安全等问题，保障民生链正常运转。要坚决守住民生底线，防止经济发展下行压力传导到民生领域。尤其是地方政府应当在历史遗

留问题的解决和人员的妥善安置上发挥主体责任，本着经济效益与社会效益并重的原则，采取务实举措，做好增收节支，坚决压缩一般性支出，切实保障各项民生重点支出。

2. 加大中央支持力度

加大中央支持力度，允许东北地区国有企业划出部分股权转让收益、地方政府出让部分国有企业股权，专项解决厂办大集体和分离企业办社会职能等历史遗留问题；同时，中央财政对企业职工基本养老保险的投入继续向东北地区倾斜，进一步提高企业退休人员基本养老金水平，妥善解决东北地区离退休集体职工的生产生活困难、社会保障以及社会化管理困难等重点难点问题。

3. 坚持就业优先

坚持就业优先，制定具体措施，加强专业培训，重点做好高校毕业生就业和失业人员再就业工作，帮助就业困难人员实现就业，确保零就业家庭实现至少一人就业。稳定城乡居民就业和收入，确保社会和谐稳定，为新一轮改革创造条件。

4. 重大民生工程

全面实施棚户区、独立工矿区改造等重大民生工程。中央财政和中央预算内投资继续加大对棚户区改造支持力度，国家开发银行、中国农业发展银行等要加强金融支持，重点推进资源枯竭城市及独立工矿区、老工业城市、国有林区和垦区棚户区改造。继续推进"暖房子"工程。继续安排中央预算内投资，因地制宜加快推进独立工矿区搬迁改造工程，切实改善矿区发展条件和居民生产生活条件。制定采煤沉陷区综合治理政策，在中央预算内投资中安排资金，加快采煤沉陷区居民避险安置及配套基础设施、公共服务设施和接续替代产业平台建设。加强矿区生态和地质环境整治，开展露天矿坑、矸石山、尾矿库等综合治理。

六、始终坚持和加强党的领导，强化监督，防止国有资产流失

坚持党的建设与企业混合所有制改革同步谋划、同步开展，根据企业

组织形式变化,同步设置或调整党的组织,理顺党组织隶属关系,同步选配好党组织负责人,健全党的工作机构,配强党务工作者队伍,保障党组织工作经费,有效开展党的工作,发挥好党组织政治核心作用和党员先锋模范作用。在推进国有企业混合所有制改革过程中,各级党组织要守土有责、守土尽责,进一步提高认识、求真务实、精心组织、主动作为,团结带领广大干部群众,形成新一轮东北振兴的好势头,打赢全面振兴这场硬仗。要解放思想、振奋精神、攻坚克难、锐意改革,下决心破解体制机制障碍。要进一步明确党组织在公司法人治理结构中的地位,把党建工作总体要求纳入公司章程。要加强和改进对国有企业的监督,进一步提高监督的针对性、科学性和有效性。

第五节 完善法律制度建设,创造良性运行机制和环境

为保障混合所有制改革工作顺利推进、实现东北地区新一轮发展振兴,一方面要健全完善法律制度,为深化改革扫平法律上政策上的各类约束和障碍,进一步释放经济活力;另一方面,也要创新思路,大胆尝试,出台一些激励举措,为企业的深化改革、持续健康发展营造一种良好的氛围。

一、加快法律法规立、改、废、释工作

健全混合所有制经济相关法律法规和规章,加大法律法规立、改、废、释工作力度,确保改革于法有据。根据改革需要抓紧对合同法、物权法、公司法、企业国有资产法、企业破产法中有关法律制度进行研究,依照法定程序及时提请修改。推动加快制定有关产权保护、市场准入和退

出、交易规则、公平竞争等方面法律法规。健全严格的产权占有、使用、收益、处分等完整保护制度,依法保护混合所有制企业各类出资人的产权和知识产权权益。及时梳理汇总并修改修订不适应"放管服"改革形势的法律法规和部门规章制度,为国有企业实施混合所有制改革减少法律阻力和教条式制度性约束。

二、规范法人治理结构,建立现代企业制度

在推进混合所有制改革工作过程中,要建立约束"一股独大"的约束机制;加强保护中小股东权益,根据股权结构,适当增加外部董事的比例;加强董事会制度建设,发挥董事会专门委员会治理功能。以规范法人治理结构为基础,形成对控股股东、经理层的有效制衡约束机制。董事、监事和经理层必须与行政序列脱钩。

三、建立健全产权保护机制

加强专利执法、商标执法和版权执法,加强行政执法部门与司法机关之间信息互联互通。加强对重点产业、关键核心技术、基础前沿领域知识产权保护力度。支持企业、产业技术联盟构建专利池,建设基于互联网的研究开发、技术转移、检测认证、知识产权与标准、科技咨询等服务平台。加强对各类企业法人财产权的保护。依法保护企业家创新收益。企业以法人财产权依法自主经营、自负盈亏,有权拒绝任何组织或个人无法律依据的要求。

四、加快企业社会信用体系建设

选择有条件的地区,开展重点高新技术企业信用评级试点工作,建立高新技术企业信用报告制度,开展信用融资。推动地方政府建立完善覆盖所有社会成员的统一信用信息共享平台,实现信用信息的互联互通与资源共享,构建"互联网+监管"机制。开展信用"红、黑名单"建设,构建守信激励和失信惩戒机制,营造"守信光荣、失信可耻"的社会舆论氛围。

五、完善科技创新资金分配机制

深化地方科技计划（专项、基金等）管理改革，优化整合资源，建立目标明确和绩效导向的管理制度。地方财政科技资金进一步加大对科技型中小微企业支持力度，积极引导社会资本和金融资本支持创新创业。更多运用财政后补助、间接投入等方式，支持企业开展创新活动。探索采用创新券、创业券等方式，支持企业购买高校和科研院所科技成果和科技服务。

六、深化国有企业改革提升创新效率

坚持国有企业改革的市场化方向，探索混合所有制的多种实现形式，增强企业的创新活力和竞争力。推动总部在东北的商业类央企将产能严重过剩领域的国有资本有序向关键性、战略性、基础性和先导性行业领域调整集中。东北各省（自治州、县）修订省属国有企业负责人考核制度，针对不同行业分类指导，加大技术创新指标在业绩考核中的比重，在本省（自治州、县）各选择若干个国有企业开展研发投入按一定比例视作经营利润的考核改革试点。研究制定国有企业对重要技术人员和经营管理人员实施股权激励和分红激励的实施办法。

七、支持民营企业提高创新能力

鼓励有条件的民营企业设立院士专家工作站，加强科研基地建设。落实和完善政府采购，促进中小创新企业发展的相关措施，放宽民营企业进入军品科研生产和维修的准入领域和采购范围。支持民营企业牵头承担国家科技项目，组建产业与技术创新联盟。推动完善中小企业创新服务体系，建立中小企业公共技术服务联盟。东北高校和科研院所要积极面向社会开放科研和检测平台，为中小企业创新创业活动提供仪器设备和人才支撑。

八、正面开展政策宣传和舆论引导

要加大混合所有制改革工作过程中的信息发布和政策解读力度，组织各类媒体开展深度采访报道，营造良好社会氛围，增强发展信心。加强舆情监测，对不实报道等负面信息，要快速反应、及时发声、澄清事实，防止"唱衰东北"声音散播蔓延，赢得公众理解和支持。发挥社会监督作用，畅通群众投诉举报渠道，完善举报受理、处理和反馈机制，及时解决群众反映的困难和问题，妥善回应社会关切，正确引导舆论，使广大人民群众了解和支持改革。

图9-5-1　2019年1月19日，2019振兴东北经济民营企业家高峰论坛在大连国际会议中心举行

大连新闻网记者　王华摄

九、强化制度保障和顶层设计，不断提升对混合所有制改革工作的监管服务水平

东北地区国有企业改革的加快推进应当坚持"事前完善制度政策、事中加强监管、事后强化奖惩"和"依法推进、依法落实、依法监管、依法奖惩、公开透明"的工作思路。

1. 建立规范的国有企业改革监督检查机制

通过日常检查和定期抽查，人大监督与行政监督、企业监督、职工监督、社会监督相结合的方式实现对国有企业改革的全方位动态监督。

2. 要实现国有企业改革政策与工作进展情况的信息公开披露机制

通过地方政府或者国资委网站、微博、微信、国资委公告等多种方式，依法依规、及时准确向社会公开重点领域国有企业改革信息。

3. 建立清晰到自然人的责任追究制度

建立国有企业改革的企业一把手负责制和政府行政一把手负责制，以及重大决策的终身责任追究制度和责任倒查机制。

4. 要建立改革推进及政策落实的激励约束机制

对改革推进较快、政策落实到位的地区给予改革政策、资金支持，同时给予相关负责人职位升迁、荣誉鼓励等各方面的激励措施。同时，按企业分类实施差异化的激励机制；对于人力资本密集的高新技术和创新性企业，实施成果入股和专利奖励等；竞争类非上市公司探索增量激励等；对于功能类和公共服务类企业在完成重大任务后，应该给予专项奖励。

十、抓好各项政策措施的组织实施，加强督促检查

国家有关部委统筹做好支持东北地区混合所有制改革工作，加强跟踪指导，推进重点工作。国务院各有关部门要加强指导、密切配合，抓紧研究出台实施细则，形成政策合力。对于东北地区混合所有制改革过程中推进的重点建设项目，各有关部门要给予重点支持。东北各省要充分发挥主体作用，守土有责、守土尽责，采取有力举措，制定具体方案，落实工作责任，确保各项政策措施落到实处。各地各有关部门要按照职责分工，建立混合所有制改革工作动态反馈机制，深入实地开展督查调研，对发现的问题要及时研究并提出整改建议，确保混合所有制改革工作顺利推进，为新一轮东北振兴发挥重要作用。

附　件　《在东北地区设立混合所有制改革试验区的建议提案》与答复

2018年3月，全国政协第十三届一次会议召开，全国政协委员、国家行政学院经济学部主任、教授张占斌委员向会议提交了《在东北地区设立混合所有制改革试验区的建议提案》。国家发展和改革委员会对提案进行了答复。

在东北地区设立混合所有制改革试验区的建议提案

党中央、国务院一直以来高度重视东北老工业基地振兴发展，近五年密集出台了一系列重要文件，为新世纪东北地区振兴战略实施做出了重大决策部署。面对新形势新任务，完善体制机制建设、深化供给侧结构性改革是振兴老工业基地的治本之策。东北要振兴，必须实现体制机制的创新，特别是国有企业改革，要走出一条新路。因此，建议在东北设立混合所有制改革综合试验区。

东北是我国的老工业基地。当前，国有经济比重过高、重化工国有企业偏多、国有经济和国有企业竞争活力不足、民营经济发展不充分、新兴产业发展偏慢等问题和矛盾依然没有缓解。针对东北国有经济和民营经济的发展不平衡不充分的矛盾，深化国有企业混合所有制改革是东北振兴的重中之重，因此应加快东北地区混合所有制改革的进程，加大东北地区混合所有制改革的力度。

在东北设立混合所有制改革综合试验区，符合党的十八届三中全会、十九大报告和政府工作报告的精神，要积极发展混合所有制经济，允许更多国有经济和其他所有制经济发展成为混合所有制经济。推进东北地区的国有企业混合所有制改革，实现国有资本、集体资本、非公有资本等交叉持股、相互融合的混合所有制经济发展，有利于放大辐射东北国有资本功能、保值增值、提高竞争力；有利于各种所有制资本取长补短、相互促进、共同发展，提高"东北域"整体资源的配置效率。

从本质上看，东北地区设立混合所有制改革综合试验区，可以有效释放国有经济改革红利。混合所有制改革最大可能地吸引国际国内新的高端生产要素，带动盘活区域内原有中低端生产要素，为国有企业和国有经济发展注入新鲜的"血液"，激活"休眠资源"，并提高科技创新能力，推动产业转型升级，并持续提高全要素生产率，应该是为东北地区国有企业改革蹚出一条实践性较强的新路子。

从实施层面看，有四条建议供思考：

一是制定一个整体实施方案，搞好顶层设计。希望由国务院领导牵头，国家发改委具体组织实施。国家发改委组织国资委等有关部委、东北各地发改委、国资委深入开展调研、周密论证、凝聚智慧、科学设计，制定切实可行的《加快推进东北地区混合所有制改革综合试验区实施方案》报中央审批。

二是下大气力进行体制机制创新，创造宽松的体制机制环境。建立完善鼓励改革创新和容错的机制，深入推进东北国有企业供给侧结构性改革，继续抓好"三去一降一补"和自身治理结构建设，完善投资、金融、土地、科技、人力资源、社会保障等配套措施，为混合所有制改革创造有利条件。

三是优化民营经济发展的外部条件，大力发展民营经济。着力构建东北地区统一开放、竞争有序的市场体系构建，健全产权流动保护的法律体系，优化发展混合所有制的营商环境。提升民营企业的管理现代化和治理结构规范化水平，增强与国有企业联姻对接、交叉融合的能力。

四是创新国有企业混合所有制改革路径，推进东北地区国有资本多元化进程。以混合所有制改革综合试验区建设为契机、为平台，组建符合东北域情的国有资本投资运营公司，牵线搭桥，互联互通，积极吸引社会资本和外资。同时也要适当降低和放宽国有经济股权"门槛"，盘活"混改"的资金池。

《关于在东北地区设立混合所有制改革试验区的提案》的答复

张占斌委员：提出的《关于在东北地区设立混合所有制改革试验区的提案》（第4407号）收悉。经商国资委，现答复如下：

（一）关于国有企业混合所有制改革顶层设计和整体实施方案

发展混合所有制经济，是深化国有企业改革的重要举措。党中央和国务院出台了一系列深化国有企业改革、推动国有企业发展混合所有制经济的文件，明确了推进国有企业混合所有制改革的总体要求和基本原则；在全面振兴东北地区等老工业基地、深入推进实施新一轮东北振兴战略等政策文件中，又对东北地区国有企业混合所有制改革提出了明确要求。国家还出台了《加快推进东北地区国有企业改革专项工作方案》，对东北地区混合所有制改革做出了部署安排。我委高度重视东北地区国有企业混合所有制改革工作，2016年以来，先后将驻在东北地区的央企集团哈电—GE燃机投靠合资公司、中国石油集团电能有限公司，以及东北地方国有企业辽宁省交通规划设计院有限责任公司、辽宁辽能风力发电有限公司、辽宁北方环境保护有限公司纳入国家层面的混合所有制改革试点。

下一步，我委将会同有关部门支持东北地区继续用好用足现有政策文件，大力抓好相关政策举措的落实，推动国有企业改革取得实质性成效。在此基础上，积极研究设立混合所有制改革综合试验区的必要性与可行性。

（二）关于深入推进东北地区国有企业供给侧结构性改革

为认真贯彻落实党中央、国务院关于供给侧结构性改革决策部署，我委会同相关部门先后印发了《关于做好2018年重点领域化解过剩产能工作的通知》《关于做好2018年降成本重点工作的通知》等文件，积极推动去产能、降成本工作。通过各方共同努力，去产能、降成本工作取得显著成效。2016年、2017年累计退出煤炭产能5亿吨，2018年预计退出煤炭产能1.5亿吨，供给质量和效率大幅提升，行业运行状况明显好转。2016年、2017年分别降低企业成本1.1万亿元、1万亿元，实体经济企业成本降低明显。

下一步，我委将会同有关部门，进一步加大支持东北地区供给侧结构性改革的力度，把去产能、降成本与产业转型升级、提升创新能力结合起来，着力建立长效机制，持续深入推进去产能、降成本工作。

（三）关于优化民营经济发展的外部环境

国务院在关于国有企业发展混合所有制经济政策文件中，明确提出要健全严格的产权占有、使用、收益、处分等完整的保护制度，依法保护混合所有制企业中各类出资人的产权和知识产权权益。2017年，党中央、国务院出台了关于更好发挥企业家作用的意见，对营造依法保护企业家合法权益的法治环境、促进企业家公平竞争诚信经营的市场环境、尊重和激励企业家干事创业的社会氛围提出了要求。我委将会同有关部门认真贯彻落实党中央和国务院部署，改进完善监管方式手段，探索有利于国有企业改革创新的监管方式，进一步优化民营经济发展环境，支持改革者担当有为。

（四）关于创新国有企业混合所有制改革路径

目前国资委已选择10家央企开展国有资本投资、运营公司试点，鼓励国有资本以多种方式入股非国有企业，充分发挥国有资本投资公司、运营公司的资本运作平台作用，以公共服务、高新技术、生态环保和战略性产业为重点领域，对有发展潜力、成长性较好的非国有企业进行股权投资。

下一步，我委将会同国资委等有关部门指导东北地方国有企业按照上述原则推进两类公司组建工作，充分利用两类公司平台，实现国有资本和社会资本的合作。

感谢您对国家发展改革工作的关心和支持。欢迎登录我们门户网站（www.ndrc.gov.cn），了解国家经济和社会发展政策、经济建设和社会发展情况、经济体制改革方面的重要信息。

参考文献

［1］马嵩.东北地区民营经济发展特点及路径选择［J］.东北师大学报（哲学社会科学版），2015（3）.

［2］马骏，袁东明，贾涛.国药集团：混合所有制助推世界一流企业［J］.经济导刊，2019（3）.

［3］元利兴，陈怀海，张斌等.大力发展民营经济 推动东北新一轮振兴［N］.全球化，2017（2）.

［4］王华，龚珏，朱博雅.混合所有制改革的典型模式与案例分析［J］.政监督，2016（7）.

［5］王会生.交出"四试一加强"的改革试点答卷［J］.现代国企研究，2017（11）.

［6］王会生.加强统筹联动实现创新突破积极推进国有资本投资公司试点改革［N］.人民日报，2018-03-01.

［7］王诗雯，松鹤，王朋吾.联通公司混合所有制改革的经验及启示［J］.北方经贸，2018（8）.

［8］宋冬林.制约东北老工业基地创新创业的主要因素及建议［J］.经济纵横，2015（7）.

［9］刘长溥，韩蕾.对外开放与东北地区经济增长［M］.北京：经济科学出版社，2017.

［10］刘江伟，鲁元珍，刘勇.从雁南飞到鹰归来：民营经济如何促进东北再振兴［N］.光明日报，2018-09-04.

[11] 刘力臻,王庆龙.金融支持东北地区产业转型升级方式研究[J].社会科学战线,2017(2).

[12] 刘伟,张辉.中国经济增长中的产业结构变迁和技术进步[J].经济研究,2008(11).

[13] 刘国斌,宋瑾泽."一带一路"倡议与东北地区振兴联动发展战略研究[J].东北亚经济研究,2018,12(6).

[14] 吕久琴,樊倩倩,王旭琴.地方国企混合所有制改革带来的绩效——以浙商中拓和物产中大为例[J].生产力研究,2017(11).

[15] 何春.东北经济失速的政策性因素:基于"东北振兴"政策效果的再考察[J].经济体制改革,2017(1).

[16] 宋君.现阶段我国发展混合所有制经济的实现途径研究[D].北京:北京化工大学,2016.

[17] 李正图.混合所有制经济研究[M].上海:上海社会科学院出版社,2016.

[18] 李政,于凡修.东北地区实现创新驱动发展的动力机制与基本路径[J].社会科学辑刊,2017(1).

[19] 李靖宇,张晨瑶.国家重量级战略区域东北民营经济发展问题探讨[J].东北亚论坛,2012(2).

[20] 李南山.上海混改的定力与智慧[J].董事会,2017(1).

[21] 李淑玲.国药集团的混改之路[J].国资报告,2018(4).

[22] 李忠峰.财政部:加快专项债券发行使用[EB/OL].财政部微信公众号,2019-09-10.

[23] 邱海峰.四部委联手发力补短板加快"造血":东北振兴"落子"民营经济[N].人民日报海外版,2016-04-06.

[24] 佟玲,金兆怀.东北地区民营企业发展的目标模式选择[J].工业技术经济,2012(6).

[25] 吴建军,金兆鹏.东北地区经济增长因素分解:基于东北地区34个地级市的实证研究[J].对外经贸,2016(1).

[26]金星,叶杨青.宋志平谈"混合"[J].企业管理,2014(9).

[27]吴树畅.民营企业参与国有企业混合所有制改革的经验:以复星集团参与国药集团混合所有制改革为例[J].财务与会计,2015(6).

[28]郑尚植,王怡颖.东北老工业基地振兴的绩效评估:基于合成控制法的检验地域研究与开发[J].地域研究与开发,2019(2).

[29]张占斌.把脉东北民营经济发展现状[N].辽宁日报,2016-09-20.

[30]张占斌.处理好政府和市场的关系 努力补齐民营经济这块短板[N].人民日报,2016-10-09.

[31]张占斌.破解东北民营经济发展难题[N].人民日报,2016-09-27.

[32]张卓元.《决定》提出了哪些需要认真研究的问题[J].经济研究,2014(1).

[33]张思平.破解民企融资难 治本之策在深化国企改革[N].第一财经日报,2018-12-13.

[34]张继德,刘素含.从中国联通混合所有制改革看战略投资者的选择[J].会计研究,2018(7).

[35]张慧,刘倩.东北地区混合所有制的改革之路[J].企业战略,2017(23).

[36]周姝彤,刘力臻,王庆龙.东北地区经济增长与金融发展的非对称关系及其结构性变迁[J].工业技术经济,2019(3).

[37]赵丽,马程程,张森林.关于非公有制经济参与混合所有制改革的思考[J].管理现代化,2016(5).

[38]项安波.山东混改样本[J].中国经济报告,2017(10).

[39]项安波.山东混改样本[J].中国经济报告,2017(10).

[40]郭秀慧,于东明.民营经济发展与区域文化根植性:以东北再振兴为背景的实证研究[J].技术经济与管理研究,2016(5).

[41]郭晋晖.东北经济企稳回升 数千亿民资"闯关东"[N].第一财

经日报，2018-09-03.

[42] 郭文尧，王西. 东北地区经济发展的困境及新动能培育 [J]. 企业经济，2018（12）.

[43] 贾占华，谷国锋. 东北地区经济结构的增长效应研究：基于空间计量视角 [J]. 经济问题探索，2019（1）.

[44] 高尚全，杨启先. 中国国有企业改革 [M]. 济南：济南出版社，1999.

[45] 中共中央 国务院关于全面振兴东北地区等老工业基地的若干意见 [R]. 2016.

[46] 国家发改委. 关于推进东北地区民营经济发展改革的指导意见 [R]. 2016.

[47] 国务院关于深入推进实施新一轮东北振兴战略加快推动东北地区经济企稳向好若干重要举措的意见 [R]. 2016.

[48] 国务院关于进一步实施东北地区等老工业基地振兴战略的若干意见 [R]. 2009.

[49] 国家发改委. 关于支持老工业城市和资源型城市产业转型升级的实施意见 [R]. 2016.

[50] 辽宁国资混改持股破局:渤海轮渡试水股权激励和员工持股 [N]. 证券日报，2017-12-29.

[51] 国家发展和改革委员会经济体制与管理研究所课题组."一带一路"背景下东北地区民营经济发展问题研究 [J]. 经济纵横，2017（1）.

[52] 东北四大副省级城市，谁将引领新一轮振兴？[EB/OL]. 第一财经新闻，2019-05-19.

[53] 武鹏. 我国混合所有制经济发展的成就、问题与对策 [J]. 学习与探索，2017（12）.

[54] 杨松令，孙大卫. 如何让国企混合所有制改革更科学高效 [J]. 人民论坛，2018（12）.

[55] 杨朝英. 参与东北振兴 民资大有可为 [N]. 人民政协报，2018-

09-21.

[56] 杨薇薇. 国有企业混合所有制改革必然性分析与最佳改革成效实现路径研究 [J]. 湖北社会科学, 2016 (10).

[57] 陈晓东. 抓住改革关键全面振兴东北 [N]. 经济日报理论周刊, 2018-11-29.

[58] 姚冬琴. 专访绿地集团董事长、总裁张玉良: 解密绿地"混血"基因 [J]. 中国经济周刊, 2014 (41).

[59] 侯新烁. 经济结构转变与增长实现: 基于中国省份经济结构动态空间模型的分析 [J]. 经济评论, 2017 (4).

[60] 唐克敏. 民营企业有效参与国企混合所有制改革研究 [J]. 湖北文理学院学报, 2016 (1).

[61] 姜庆国. 新时代东北老工业基地振兴再思考 [J]. 求是学刊, 2018 (6).

[62] 袁惊柱. 国有企业混合所有制改革的现状、问题及对策建议 [J]. 北京行政学院学报, 2019 (1).

[63] 常修泽. 包容性改革论: 中国新阶段全面改革的新思维 [M]. 北京: 经济科学出版社, 2013.

[64] 盛志君. 加快民营经济发展 增强城市发展活力 [N]. 长春日报, 2017-02-16.

[65] 程恩富, 谢长安. 论资本主义和社会主义的混合所有制经济 [J]. 马克思主义研究, 2014 (1).

[66] 褚敏, 踪家峰. 政府干预、金融深化与经济结构转型: 基于"新东北现象"的考察 [J]. 中国软科学, 2018 (1).

[67] 靳继东, 杨盈竹. 东北经济的新一轮振兴与供给侧改革 [J]. 财经问题研究, 2016 (5).

[68] 黄鑫昊, 孙猛. 东北地区经济增长因素的随机前沿分析 [J]. 经济纵横, 2018 (12).

[69] 黄文英. 国有企业混合所有制改革的创新实践: 浙江物产中大集

团混改的经验启示［J］.今日浙江，2018（3）.

［70］崔梦泽.辽宁混合所有制经济发展面临的问题及对策建议［D］.大连：大连海事大学，2016.

［71］鲁宁.2014：上海"混改"故事［J］.国企，2015（2）.

［72］谢玮，徐豪.国家开发投资公司董事长王会生：按照国家战略，哪里需要就往哪里投［J］.中国经济周刊，2017（10）.

［73］解钧淼.物产中大整体上市与混合所有制改革［J］.中国商论，2019（4）.

［74］缪璐.上海国资国企改革明确"八大"路径 混改成重要"突破"［EB/OL］.2017，http://news.sina.com.cn/o/2017-02-24/doc-ifyavrsx4952235.shtml.

［75］魏后凯.东北经济的新困境及重振战略思路［J］.社会科学辑刊，2017（1）.

［76］佚名.上海国企混改锚定"三个三"［J］.领导决策信息，2017（46）.

［77］到2020年辽宁省属国企混合所有制改革面将达70%［EB/OL］.新浪财经网，2018-10-09.

［78］中国工业报记者李淑梅.推进辽宁国企混合所有制改革专题对接会召开［EB/OL］.www.cinn.cn，2019-10-24.

［79］谭浩俊.民营经济能否在东北存活，关键看国企混改［EB/OL］.搜狐网：http://www.sohu.com/a/210611196_569716，2017-12-15.

［80］辽宁福鞍重工股份有限公司关于延长公司第一期员工持股计划存续期的公告［EB/OL］.新浪网：http://finance.sina.com.cn/roll/2019-05-06/doc-ihvhiews0022619.shtml，2019-05-06.

［81］加快推进全省国资国企改革专项工作方案［EB/OL］.辽宁省人民政府网站：http://www.ln.gov.cn/zfxx/jrln/wzxx2018/201809/t20180924_3314540.html，2018-09-24.

后　记

《东北振兴研究丛书》经过三年多的筹划、立项、研究、撰写、编辑，即将呈现于广大读者面前。《东北振兴研究丛书》项目于2017年启动，入选2018年"十三五"国家重点图书出版规划增补项目，入选2020年度国家出版基金资助项目，辽宁省委宣传部、辽宁出版集团高度重视，将其列为重点扶持项目，辽宁人民出版社组建专门出版团队具体负责，并从组织、配套、资金及队伍等多方面给予保障，确保本项目得以顺利完成。

值此丛书付梓之际，我们特别感谢国家发展和改革委员会杨荫凯同志，感谢他的悉心指导和大力支持，以及在编纂实施过程中给予的持续关注和具体指导。

我们也由衷感谢丛书编委会为项目实施注入的信心和力量，对丛书出版所贡献的智慧和经验。我们向丛书诸位著者致敬，他们的责任与担当，他们的心血与付出，将载入东北振兴的史册。我们衷心感谢在丛书组稿过程中统筹协调、倾心付出的许欣、杨睿、刘海军等同志，以及为各分册著述辛勤工作的写作团队各位成员，他们为丛书的顺利出版提供了基础保障。

深入推进东北振兴发展，是中共中央作出的重大战略部署，实现东北地区等老工业基地全面振兴、全方位振兴是一项长期艰巨的历史任务。70多年前,中共中央东北局领导下东北解放区内最大的宣传机构——东北书店是如今辽宁人民出版社的前身,印行了大批有影响力的图书,发行到各解放区,如《毛泽东选集》《论联合政府》《东北农村调查》等。继承优良传统,肩负时代使命,怀揣美好憧憬,如今的辽宁人民出版社为东北振兴出版服务,自然担当义不容辞的责任。丛书紧扣经济社会发展,是对统筹推进"五位一体"总体布局和协调推进"四个全面"战略布局具有重要意义的出版项目。相信会为改革决策提供参考,助力优化国家区域发展格局,为东北全面振兴、全方位振兴,实现东北振兴新突破提供借鉴。

丛书策划、编辑出版过程中的疏漏之处,敬请广大读者批评指正。

编　者

2020 年 12 月